구약성서 형성의 역사 02

여로보암과 혁명의 역사

이 도서의 국립중앙도서관 출판예정도서목록(CIP)은 서지정보유통지원시스템 홈페이지
(http://seoji.nl.go.kr)와 국가자료공동목록시스템(http://www.nl.go.kr/kolisnet)에서 이용하실 수 있습니다.
CIP제어번호: CIP2018001517(양장), CIP2018001516(반양장)

구약성서
형성의 역사
02

여로보암과 혁명의 역사

로버트 쿠트 지음
우택주·임상국 옮김

IN DEFENSE OF REVOLUTION:
The Elohist History

In Defense of Revolution: The Elohist History
by Robert B. Coote

Copyright ⓒ 1991 by Robert B. Coote
Korean translation copyright Ⓒ 2018 by HanulMPlus Inc.

All rights reserved. This Korean edition was published by arrangement with the author.

이 책의 한국어판 저작권은 저자와의 독점 계약으로 한울엠플러스(주)에 있습니다. 저작권법에 의해 보호를 받는 저작물이므로 무단전재 및 복제를 금합니다.

"나는 쿠트 박사의 학문을 크게 존경한다. 그는 고대 이스라엘의 정치권력이 어떻게 작동하고 있는지 또 본문에서 그것을 어떻게 식별해내야 하는지를 잘 알고 있다."

월터 브루거만 컬럼비아 신학대학원 구약학 교수

"쿠트 박사의 책은 엘로히스트 문제에 빛을 던져줄 것이며 E를 연구하면서 떠오르는 기본적 질문들을 다룰 때 명쾌한 연구 자료가 될 것이다."

카일 맥카터 존스홉킨스 대학교 구약학 교수

차례

추천의 글 8
들어가는 말 13
글을 옮기면서 15

서론 ·· 21
1. E는 무엇인가? ·· 31
2. 아들들 ·· 49
3. 요셉 ·· 60
4. 호렙 ·· 73
5. 솔로몬의 폭정 ··· 85
6. 여로보암의 혁명 ·· 101
7. J의 수용과 개작 ·· 114
8. 위험에 빠진 아들들 ······································· 122
9. E의 요셉 ··· 144

10. 국가 제의와 지방 성소들 ······················· 150

11. 혁명의 영성 ······················· 161

12. 사법권과 율법 ······················· 180

13. 히스기야의 JE ······················· 193

14. 경외, 권력 그리고 신앙 ······················· 211

E 본문(히브리어 장절 구분을 따름) 215

E의 범위 안에 있는 '원-신명기역사가'의 본문 217

더 읽을 글들 218

찾아보기(저자) 220

찾아보기(사항) 223

추천의 글

그동안 구약학계는 벨하우젠의 사(四)문서 가설을 전제로 그것을 수정하고, 확대하면서 발전해왔다. 그러나 엘로히스트 문서는 주목의 대상에서 벗어나 있었고, 때로는 그 존재조차 의심을 받아왔다. 이런 학문적 환경 속에서 본서는 엘로히스트 문서에 오롯이 집중하여, 이 문서에 속하는 본문을 분류하고, 그 역사 정치적 배경을 밝히고, 나아가 그 내용을 제시하고자 하는 점에서 역사비평학에 관심 있는 분들의 필독서가 될 것이다. 무엇보다도 본서는 엘로히스트 문서의 배경이 여로보암 혁명이라고 주장함으로써 이스라엘 분단사를 보는 매우 독창적이면서도 새로운 관점의 독법을 제시한다. 즉, 엘로히스트 문서는 여로보암 1세가 정치적 목적을 갖고, 북쪽에서 일으킨 혁명을 신학적으로 정당화한 문서라는, 이전까지 제시되지 않았던 관점을 제시한다.

한편 저자는 엘로히스트 문서에 대한 역사 정치적 관점에서의 독창성을 주장하면서도, 동시에 엘로히스트 문서와 야위스트 문서 사이의 관계에 천착함으로써, 엘로히스트 문서의 문학적 정체성을 보다 더 정교하게 제시한다. 저자는 엘로히스트 문서를 야위스트 문서와 분리시키지 않고, 엘로히스트 문서는 기왕의 야위스트 문서를 연구하고, 신중한 계획하에 첨가와 수정을 하고, 재서술하는 과정 끝에 생산된 문서라고 규명한다. 특히 본서는 이런 주장을 족장사와 여로보암 혁명의 미러링이라는 관점에서 도출하는데, 독자들은 이 관점을 따라갈 때, 매우 흥미로운 독서를 하게 될 것이다. 이 책의 원제목, In Defense of Revolution: The Elohist History는 저자가 말하고자 하는 모든 것을 말해주고 있다. 엘로히스트 문서는 북이스라엘 탄생을 신학적으로 정당화하는 문서라는, 매우 독창적이면서 설득력 있는 본서의 일독을 권한다.

이윤경 이화여자대학교 기독교학과 교수

주의 깊은 독자라면 열왕기상 12장부터 전개되는 여로보암의 민중혁명과 그로 인한 왕국분열의 역사를 바라보는 열왕기하 저자의 양가적 태도를 감지할 수 있다. 통일 이스라엘이 분열된 후에 남북왕국은 대립과 견제, 제휴와 협력의 역사를 이어오다가 북왕국이 남유다보다 140여 년 먼저 멸망당한다. 남유다의 예언자적 서기관들은 남북왕국의 분열의 역사를 남왕국 중심, 다윗-솔로몬-르호보암 중심의 당파적 관점으로 서술하기보다는 이스라엘 12지파의 연합체적 관점에서 서술했다. 이런 연유로 남왕국에서 완성된 열왕기하의 최종 저자는 북왕국의 탄생을 옹호하고 지지하는 그 유명한 실로의 눈먼 예언자 아히야의 종교적 재가를 이스라엘 통사 속에 그대로 존치시켰다. 로버트 쿠트의 『여로보암과 혁명의 역사』는 구약성경을 주의 깊게 애독하는 독자들에게 성경본문의 빈틈을 채우는 학문적 상상력과 통찰력으로 직조되어 있다. 비록 고전적 문서가설은 많이 수정되었지만 현재의 모세오경과 구약성경 전체 안에 북왕국의 관점이 요소요소에 반영되어 있다는 점은 의심의 여지가 없다. 이 책의 저자는 이 북왕국 여로보암적 혁명사관의 알짬이 E(엘로히스트) 문서층에

갈무리되어 있다고 주장한다. 저자는 엘로히스트를 독창적인 자기완결적 저자라기보다는 더 오래된 야훼주의자 자료를 북왕국의 민중혁명적 관점에서 보충적으로 재해석한 저자로 본다. 이 책의 모든 세부적인 결론이나 주장에 동의하지 않더라도 독자들은 이 책을 통해 구약성서 안에 전개되는 팽팽한 긴장과 대화적 역동을 느낄 수 있을 것이다. 구약성경은 다중음성의 협화음 오케스트라적인 명저 중에 명저다. 이 책을 읽는 독자들은 대립되는 관점까지 끌어안는 구약성경 저자들의 너그러움과 하나님에 대한 신뢰를 통해 마음이 따뜻해짐을 느낄 것이다.

김회권 숭실대학교 기독교학과 교수

이 책은 통일국가의 다윗-솔로몬 왕 사후에 여로보암이 새로운 사회변혁을 위해 북이스라엘을 세운 것이 핵심이다. 고대 이스라엘의 부족(지파)국가 시대와 고대 우리나라를 비교해 보자. 압록강 북쪽에 고구려, 부여가 있었고, 한강 이북에 동예, 옥저, 낙랑이 있고, 경기와 호남에 백제와 마한이, 경북에 진한, 경남에 변한이 있었다. 이스라엘의 열한 개 부족을 장악한 수장은 사울이었고, 남부 끝자락에 있던 유다 부족의 수장은 다윗이었다. 사울이 블레셋과의 전투에서 패하여 자결하자, 다윗이 북쪽을 모두 흡수하여 통일국가를 만들었다. 우리나라에 대입시켜 본다면, 진한의 한 수장(다윗)이 나머지 부족들을 통일시켰다고 보면 되겠다. 만약 고대 한반도에서 북쪽 부족이 통일을 이루었다면 영토가 만주벌판까지 확장되지 않았을까? 하는 상상을 해본다. 똑같이 이스라엘 대부분을 장악한 사울이 통일을 시켰다면, 구약성서는 전혀 다르게 전개되고 따라서 사상적 맥락도 달라졌을지 모른다. 이 가정을 백여 년 뒤에 실현한 인물이 바로 여로보암이고, 그의 개혁 정신이 E에 녹아들어 있다.

사경의 근간은 통일왕국의 다윗 왕 시대에 작성된 것으로 보는 J문서이다. J는 혈통 세습을 통하여 왕권을 영원히 계승하고 강화시키는 방향으로 전개된다. 하지만 북쪽 출신의 여로보암은 솔로몬의 대규모 건축사업 때문에 백성들이 막대한 세금과 노역으로 등골이 휘고 민심이 돌아섰을 때, 이집트 제국과 국내정치 상황들을 고려하여 다윗-솔로몬을 계승한 르호보암 정권을 무너뜨렸고, 절반의 성공으로 북이스라엘을 세웠다.

이 책의 저자인 로버트 쿠트는 여로보암이 주도한 것으로 보이는 E 문서층이 새로운 가치관과 사상을 보인다는 뜻으로 혁명이라고 했다. '혁명'은 개인의 사욕으로 권력을 갖는 것이 아니다. 사회체제의 전반적인 개혁을 기반으로 할 때 쓰는 단어이다. E가 여로보암 시대에 만들어졌다고 했을 때, 그의 개혁정신의 뿌리는 어디에서 왔을까? 이집트에서 노예생활을 했던 이스라엘의 선조들의 해방정신을 이었다고 보며, 그것이 어쩌면 사울 왕이 부족시대에 지파들의 협력체제와 평등한 사회를 이루려고 했던 미완의 실험들을 여로보암이 계승한 것으로 추정할 수 있겠다. 북이스라엘의 개혁정신은 E로 그치지 않고, 법과 제도로 이를 실현시키려 했던, 신명기문서(D)에도 반영되어 있다.

이스라엘은 잦은 쿠테타로 여로보암이 처음에 품었던 정치개혁을 성공시키는 데에는 역부족이었고, 결국 기원전 722년 북이스라엘은 멸망했다. 이후에 남아 있던 남유다의 히스기야 왕이 원신명기의 개혁정신을 펼쳤고, 요시야 왕도 원신명기를 발견한 것을 기회로 종교와 사회에 대한 제도 변혁을 꾀했다. 그러나 기원전 587년에 남유다도 바벨론 제국에 의해 망했고, 페르시아 제국 시대에 걸쳐, 제사장 그룹들이 이스라엘의 족장들 시대부터 남유다가 멸망하기까지의 역사를 재구성한 것이 오경의 책이다.

구약의 처음 네 권의 성서(4경)는 복잡한 지층으로 얽혀있는데, 그중 E층은 본래 개혁정신이 담긴 문서로, 남유다 중심의 역사서술에 대해서 북이스라엘의 존재감을 드러내는 내용이다.

　힘든 번역을 해주신 우택주, 임상국 교수님은 구약학계에서 많은 활동을 펼치고 계신다. 구약을 새로운 관점으로 보고자 하는 학자, 목회자, 평신도에게 유익한 책이라고 권하고 싶다.

김은규 성공회대학교 신학과 교수

이 책은 그동안 오경 안에서 제대로 인정받지 못했던 E 문서층을 화려하게 부활시켰을 뿐만 아니라, 여로보암 혁명 배후의 정치권력의 흐름이 성서 기록에 어떤 영향을 주었는지를 명쾌하게 밝히고 있다. 이제 쿠트 박사의 특별하고도 창조적인 책은 구약학자들로 하여금 오경 안에서 E 문서층의 독자적 존재성을 더 이상 부인하지 못하도록 자극하고 있다. 오경의 연구 역사에서 사라질 위기에 처했던 E 문서층이 밝은 태양 아래에서 빛을 볼 수 있게 된 것이다. 저자는 E 문서층이 다윗-솔로몬 왕국을 부정한 여로보암의 혁명을 적극 지지하고 있으며, 새로 건립된 북왕국의 정치-종교적 시대상황을 적극 반영하고 있다는 점을 증명하고자 혼신의 노력을 다하였다. 그 결과 독자들은 성서의 본문에 숨겨진 고대 이스라엘의 정치권력의 복합성, 종교권력의 다양성, 현실 정치적인 사건에 대한 심도 있는 신학적 성찰 등을 식별해낼 수 있게 되었다.

이희학 목원대학교 신학과 교수(2017~18 한국구약학회 회장)

들어가는 말

이 책은 창세기와 출애굽기에 있는 세 가지 기본적 문서층 가운데 하나인 E를 해석한 것이다. 성서의 서두에 등장하는 책들을 이해하려면 다른 것들과 함께 E를 이해해야 한다.

E는 세 가지 문서층 중에서 제일 짧은데, 그것은 E가 관심을 거의 받지 못한 이유 중 하나였다. 하지만 구약성서의 처음 네 권의 책에 대한 고전적 문헌 분석이 지금은 다소 인기가 떨어진 것 또한 사실이다. 그 이유는 예나 지금이나 여러 가지 이유로 입장표명을 망설이고 미루어왔기 때문이다. 특히 독자들이 텍스트의 의미를 결정하는 데 중요한 역할을 한다는 생각이 증가하고 있기 때문에 더욱 그렇다. 독자의 역할을 새롭게 인식한 최근의 연구 경향은 본문 자체를 더욱 강조하는 반면 실제 저자를 구체적으로 확인하기 어렵기 때문에 본문이 그런 사람들의 저작 과정의 산물이라는 점을 덜 강조한다.

이와 달리 이 책은 역사적 접근법을 사용한다. 그것은 E에 관한 비평적 단서들을 매우 중요하게 생각한다. 역사적 접근법은 독자인 우리 자신을 넘어서서 본문의 의미를 발견하는 가장 좋은 방법으로 자리 잡아 왔다. 더구나 나는 의심, 유비, 모든 것을 서로 연관짓는 역사비평의 원리에 동의한다. 이 원리는 독자가 본문의 의미를 이해하려면 자신에게 없고 본문 안에도 없는 것들에 관해 질문을 던져야만 한다고 제안한다.

이 책은 J 문서층을 다룬 나의 책 『성서의 처음 역사(*The Bible's First History*)』를 전제한다.[1] J 문서층은 E 문서층의 기초이다. 독자들은 그 책을 먼저 읽을 수도 있다. 하지만 꼭 그래야 하는 것은 아니다. 독자들이 그 책에서 얻어야 하는 정보는 이 책의 7장에 요약되어 있다.

나는 이 주제를 지난 16년간 강의했다. 그래서 이 강의에 참석했던 수많은 학생들에게 감사를 전한다. 아울러 샌프란시스코 신학대학원의 나다니엘 그레이 석좌교수이며 동시에 신학대학원연합(Graduate Theological Union)의 구약학 교수인 나의 동료 마빈 체이니(Marvin Chaney)에게 깊은 감사를 드린다. 예리한 비평은 물론이고 훌륭한 제안과 더불어 아낌없이 격려해 주었기 때문이다. 마찬가지로 포트레스 출판사의 작고한 존 홀라(John A. Hollar)씨에게 감사를 드린다. 그에 관한 추억은 아직도 영감을 주고 있다. 아울러 포트레스 출판사의 편집책임자인 마샬 존슨(Marshall D. Johnson) 씨와 편집담당자들에게도 감사를 드리고 싶다. 그들의 관점과 도움과 지원이 없었더라면 이 책은 나오기 힘들었을 것이다. 끝으로 글을 쓰는 동안 내내 한결같은 태도로 아낌없이 지원해준 나의 동역자요 아내인 폴리(Polly)에게 무한한 감사를 드린다.

---

1) 로버트 쿠트 · 데이빗 오르드, 『성서의 처음 역사』, 우택주 · 임상국 옮김(파주: 한울엠플러스, 2017).

글을 옮기면서

'**구**약성서 형성의 역사' 시리즈의 두 번째인 이 책은 로버트 쿠트 교수가 먼저 집필한 『성서의 처음 역사』에 이어서 두 번째로 쓴 것입니다. 첫 번째 책이 오경의 J 문서층(strand)을 다윗 왕국 시대에 비추어 설명하고 있는 것처럼 이번 책은 오경의 E 문서층을 여로보암이 주도한 혁명을 통하여 신생국가 북이스라엘 왕국을 건립했던 시대상을 반영한 역사 기술로 설명합니다. 원제목은 '(여로보암의) 혁명을 옹호하는 엘로히스트 역사'로 되어 있습니다. 그러나 책의 내용이 여로보암의 혁명 과정을 설명하는 일에 집중하고 있기 때문에 우리는 독자의 접근성과 친근함을 위해 '여로보암과 혁명의 역사'로 바꾸었습니다.

사실 북왕국 이스라엘의 사회상이나 역사는 일반 독자는 말할 것도 없고 구약성서를 연구하는 학자들 다수에게도 잘 알려져 있지 않은 분야에 속합니다. 왜냐하면 우리의 구약성서에 북왕국의 역사로 소개되고 있는 내용 대부분(왕상 12장부터 왕하 17장까지)이 북왕국이 멸망한 이후 기원전 7세기 말 남유다의 왕조 시대에 와서야 비로소 글로 작성되었다고 생각하는 학문적 관행 때문입니다. 최종 형태의 열왕기서가 북왕국 이스라엘의 현실을 공정하고 정확하게 전할 의사가 없고 오로지 남유다의 민족주의적 신학의 시각과 강조점으로 기록된 것이므로 여기에 기술된 북왕국에 대한 역사적 정보는 굴절되어 보일 수밖에 없습니다. 다행히도 최근에 북왕국 역사를 재조명하는 학문적 시도들 [Daniel E. Fleming, *The Legacy of Israel in Judah's Bible*(2012)과 Israel Finkelstein, *The Forgotten Kingdom: The Archaeology and History of Northern Israel* (2013)]이 소개되고 있는 여건 속에서 쿠트 교수가 북왕국이 건국되면서 E가 기록되었다는 입장으로 쓴 이 책은 우리나라의 구약학계에 학문적으로 건강한 자극제가 될 수 있지 않을까 조심스럽게 기대해 봅니다.

최근의 역사비평학계는 오경의 문서층 가운데 E의 존재를 부인하는 정도까지 이르고 있습니다. 심지어 J까지도 E와 구분하기가 어려우며 오경에서 구별 가능한 문서층은 신명기 문서와 제사장 문서 두 가지 정도라고 생각하기도 합니다. 하지만 이 책의 저자는 이런 경향과 달리 E 문서층이 독자적으로 존재했으며 J나 다른 문서층들과 구분이 가능하다고 생각합니다. 그 범위는 창세기 20장부터 시작해서 출애굽기 24장까지라고 주장합니다. 이런 점에서 저자의 해석은 E를 둘러싸고 제시된 기존의 여러 주장들과 분명한 차별성을 지닙니다. 더불어 E를 여로보암이 신생국가 북이스라엘을 건국하여 다스린 대략 20년의 통치기간에 초점을 맞추어 설명하고 있어서 여러모로 새롭습니다.

저자는 서론에서 이 책의 제목에 나타난 E 혹은 엘로히스트(Elohist)가 무엇인지 밝히면서 이 문서가 강조하는 세 가지 주제(아들들, 요셉, 호렙)를 여로보암이 북왕국을 건립하면서 처했던 정치적 상황을 근거로 소상히 설명하고 있으므로 상세한 안내는 생략하겠습니다. 저자는 『성서의 처음 역사』처럼 E 문서층에 속한 구절과 단락 범위를 히브리어 원문으로 읽고 직접 번역하여 이 책의 2장, 3장, 4장에서 소개합니다. 5장부터 7장까지는 E를 작성한 사회정치적 상황과 역사적 배경을 기술하고 8장부터 12장까지는 E의 내용을 상세히 설명합니다. E 문서층이 J 문서층에 추가된 본문이라는 학자들의 관행 때문에 이 책 역시 J 본문과 함께 E 본문을 소개합니다. 독자들이 잘 알아볼 수 있도록 E

본문은 굵고 큰 글씨로 표시하고 상대적으로 원래의 J 본문은 작은 글씨체로 표기했습니다. 저자는 J 문서층에 E 문서층을 추가하여 만든 JE가 북왕국이 멸망한 뒤, 남유다의 히스기야 왕 시대에 다시 개정되었을 것이라고 주장합니다. 이 내용은 13장에서 다룹니다. 마지막으로 14장은 여로보암의 혁명으로 건국한 북왕국의 현실을 반영한 왕실 문서 E가 강조하는 '두려움 혹은 경외'라는 주제가 현실 정치 그리고 성서의 핵심 주장인 야훼 하나님 신앙과 어떤 상관관계가 있는지에 관하여 심도 있는 신학적 성찰을 시도합니다. 이어서 E의 구절 분류를 수록하였습니다.

저자의 글을 옮길 때 우리는 여러 가지 고민을 했습니다. 저자의 히브리어 읽기와 영어번역이 우리말 『개역개정』과 차이가 있기 때문입니다. 가독성과 접근성을 선호한다면 『개역개정』을 그대로 사용할 수 있을 테지만 히브리어 원문의 표기와 의미를 원래대로 전달하려는 저자의 취지에서 보면 그것은 그다지 생산적이지 않다고 생각했습니다. 그래서 우리는 쿠트 교수의 히브리어 원문 읽기를 그대로 옮기기로 결정했습니다. 보수적인 입장을 선호하는 독자에게는 이런 번역이 불편하게 느껴질 수도 있을 것입니다. 그러나 평생 히브리어 본문과 씨름해 온 성서학자의 글이라는 취지를 감안하시고 이러한 시도를 널리 양해해 주시기 바랍니다.

이와 관련된 몇 가지 사례를 말씀드립니다. 성서본문을 옮길 때 종종 저자가 히브리어에 대해 RSV/NRSV나 『개역개정』과 다르게 이해하는 경우, 저자의 이해를 직역해두었습니다. 이를테면 하나님 명칭에 관하여 원서는 '야훼(Yahweh)'라고 표기하고 있고 『개역개정』은 '여호와'로 표기하고 있습니다. 이 경우 우리는 '야훼'로 통일하였습니다. '야훼' 혹은 '야웨'는 구약학자들이 사용하는 공통된 표기입니다. 한편, 고대 우가릿 사회와 고대 이스라엘 사회가 사용한 것으로 알려진 '엘(El)' 신의 경우는 (지명에 들어 있는 엘을 제외하고) 『개역개정』이 '하나님'이라고 번역하고 있는데 우리는 저자의 표기대로 '엘(하나님)'이라고 직역하였습니다. 또 저자는 『개역개정』의 아브라함과 사라를 일관되게 '아브람'과 '사래'라고 표기하고 있습니다. 이런 경우도 저자의 본문 읽기를 그대로 남겨두었습니다. '아브라함'과 '사라'라는 이름은 저자가 '구약성서 형성의 역사' 세 번째 책으로 낸 『태초에: 제사장 역사』에서 밝힌 대로 J와 E보다 시기적으로 늦은 때에 작성된 제사장 문서층(P: Priestly strand)에 속하는 표기라고 생각하기 때문입니다. 또 절기의 경우, 『개역개정』의 '무교절'은 저자의 표현대로 '무교병의 순례절(pilgrimage holiday)'로, 또 '무당'을 '거룩한 여인(holy woman)'으로 옮겼습니다. 이런 사례는 상당히 많습니다만 저자의 번역과 『개역개정』의 번역이 다른 곳에서는 언제나 괄호 안에 『개역개정』을 표기하여 차이점을 잘 알아볼 수 있도록 조치했습니다. 또한 개역개정과 히브리어 본문의 장절 표기가 다른 곳에서는 괄호 안에 MT(마소라 텍스트)라는 기호와 함께 차이를 표시해두었습니다.

또 본문을 해설할 때 종종 이탤릭체로 표기한 경우는 히브리어를 영어로 음역한 경우와 그것의 우리말 소리를 나타냅니다. 이와 달리 원서의 13장에서는 JE 단락에 해당하는 본문을 소개할 때 전부 이탤릭체로 표기하고 있는데 이탤릭체의 우리말은 읽기가 쉽지 않아서 앞 단락의 E처럼 굵은 글씨로 표기했습니다. 그러나 저자는 E와 JE를 구별한다는 점을 기억해야 합니다. 아울러 우리는 독자의 이해를 돕기 위해 저자의 글에는 생략되어 있는 장절 표기를 우리말 『개역개정』에 따라 괄호 안에 넣어 표기했습니다.

이 책을 번역하는 과정에서 히브리어 원문의 해석과 관련하여 저자의 원문 번역이 다소 불분명하여 저자와의 협의하에 역자가 번역을 수정한 부분이 몇 군데 있습니다. 그리고 이 책의 결론인 14장에서 원서의 내용이 매우 함축적이어서 그대로 번역하면 일반 독자들이 이해하기 어렵겠다고 판단되는 부분을 역자의 요청에 따라 저자가 좀 더 이해하기 쉽게 고쳐 쓴 부분이 있습니다. 이것들은 해당 부분에서 역주로 전말을 설명하였습니다. 또 원서에 명백한 오자로 판단되는 부분들이 있어서 저자와의 협의하에 바로잡았습니다. 그리고 권말의 '더 읽을 글들'은 원서가 출간된 이후의 연구 성과를 반영하여 최신의 것으로 업데이트하였습니다. 한국어판을 위하여 노고를 아끼지 않으신 쿠트 교수님께 깊은 감사를 드립니다.

우리는 이 글을 통해 북왕국의 정치사적 현실은 물론이고 성서가 작성되는 과정에 개입된 왕실의 정치권력의 작용과 더불어 이러한 글들이 어떻게 성서로 자리매김할 수 있었는지에 대한 깊은 고민을 독자들과 함께 나누기를 희망합니다. 우리는 이 글이 저자의 처음 책(『성서의 처음 역사』)과 이어지는 나머지 두 권(『태초에: 창조와 제사장 역사』, 『신명기 역사』)과 함께 성서의 서두에 위치한 글들이 처음으로 작성되어 가는 과정을 우리나라의 독자들에게 소개하는 하나의 이론적 성찰이라는 점을 분명하게 밝힙니다.

저자의 흥미로운 해석 가운데는 아브람과 이삭이 아내를 누이로 속인 기사가 등장하는 대목을 E 문서층이 사법권(jurisdiction)을 강조하기 때문이며 또 여로보암이 왕권을 계승할 아들 혹은 아들들의 안위에 무척이나 조바심을 내는 모습이 반영된 것이라고 주장하는 대목이 있습니다. 저자는 E가 최종적인 강조점을 호렙산의 율법으로 끝마치는 이유도 여기에 있다고 설명합니다. 더불어 저자의 이 글은 전통적으로 J가 E로 확대되었다는 역사비평적 해석의 기계적 설명이 안고 있는 부족한 설명력을 보완하면서 E를 해석하고 있습니다.

이러한 저자의 해석은 독특하며 흥미로운 내용이 무척 많아서 함께 생각하고 배울 점이 많습니다. 전통적으로 족장 아브람과 이삭이 자신들의 아내 사라와 리브가를 외국 왕 앞에 누이라고 속인 에피소드들은 창세기를 해석할 때 종종 신앙과 윤리의 괴리감을 문제 삼는 단락으로 바라보곤 합니다. 하지만 저자는 이런 해석에는 아예 주목조차 하지 않습니다. E의 현실을 무시하기 때문인 것 같습니다. 저자에 따르면 E에 등장하는 이런 유형의 기사는 족장의 윤리보다 장차 태어날 자식의 운명에 조바심을 내는 모습을 비춰준다고 해석합니다. 또 그런 기사의 묘사가 법적 판단 절차에 나타나는 언어라는 점에 주목하고 그것은 E가 사법권(jurisdiction)을 강조하는 경향을 비춰준다고 주장합니다. 그래서 E가 호렙산에서 반포한 율법을 최종 단락으로 삼는 이유도 이와 같은 사법권 강조의 의도와 맞물려 있다고 설명합니다. 이와 함께 북이스라엘 여러 곳의 제의장소를 단순한 예배장소로 보지 않고 사법 중심지로 보는 입장 또한 신선합니다. 저자는 E가 이처럼 여러 지방 제의의 중심지들을 인정하고 그곳에서 사법권, 즉 지역통치권한을 행사하는 유지들을 설득하여 여로보암 왕에게 충성을 이끌어내려 한다고 생각합니다. 이런 해석들은 전통적인 역사비평(혹은 오경에 대한 문서가설)에 입각한 성서해석이 성서구절을 미세하게 나누고 특정 단락이 어느 문서층이며 어느 시대의 글에 속한다고 말하는 정도로 끝내버리는 기계적 해석의 단조로움을 극복하고 신앙공동체에 의미 있는 해석적 결실을 이끌어낼 가능성을 활짝 열어놓은 것으로 볼 수 있을 것입니다.

아무쪼록 이 책이 우리와 무척이나 동떨어진 시대의 글이었던 구약성서를 이해하는 일에 있어서 신선한 자극이 되기를 바라고, 성서학자들에게는 잘 알려져 있지 않는 북왕국 역사에 대해서 새로운 탐구욕이 일어났으면 하는 마음입니다.

끝으로 우리의 번역 원고를 꼼꼼히 읽고 지금의 완성된 형태가 나오도록 유익한 조언과 제안을 해주신 한울엠플러스의 편집위원 김용진 선생님께 마음에서 우러나오는 깊은 감사의 말씀을 드립니다.

―성서는 해석을 기다리고 있다―

2018년 1월
우택주·임상국

서론

 구약성서의 처음 네 권의 책 즉 사경(四經: 창세기, 출애굽기, 레위기, 민수기)은 연속성을 지니고 있다. 이 사경을 네 권으로 나눈 것은 발전 단계의 후반부에 아주 우연히 생긴 일이다. 그것은 주로 적당한 크기의 두루마리 하나에 얼마나 많은 글을 적을 수 있느냐 하는 문제와 관련된 일이었다. 사경이 연속적이긴 하지만 동일한 상황에서 동시에 기록되지는 않았다. 그 글을 쓰고 다시 쓰는 과정은 거의 오백 년 동안 이루어졌다. 그러므로 사경을 네 권의 서로 다른 책으로 생각하기보다는 구분된 단계를 갖는 일련의 저작 과정이라는 관점에서 생각하는 것이 적절하다. 따라서 사경을 이해하려면 전체가 어떤 단계를 거쳐 기록되었는지를 살펴볼 필요가 있다.

J, E, P

 사경은 이른바 J, E, P라고 부르는 세 부류의 문헌 혹은 문서층으로 이루어져 있다. 이 문서층들은 서로 다르지만 그 목적은 같다. 그것들은 이어지는 통치자 혹은 통치 집단 셋이 경쟁자를 물리치고 통치하기 시작할 때 자신들의 통치가 합법적임을 주장하기 위해 작성한 제의 역사이다. 그래서 중복되기도 한다. J는 다윗의 궁정, E는 여로보암 1세의 궁정, P는 페르시아 통치 초기에 예루살렘 성전 제사장들의 궁정에서 작성되었다. 이 책은 두 번째 문헌 혹은 문서층인 E를 다룬다. E가 완성되고 P가 작성되기 전에 히스기야 시대에 소규모로 추가된 부분들도 있다. 이 내용은 13장에서 간단하게 다룰 것이다.[1]

사경은 J로 시작한다. J는 기원전 10세기 초 전쟁 군주 다윗의 궁정에서 기록되었다. 다윗은 사울 가문으로부터 유다와 이스라엘을 손에 넣었다. 사경은 J의 이야기를 기본 토대로 삼고 있다. J는 세계의 역사이면서도 '이스라엘(유다와 이스라엘)'의 역사였고 다윗 가문의 등장을 서술하면서 이집트의 침략 위협에 맞서 다윗의 통치를 강화할 목적으로 기록되었다.[2]

J는 이후 5세기에 걸쳐 중복되는 중요한 두 가지 내용, E와 P, 그리고 분량은 적지만 중요한 JE로 보완되어 현재 모습의 사경이 되었다. 그러므로 사경은 J에 대한 일련의 중복적 보완의 결과물이다.

J를 처음으로 중요하게 보완한 내용이 바로 이 책의 주제인 E다. E는 이스라엘의 왕 여로보암 1세의 궁정에서 기록되었다. 여로보암은 솔로몬이 죽자 혁명을 일으켜 이스라엘에서 다윗 가문을 무너뜨리고 왕이 되었다(다윗 가문은 유다만 유지했다). 여로보암은 이십이 년 동안 이스라엘을 다스린 후 아들에게 왕위를 물려주었다. 왕권을 찬탈한 여로보암은 통치 영역이 훨씬 줄어든 다윗 가문의 통치자요 솔로몬의 아들인 르호보암에 맞서 자신의 통치와 사법 관할권이 합법적이라는 사실을 주장하는 데 힘을 쏟았다. 예상하듯이 궁정 문학은 여로보암의 합법성 확립 시도에 한몫을 했다. 이스라엘의 통치자 여로보암은

---

1) 사경과 구약성서의 나머지 글들에 대한 개론을 위해 Robert B. Coote and Mary P. Coote, *Power, Politics, and the Making of the Bible: An Introduction*(Minneapolis: Fortress, 1990)을 보라. 왕실 이데올로기의 성격과 중요성에 관해서는 Keith W. Whitelam, "Israelite Kingship: The Royal Ideology and Its Opponents," in *The World of Ancient Israel: Sociological, Anthropological and Political Perspectives*, ed. Ronald E. Clements(Cambridge: Cambridge University Press, 1989), 119~39를 보라.

2) 로버트 쿠트·데이빗 오르드, 『성서의 처음 역사』, 우택주·임상국 옮김(파주: 한울엠플러스, 2017).

다윗의 이스라엘 역사를 활용했다. 하지만 J를 있는 그대로 사용하지는 않았다. 그는 서기관에게 지시하거나 서기관의 생각에 따라 J를 필사하게 하면서 거기에 이야기와 율법을 보완했다. 이 보완작업은 J의 거의 모든 곳에서 이루어졌다. 특이한 것은 J의 처음과 끝 부분을 손대지 않았다는 사실이다. 다윗의 이스라엘 역사였던 J와 여로보암이 추가하여 보완한 E가 결합된 글을 JE라고 부른다. 내가 볼 때 E는 JE의 일부분으로만 존재했다. 이 점에 관해서는 곧 좀 더 상세히 설명할 것이다. E 본문은 J라는 이야기 구조를 벗어나 독자적으로 말하지 않는다. 그런 적은 한 번도 없다.

JE는 새로운 통치자가 합법성과 연속성을 지니고 있다는 주장을 반영한다. 여기에 가장 귀를 기울여 듣고 있는 청중은 다름 아닌 여로보암 자신이었다. 여로보암은 또 자기나라의 실력자들에게 이 내용을 들려주고 충성을 북돋웠다. 그는 심지어 경계를 넘어 다윗 가문인 르호보암과 그의 신하들까지 목표로 했다. 다윗 가문의 무기로 다윗 가문을 공격한 것이다. J에 비춰볼 때 솔로몬의 통치는 이집트의 바로보다 결코 낫지 않았다. JE는 여로보암에게 다윗 가문의 왕권을 대신할 권리를 수여했다. 알려진 한에서는 르호보암은 아무것도 알아채지 못했다. 그는 J를 있는 그대로 받아들였다. 그가 수정한 내용이 있다면 벧엘에 설치한 여로보암의 국가 제의를 비방하는 정도였다.

E를 여로보암이 일으킨 혁명의 경험을 반영한다고 보는 이 책의 관점은 상황적 증거에 기초를 두고 있다. 동시에 E에 관한 증거를 가장 의미 있게 설명하려는 새로운 시도이다. 다른 학자들은 E의 기원에 대한 이런 견해를 다른 상황적 증거와 비교해 볼 때 얼마나 개연성 있는지를 판단해야 할 것이다. 이 책이 적극적인 어조로 논의를 전개한다고 해서 이런 문제를 처음 접하는 사람들이 문제가 다 해결된 것처럼 생각하지 않기를 부탁한다. 이 책에서 그렇게 쓰는 경우가 있을지도 모르지만, 그것은 의도한 바가 아니다.

사경에 적은 분량으로 보충된 내용은 다시 히스기야가 통치하던 기원전 8세기 후반에 예루살렘의 다윗 가문에 속한 저자의 작품이었다. 이 저자는 JE에 몇 단락을 추가했다. 그곳의 문체는 과거의 J와 비슷하고 미래의 신명기 역사서의 문체와도 비슷하다. 이 보충단락은 E가 추가하여 수정한 이스라엘 역사를 다시 다윗 가문의 역사로 간직하려는 목적을 갖고 있다. 북왕국 이스라엘은 기원전 722년에 무너졌다. 그래서 JE는 공식 문서 보관소가 없이 남겨졌다. 앗수르의 지배를 받던 히스기야는 이스라엘의 주권에 대한 다윗 가문의 주장을 회상하면서 JE의 지지자요 북부의 영향력 있는 인사들에게 자기의 신하가 되라고 설득하였다. JE의 반(反)이집트적 주장은 앗수르의 정책과도 부합되었다. 이런 식으로 새롭게 보완된 JE의 확대된 율법집은 다윗 가문이 또 다시 사법권을 유다의 영역 밖으로 행사할 힘을 증대시켜주었다.

다른 주요 보충작업은 사경의 제사장 문서층인 P가 했다. P는 JE 가운데 제의와 관련된 부분에 집중한다. 이제껏 소중히 여겨온 역사는 추방당했다가 페르시아 시대 초에 예루살렘으로 돌아와 지배층으로 거주하게 된 제사장계층의 중요한 종교의식과 율법을 위한 문서로 재구성되었다. 이 제사장들은 바벨론으로 포로로 끌려간 다음에 페르시아 치하에서 정치권력을 회복하지 못한 다윗 왕가의 통치를 계승한 자들이었다. 대략 말해서 제사장들의 보충 부분은 민수기에 추가된 많은 구절을 포함하는데, 이것들은 P의 주요 부분이 작성된 뒤에 삽입되거나 첨부되었을 것이다. 이 제사장 전승의 기원은 군주시대로 거슬러 올라가지만 현재의 형태 안에서는 사경 가운데 가장 늦은 문서전승을 이루고 있다.[3]

세 곳의 보충 단락에 대해서 말한다면 E는 J에 상당한 분량의 이야기를 추가하여 약 삼분의 일 정도 더 길게 만들었다. 하지만 J와 달리 E는 창세기와 출애굽기에서만 발견된다. 더불어 E는 J의 소규모 율법집에 새로운 율법을 추가했고 J의 이야기를 많이 확장시키고 짤막한 구절들도 추가했다. 이 책은 E의

---

[3] Robert B. Coote and David Robert Ord, *In the Beginning: Creation and the Priestly History*(Minneapolis: Fortress Press, 1991).

이야기, 율법 그리고 보충구절들이 여로보암 시대의 이스라엘이 다윗 가문과 맞서 일으킨 혁명을 어떻게 묘사하는지 해설하는 데 목적이 있다. 이 책에서 설명한 것처럼 E는 기원전 10세기 후반 이스라엘 산지에서 일어난 혁명을 옹호하며 변증하는 글이다. 여로보암은 군사력을 강화하면서 나라의 사법제도를 다시 확립하고, 이스라엘의 제의를 재조정하였으며, 왕실 건축 계획을 추진하면서 혁명이 정당했음을 주장했다. 그의 이러한 변증문서는 자신의 통치를 강화하는 여러 가지 방편 중 하나일 뿐이었다.

어떤 의미에서, 여기에서 이해되는 바와 같은 E는 거의 유일하다. 구약성서의 거의 모든 부분은 다른 지역과 중심지의 우두머리들과 비교해 볼 때 예루살렘의 다윗 가문과 그들을 계승한 제사장들을 선호한다(팔레스타인 북부 산지는 전혀 아니다). E는 이스라엘의 북부 중심지 지도자들과 그들의 파벌에게서 나온 것이며 그들을 선호한다. 이런 모습을 볼 수 있는 곳은 구약성서에서 겨우 두세 곳에 불과한데, E가 그 중 하나이다. 다른 곳으로는 엘리야와 엘리사에 관한 내러티브 일부와 시편 몇 군데가 있다.[4] 이 중 어느 것도 그 길이나 내용에서 예루살렘에 대항하여 북부 경쟁자가 끊임없이 일으킨 투쟁과 반란을 묘사하는 E의 글과 견줄 수 없다. 이를테면 JE에는 여로보암 자신의 모습이 나타난다. 반면 예루살렘에 기반을 둔 신명기역사가는 바로 그 여로보암의 가증스러움을 선전의 한 축으로 삼았다. JE는 다윗 시대 이후로 예루살렘 서기관들이 비방한 사울과 같은 지도자가 이끄는 군주제도의 부활을 조장한다. 그러므로 그것은 구약성서의 수많은 책 가운데 이스라엘 왕들의 편에 서서 다윗 왕가에 반대하는 이야기를 망설임 없이 전해주는 책이다.

그렇지만 그 이야기들은 여러 가지 면에서 다윗의 이야기이다. JE는 이스라엘의 혁명을 옹호할 때 여로보암의 즉위를 다윗이 즉위하던 모습과 똑같이 기

---

4) Gary A. Rendsburg, *Linguistic Evidence for the Northern Origin of Selected Psalms*(Atlanta: Scholars Press, 1991).

술한다. 두 통치자는 곤경에 처한 백성들이 일으킨 저항운동을 촉매로 삼았다. 둘 다 서기관들을 고용하여 자기의 권력쟁취를 지역민의 해방자로 비치게끔 정당화했다. 그들은 외부인의 도움을 받는 산간지대의 군사 지도자였으며 스스로 촌락민의 곡창지대를 다스리는 왕으로 여겼다. 다윗과 여로보암은 공통점이 많았다. 11세기 말과 10세기 말 사이에 상황이 급변했는데, 가장 중요하게는 다윗 가문의 국가 통치가 공고화되었기 때문이다. 그럼에도 불구하고 다윗과 여로보암은 같은 부류에 속한다. 두 사람을 비교하기보다는 팔레스타인 역사에 등장한 강력하고 운 좋은 수많은 권력찬탈자와 비교할 때 그렇다.

당연한 일이겠지만, 통치자는 항상 권력을 찬탈당할까봐 두려워한다. 여로보암도 예외가 아니었다. E에 전반적으로 나타나는 하나님 경외 사상은 왕권 찬탈자를 두려워하는 마음을 담고 있다. 모든 시대와 장소에 등장하는 통치자처럼 여로보암은 다른 사람들을 두려워하면서 이런 두려움을 사법적 관점 혹은 '하나님 경외'의 형태를 지닌 공공 정책으로 투영할 필요가 있다고 생각했다. 여로보암이 구현하고 놀랍고도 희망 가득 찬 하나님 경외의 모습으로 고취된 국가 안보는 백성의 안녕을 보장하지 못했다. 여로보암은 다른 사람들이 일으키는 폭력만을 보았기 때문에 사마리아와 예루살렘의 패망으로 나타날 하나님의 심판을 예상할 수 없었을 것이며 국가와 국가신이 폭력을 통제하는 것이 아니라 폭력의 원천이 된다는 점도 감히 상상하지 못했을 것이다.[5] 여기에 속아 넘어간 여로보암은 모든 시대의 '통치 질서'를 소유한 사람 중 한 명에 불과하다. "그들이 만들어낸 세상 속에서 스스로를 바라보고 위안을 얻으려는 욕구"가 E와 J와 P라는 문서 유산을 우리에게 남긴 것이다.[6]

이 책의 1장은 E가 무엇이며 어떻게 구별할 수 있는지, 그리고 본문을 어떻

---

5) Pierre Clastres, *Society against the State: Essays in Political Anthropology*(New York: Zone Books, 1988).

6) Terry Eagleton, "The Ideology of the Aesthetic," *Times*(London) *Literary Supplement*, 22~28 January 1988, 94.

게 이해해야 제일 좋은지를 기술한다. 2장, 3장, 4장은 거의 같은 분량으로 E를 제시하는데, E가 J와 시종 어떻게 관련되는지를 분명히 밝히기 위해 J를 충분히 포함하고 있다. 5장은 솔로몬의 폭정, 6장은 여로보암의 혁명, 7장은 여로보암이 JE를 읽을 때 어떤 식으로 솔로몬의 아들 르호보암을 염두에 두었는지 각각 검토한다.

E를 세 단락으로 나눈 것은 편집상 편리하기 때문만이 아니라 본문이 원래 갖고 있는 특징 때문이기도 하다. 주요 분기점은 하나님이 호렙 성소에서 야훼와 그 이름의 의미를 제의 호칭으로 계시할 때이다(출 3: 9~15). 이 분기점 다음에 나오는 내용은 모두 호렙과 상관이 있다. 호렙은 여로보암의 국가 제의가 관할권을 행사하는 모델이다. 이 분기점 앞에 있는 이야기도 여로보암 나라의 제의들을 다루지만 지배적인 주제는 죽음의 위기를 겪는 아들들이다. 여로보암과 이스라엘을 나타내는 요셉은 위험을 겪는 아들의 대표적인 사례다. 그래서 별도의 단락 주제로서 특별한 관심을 쏟고 있다. 그러므로 E 본문은 세 단락으로 나눌 수 있다. 그것은 아들들, 요셉 그리고 호렙이다.

E의 이 세 단락이 8장부터 12장까지의 주제이다. 8장은 E의 위기를 겪는 아들들을 다룬다. 9장은 그런 아들 중 한 명인 요셉 이야기를 확대한 내용을 다룬다. 요셉은 혁명의 중심지와 여로보암 '지파'를 대변한다. 10장, 11장, 12장은 E의 국가 성소와 그곳의 제의와 관습 그리고 관할권과 율법을 다룬다.

E의 주요 관심사들이 연결되어 있는 모습은 여로보암이 자신의 배타적인 정통성과 왕위 계승에 대해 열망하는 모습을 보여준다. 여로보암은 무슨 권리로 이스라엘의 통치권을 얻었는가? 그는 자기 통치권을 아들에게 물려줄 수 있을까? 이것이 E의 왕실후원자가 몰두하고 있고 E의 이야기와 선언에 반영되어 있는 두 가지 근본적인 질문이다. 앞의 질문은 구약성서에 종종 암시되어 있다. 그것은 얼핏 보기에 우리가 구약성서에서 기대하는 것과 다를 수 있다. 하지만 예컨대 셰익스피어를 공부하는 학생이 셰익스피어가 초창기에 쓴 『리처드 3세』는 튜더 왕가의 합법성을 후원하는(헨리 7세의 후계자가 근심을 덜기

위해 탑에 갇힌 왕자들을 살해하도록 지시하는 내용) 글이며, 『맥베스』는 스코틀랜드의 제임스 4세가 영국의 왕으로 즉위한 직후에 왕실 후원 극단 킹즈 멘(King's Men)의 작가인 셰익스피어가 스튜어트 왕가의 합법성을 지지하기 위해 쓴 글이었다는 사실을 처음 깨달았을 때 놀라는 것과 크게 다르지 않다.7) 계승에 관한 두 번째 질문 역시, 비록 첫 번째 질문만큼은 아니겠지만, 구약 성서에서 자주 암시되었다.

13장은 앞에서 언급한 히스기야가 기원전 8세기에 원신명기 역사가를 시켜 JE의 일부를 보충하고 다시 소유한 작업을 다룬다. JE에 보충한 내용은 종종 E와 구분되지 않았다. 14장은 이 책이 제시한 E의 관점이 의미하는 바를 간단하게 고찰할 것이다.

사경을 문서전승에 따라 분석하는 작업은 150여 년 동안 알려져 왔지만, 그것은 심지어 그것을 알고 있는 얼마 안 되는 사람에게조차도 중요하게 여겨지지 않았다. 현재는 온갖 종류의 신념을 가진 독자들이 구약성서의 책들은 개별적인 부분이 모여진 것이라기보다는 통으로 이루어져 있으며, 구약성서는 이미 작고한 저자들의 것이라기보다 살아있는 독자의 것(그의 관심사가 무엇이든 상관없이)이며 구약성서는 친숙하지 않은 것보다는 친숙한 것에 의해 더 많은 의미를 얻을 수 있다고 믿고 싶어 한다. 그러나 독자가 읽다가 마음으로 깨달아진 것을 수긍하고 유익을 얻으려는 것이 아니라면 "의미 있다"는 말은 무슨 뜻일까? 구약성서의 내용에 보다 편리하게 다가가려는 이런 직관은 그 자체로 매우 타당한 전제 위에 세워져 있고 점차 수가 늘어나고 있는 뛰어난 학자들의 연구로부터 도움을 받고 있다.8) 그들은 E의 독자성을 무시하고 E를 J

---

7) 문학이 정치 세력과 시대상황을 반영할 때는 직접적 일치를 넘어서서 훨씬 더 기묘하고 광범위하게 스며있는 이런 기본적인 방식들을 사용한다. 이 같은 깨달음은 문학을 이해하는 데 필수적이다. 셰익스피어의 경우, Leonard Tennenhouse, *Power on Display: The Politics of Shakespeare's Genres*(New York: Methuen, 1986)가 탁월하게 다루고 있다.

8) 창세기와 출애굽기의 최근 연구를 위해, J. P. Fokkelmann, "Genesis" and "Exodus" in

및 P와 함께 섞어 놓은 채로 능숙하게 해석한다. 본문의 접근성을 높이기 위해 최종 본문과 모든 번역들도 그렇게 하고 있다.

하지만 자세히 읽어보면 구약성서의 많은 부분은 편리하게 다가가지 못하도록 되어있다. E 문서층은 영어번역 성서를 읽는 독자들이 정밀하게 연구한다고 해도 쉽게 식별하기가 어렵다. 그럼에도 불구하고 창세기와 출애굽기에 독특한 단락을 이루고 있는 E가 있다는 사실을 무시하면 안 된다. 그리고 관찰력이 있는 독자라면 일단 분별이 될 경우 그것이 모두 편안한 내용은 아님을 알 수 있을 것이다. 여기까지는 그다지 논쟁의 여지가 없다. E가 가정하는 것

The Literary Guide to the Bible, ed. Robert Alter and Frank Kermode(Cambridge: Harvard University Press, 1987), 36~65; Thomas W. Mann, *The Book of the Torah: The Narrative Integrity of the Pentateuch*(Atlanta: John Knox, 1988); Suzanne Boorer, "The Importance of a Diachronic Approach: The Case of Genesis-Kings," *Catholic Biblical Quarterly* 51(1989): 195~208; Frank Crüsemann, "Der Pentateuch als Tora: Prolegomena zur Interpretation seiner Endgestalt," *Evangelische Theologie* 49(1989): 250~67; Walter Brueggemann, "Genesis," in *The Books of the Bible*, ed. Bernhard W. Anderson, vol. 1(New York: Scribner, 1989), 21~45; Nahum M. Sarna, "Exodus," in *The Books of the Bible*, ed. Bernhard W. Anderson, vol. 1(New York: Scribner, 1989), 47~62; David J. A. Clines, *What Does Eve Do to Help? and Other Readerly Questions to the Old Testament*(Sheffield: Sheffield Academic Press, 1990), 9~105를 보라. 이 문제에 관한 가장 최근의 컴퓨터 연구에 대한 평가를 위해, G. J. Wenham, "Genesis: An Authorship Study and Current Pentateuchal Criticism," *Journal for the Study of the Old Testament* 42(1988): 3~18; Stephen Portnoy and David L. Peterson, "Statistical Differences Among Documentary Sources: Comments on 'Genesis: An Authorship Study,'" *Journal for the Study of the Old Testament* 50(1991): 3~14를 보라. 최근에 발전한 독자 중심 해석을 위해, Sean E. McEvenue, "The Elohist at Work," *Zeitschrift für die alttestamentlciche Wissenschaft* 96(1984): 315 n 1의 설명과 Edgar V. McKnight, *Post-Modern Use of the Bible: The Emergence of Reader-Oriented Criticism*(Nashville: Abingdon, 1988)의 탁월한 소개를 보라. 고전적인 문서전승 이론에 입각하여 창세기 본문을 다룬 고무적인 연구를 위해, Bruce Vawter, *On Genesis: A New Reading*(Garden City, N.Y.: Doubleday, 1977)을 보라. 역사비평에 경각심을 주는 관점으로 문학비평의 최근 경향을 평가하는 연구를 위해, Terry Eagleton, *Literary Theory: An Introduction*(Oxford: Basil Blackwell, 1983)을 보라.

과 기대하는 것, 관심사와 강조점, 문체와 형식은 대다수 독자가 통상 혹은 반드시 기대하는 것은 아니다. E를 이해하고 무시하지 않으려면 그것을 저술한 저자의 이질성을 인정해야 한다. 동시에 그가 말하려는 것은 우리가 찾아내서 이해해야 할 정도로 불편하지만 찾아낼 가치가 있다는 확신을 갖고 다루어야 한다(우리는 E를 쓴 저자의 정체를 잘 모른다. 하지만 그가 남자인 것으로 보이기 때문에 '그'라는 남성대명사를 사용하고 있다).

고인은 우리가 그들을 존중해준 사실을 고맙게 여길 것이다. 물론 그것이 역사적 관점으로 쓴 이 책이나 다른 책들에 대한 충분한 변명은 되지 못한다. 과거에 인류가 얻은 다양한 깨달음은 현재 살아가는 사람들의 것과 비슷하다. 고대의 깨달음을 최소한의 것이라도 발견하지 못한 채 사라지도록 방치한다면 그것은 비통하고 치명적인 손실이 될 것이며, 또 우리 시대의 깨달음을 무시하는 결과로 이어질 것이고 우리 자신의 역사를 이해하기 위하여 중요한 의미 구성의 역사도 무시할 수밖에 없다. 우리의 언어는 물론이고 당시의 언어로 E를 의미 있게 만들지 못한다면 E는 성서적 신앙에 대해서는 물론이고 아예 인식조차 못한 채 사라질 수도 있다. 구약성서의 역사와 그 세계에 대한 우리의 지식이 불완전하기 때문에 그 작업도 불완전할 수밖에 없겠지만 그럼에도 불구하고 E를 사멸의 위기로부터 다시 살려내는 것은 성서의 독자이자 인간인 우리에게 달려 있다.[9]

---

9) 이 책은 많은 사람이 보기에 놀랄 정도로 E의 기원을 특정하고 분명한 관점으로 바라본다. 이런 점에서 볼 때 이 책은 글을 쓴 특정한 맥락보다도 전체적 맥락을 밝히려는 경향 — 주로 역사적인 해석을 하는 경우에도 — 에 반대하는 것처럼 보일 수 있다. 전체적이며 서로 비교하는 관점으로 고대 문서인 성서를 고찰하는 방식은 이후의 내용에서 상당히 의미 있는 역할을 한다. 하지만 E가 작성된 전체적 맥락에서 중요한 부분은 권력찬탈을 주요 골자로 삼는 글을 통해 왕권을 확립하는 일이기 때문에 E에서 누가 권력을 찬탈했는지 또 어느 쪽 왕권이 개입했는지를 결정하지 않을 수가 없다. 그런 정황적 증거는 여로보암 1세와 이스라엘(유다를 제외한 나라 — 옮긴이)의 왕권처럼 특정한 경우를 가리킨다. 이런 경우를 특정하게 풀이하지 않고 일반적으로 풀이하는 것은 순진한 일이다.

1

E는 무엇인가?

    E는 창세기와 출애굽기의 본문 속에서 J 및 P와 구별되는 고유한 특징을 지닌 글들을 가리킨다. 동시에 E는 이 글들을 작성한 것으로 추정되는 저자를 가리키기도 한다. 19세기 중엽 이전에 대다수 성서역사가들은 창세기와 출애굽기가 하나님을 야훼라고 부르는 본문과 단순히 하나님이라고 부르는 두 가지 본문만으로 이루어졌다고 생각했다. 첫 번째 본문을 J(야훼를 뜻함)라고 불렀고 두 번째 본문을 E(하나님을 뜻하는 히브리어 엘로힘 '*elohim*의 첫 글자)라고 불렀다.[1] 1798년의 일겐(K. D. Ilgen)과 1807년의 데 베테(W. M. L. de Wette)는 두 번째 본문이 실제로 세 번째 종류의 본문을 포함하고 있음을 여러 곳에서 관찰하였다. 이런 관찰이 나온 후 한동안 잠잠하다가 1853년에 홉펠트(H. Hupfeld)가 그것을 다시 설득력 있게 상세히 기술했다.[2] 홉펠트는 많은 성서

---

1) J는 유럽인들이 Y 대신에 사용하는 철자에서 따온 것이다. 다수의 영어번역들은 야훼라는 명칭을 피하고 있다. 대신에 주(LORD), 하나님, 여호와를 사용한다. 영어성서를 읽는 독자들은 이런 대용어가 등장하는 본문이 야훼라는 신명을 사용한다는 점을 주의 깊게 새겨야 한다.

역사가들에게 두 번째 본문, 즉 '하나님' 본문이 다시 두 가지 글 모음으로 이루어졌다는 사실을 확신시켜 주었다. 첫 번째 것은 창세기 1장으로 시작하고 제사장적 관심사를 갖고 있으며 둘 중에 규모가 훨씬 더 컸다. 두 번째 것은 창세기 20장부터 시작하며(어떤 학자들은 이보다 앞선 곳에서 발견되는 것이 한두 절 있음을 지적했다) 이것은 처음 것과 전혀 다르게 보였다. 성서역사가들은 처음의 '하나님' 본문들을 제사장적 성격을 지닌다는 이유로 최종적으로 P라고 부르게 되었다. 그리고 두 번째 본문은 계속 E라고 표시했다. 이후로 세 가지 종류의 본문에 대한 연구가 상당히 진행되고 다듬어졌지만 J, P, E라는 세 가지 명칭은 그대로 유지되어왔다.3)

E의 특징

E는 주어진 본문에서 독특한 어휘, 문체, 선호하는 주제, 특정한 관점을 갖고 있기 때문에 분별할 수 있다. E는 하나님을 엘로힘(*Elohim*)으로, 요셉의 역사에서는 이스라엘을 야곱으로, 시내는 호렙으로, 모세의 장인은 이드로로, 여종은 아마(*'ama*)라고 부른다. E의 문체는 J보다 엄숙하다. E는 사건들이 극적으로 반전되는 일을 포함하여 삶을 심각한 문제로 제시한다. E에는 J의 끝없는

---

2) H. Hupfeld, *Die Quellen der Genesis und die Art ihrer Zusammensetzung*(Berlin: Wiegand & Grieben, 1853). Paul Volz and Wilhelm Rudolph, *Der Elohist als Erzähler: Ein Irrweg der Pentateuchkritik?*(Giessen: Töpelmann, 1933), 2~3; Karl Jaroš, Die Stellung des Elohisten zur kanaanäischen Religion(Göttingen: Vandenhoeck & Ruprecht, 1974), 18~19를 보라.

3) 이 문제의 연구사를 위해, Volz and Rudolph, *Der Elohist als Erzähler*, 2~11; Alan W. Jenks, *The Elohist and North Israelite Traditions*(Missoula, Mont.: Scholars Press, 1977), 1~18; Douglas A. Knight, in *The Hebrew Bible and Its Modern Interpreters*, ed. D. A. Knight and G. M. Tucker(Philadelphia: Fortress, 1985), 279~83을 보라.

말놀이가 하나도 나타나지 않는다.

E의 독특한 관점과 관심사가 이 책의 주제이다. 여기서는 개략적으로만 살펴보자. E는 초기 왕정시대에 북왕국 이스라엘의 일부가 된 이스라엘 지파들에게 특별한 관심을 기울인다. E는 유다의 역사에 대하여 한마디도 하지 않는다. E는 수많은 성소에 관심을 갖고 있지만 예루살렘이나 유다 지역의 성소들에 대한 관심은 전혀 보이지 않는다. 단 하나 예외가 있다면 그것은 요셉의 모친 라헬의 무덤이다. J가 들에 돌로 쌓은 성소를 자주 언급하는 것과 대조적으로 E는 돌기둥, 즉 제의를 거행하기 위해 세운 돌 위에 기름을 붓는 관습을 많이 언급한다. 야훼가 밝은 대낮에 누군가의 곁에 서 있는 사람으로 나타나는 J와 대조적으로 E의 하나님은 보통 밤중에 꾸는 꿈에 절대자로 나타난다. J의 친구 같은 야훼와 달리 E의 하나님은 두려움을 일으킨다. 그럼에도 불구하고 E의 이 두려운 하나님은 거듭 '주인공과 함께' 있겠다고 말씀한다. E는 자유나 목숨을 잃을 위기에 처한 아들들에 관한 이야기를 한다. 그러나 J와 대조적으로 E는 하나님이 사건을 완전히 통제하시는 분임을 보여준다. E는 J와 달리 등장인물의 반응을 세밀하게 묘사하면서 모호하고 미묘한 법적 상황을 상세하게 전한다.

이러한 특징으로 인해 E를 J 및 P와 구별할 수 있는데, 통상 그렇듯이 동일한 본문에 몇 가지 특징이 함께 나타날 때 특히 그러하다. P는 아주 독특하며, 게다가 E는 P보다 J에 가깝고 같은 장소에서 J와 섞여 있는 경우가 훨씬 많기 때문에 E를 분간하는 작업은 사실 E를 J와 구별하는 일과 같다.

E와 J의 관계

E가 무엇인지를 정의하는 일은 위에서 언급한 특징 목록이 시사하는 것처럼 그리 간단하고 쉬운 일이 아니다. 하지만 어떤 본문이 E인지 아닌지를 두고 일치하지 않는 것은 저 전형적인 특징을 확인하는 작업 때문이라기보다는 오

히려 E가 무엇인지, 어떻게 존재하게 되었는지 그리고 그것이 J와 어떤 관계를 가지는지를 두고 논쟁하다가 생긴 것이다. J와 E는 공통된 전승의 서로 다른 버전(version)으로 많이들 알고 있다. 내 생각에 이것은 잘못된 견해이다. 이러한 관점에서 본문들은 같은 이야기의 서로 비슷한 두 버전이 결합하여 현재의 본문을 이루었다는 가정하에 사소한 중복의 흔적이 조사되어왔다. 그럴 경우 E의 독특한 특징을 전혀 갖고 있지 않은 본문도 추정된 중복을 근거로 삼아 J층과 E층으로 분석될 수가 있다.

더욱이 J와 E가 공통전승에서 나온 서로 다른 버전이라면 적어도 E의 어떤 흔적은 J의 아브람부터 끝까지 나타나야 마땅하다. 하지만 실제로는 그렇지 않다.4) 동시에 그런 기대감을 떨쳐내기가 어려운 것도 사실이다. E는 사실 민수기에는 전혀 나타지 않는 것으로 보인다. 그러나 E에는 야훼(*Yahweh*)라는 이름이 모세에 관한 역사의 서두 — J 역사의 삼분의 이 지점이 채 안 되는 곳이며 사경의 중간 지점에 훨씬 못 미치는 곳 — 에 소개되고 있으므로 많은 성서역사가들은 E가 야훼를 소개한 다음에 야훼가 나타나는 본문을 E의 다른 특징이 없음에도 불구하고 E에서 유래한 것으로 생각하는 경향이 있다. E는 분명히 엘로힘(*elohim*)이라는 신명도 지속적으로 사용한다. 또한 J가 시작과 끝 부분에서는 야훼 대신 엘로힘을 사용한다는 사실을 인식하지 못하고 다른 본문들을 E로 분류하는 오류를 범하기도 한다. 민수기 22~23장의 발람 이야기를 E 본문이라고 생각하는 것이 대표적인 경우이다.

이렇게 잘못 생각하는 것은 E의 기원을 달리 생각할 때 명료해진다. 우선 E 본문의 세 가지 유형을 구별해냄으로써 시작하는 것이 유익하다. 물론 E의 성격이 분명해지면 이러한 구분은 그리 중요하지가 않다. 첫 번째 유형은 **전체 내러티브가 E인 경우**이다. 그랄의 아브람에 관심을 둔 E의 처음 이야기(창 20:

---

4) E 본문은 J의 중간 칠분의 오 부분에 E의 목적상 불규칙하게 나타난다. J의 시작과 끝 이야기는 보충되지 않은 채로 남아 있다. 이렇게 분포된 이유는 나중에 명백해질 것이다.

1~17)가 하나의 사례이다.5) 아브람이 이삭을 제물로 바칠 뻔한 이야기(창 22: 1~13), 요셉이 잔을 드는 자와 빵을 굽는 자의 꿈을 해석하는 이야기(창 40: 1~23), 바로의 딸이 젖먹이 모세를 구해준 이야기(출 2: 1~10)도 있다.

두 번째 유형의 본문은 표면상 J와 결합되어 있는 E 본문이다. 결합된 본문에서 J와 E는 이유 없이 서로를 따르는 것처럼 보이고 그래서 때로는 구분하기가 어렵다. 그런 E 본문 중 첫 번째 것이자 탁월한 예는 야곱이 에서를 피해 도망가다가 벧엘에 머무를 때 일어난 이야기이다(창 28: 10~22). J에서는 야곱이 잠을 자려고 누웠을 때 야훼가 곁에 서 계시는 모습으로 나타나 야곱의 할아버지 아브람에게 맹세한 축복을 반복한다. 야곱이 누워 있는 곳에서 바라볼 수 있는 온 땅을 아브람의 후손에게 주시겠다는 내용이다. 야곱은 그곳을 벧엘, '하나님의 집'이자 하늘로 통하는 문이라고 외친다. J는 야곱이 다음 날 아침에 일어났다는 말은 물론이고 잠에 들었다는 말도 하지 않는다. 이 이야기는 E에서 유래한 문구, 문장들과 결합되어 있다. E는 J가 갖고 있는 이야기 틀에 의존하는 것으로 보인다. E에서 유래한 첨가 단락을 보면 야곱은 돌을 가져다 베개로 삼는다. 그는 아무 방해도 받지 않고 잠들어 꿈을 꾼다. 꿈에서 천상의 사자들이 분주하게 오르내리는, 웅장한 계단의 꼭대기에 하나님이 계신 장면을 본다. J의 야훼가 하신 선포에는 E의 하나님이 "내가 너와 함께 있어 네가 어디로 가든지 너를 지키며 너를 이끌어 이 땅으로 돌아오게 할지라. 내가 네게 허락한 것을 다 이루기까지 너를 떠나지 아니하리라"는 말씀이 추가되어 있다. 그러자 E의 야곱은 두려워하며 깨어나 그곳을 두렵다고 말하고 베개로 사용한 돌을 기둥으로 세워 그 위에 기름을 붓고 하나님이 자기와 함께 하시면 이 성소에 자기가 생산한 모든 것에서 십분의 일을 드리겠다고 서원한다.

---

5) 나는 J와 E에서는 처음부터 끝까지 아브람이란 형태의 이름이 나타나며, P가 이것을 아브라함으로 바꾸는 이야기를 소개하고(창 17장) 그 이후에 나오는 아브라함이란 이름은 이러한 변화에 맞추어 수정된 것으로 생각한다. 하지만 P나 후대의 편집자들이 항상 그렇게 수정하지는 않으므로 이런 생각이 확실하지는 않다.

세 번째 유형의 E 본문은 E의 표지가 전혀 없이 J 내러티브 안에 나타나는 개별적 문장, 구문이나 단어이다. 이를테면 야곱이 가나안으로 돌아오는 길에 에서를 만날 때 E는 다음의 짧은 대화를 삽입한다. "에서가 '너와 함께 한 이들은 누구냐'고 묻는다." 야곱은 "하나님이 주의 종에게 은혜로 주신 자식들입니다"라고 답변한다(창 33: 5; 하나님이란 단어와 E가 자손에게 특별한 관심을 두고 있음을 주목하라). 야곱은 몇 줄 뒤에 "하나님이 내게 은혜를 베푸셨고"(창 33: 11)라는 짧은 E 단편으로 자신의 관점을 되풀이해서 말한다. J에서 이집트 주인의 아내가 요셉을 유혹하려고 시도할 때 요셉은 "내가 어찌 이 큰 악을 행하겠습니까?"라고 거절의 의사를 표하는데 E는 여기에 "그리고 하나님께 죄를 지을 수 있겠습니까?"라는 말을 덧붙인다(창 39: 9). E는 J에 손대지 않고 거의 항상 그대로 보존하지만 몇 군데는 E의 구절로 원래의 J를 바꾼다. 이를테면 E는 북왕국 이스라엘을 대표하는 야곱의 아들들의 어원을 제시한다. 그 중 몇 군데는 원래의 J 어원을 바꾼 것일 수도 있다. 요셉의 경우 J와 E 모두 어원 이야기를 보존하고 있다(창 30: 1~24).

본서의 다음 세 장에 걸친 E 본문이 보여주듯이 E의 위 세 가지 유형의 본문은 크게 다르지 않다. 요셉의 형들이 질투하여 요셉을 종으로 파는 이야기에는 J와 E 본문이 섞여 있다. 그러나 이 이야기 안에서 요셉이 자기 가족을 지배한다는 꿈(창 37: 5~11)은 이집트의 요셉이 개입한 꿈 이야기와 비교해보면 알 수 있듯이 거의 온전히 E 내러티브이다. 중요한 것은 E가 이 세 가지 형태 모두로 J에 나타날 수 있다는 것이다. E를 설명하려면 이와 같은 다양성을 감안해야 한다.

서로 다른 기초들(different foundations)

E는 J와 P보다 짧기 때문에 학자들이 관심을 덜 두었지만, 철저히 연구되었

다. 대다수는 E가 여로보암의 즉위(기원전 931년)와 사마리아 멸망(기원전 722년) 사이의 군주시대 북이스라엘에서 유래한 것으로 본다. 이러한 출발점을 의심할 이유는 없다. 누가 왜 그리고 정확히 언제 썼는지에 대해서는 일치점이 훨씬 적다. 대다수 해석자들은 E를 국가의 과도한 악행을 비판하는 예언서와 유사한 문서로 본다. 이런 비판을 받는 대상은 10세기의 여로보암, 9세기의 오므리 가문의 왕들, 8세기에 아모스와 호세아가 고발한 엘리트 집단 혹은 그와 유사한 부류일 것이다. 북왕국 이스라엘의 200년 역사 가운데 어느 시기에 대해서도 그것이 E의 배경이라고 주장하는 성서 역사가가 한 두 명은 있다.

이러한 주장들은 대개 개연성이 다소 부족한 전제에 근거를 두고 있다. 앞에서 언급했듯이 일반적인 견해는 J와 E를 공통 전승에서 유래한 별도의 완성된 버전으로 본다. 이러한 견해에 따르면 J와 E는 약간의 차이는 있지만 같은 이야기를 전개한다. 서로 유사한 점을 설명하는 하나의 방식은 일단 어느 것이 두 이스라엘 국가 중 어느 하나에 나타나면 다른 것은 두 번째 나라에서 먼저 것을 모방하여, 추정된 공통 전승을 가지고 있지만 두 번째 나라의 특정한 성향에 적합한 버전으로서 생산되었다고 생각하는 것이다. 이와 같은 설명을 약간 변형시켜 공통된 이야기는 처음에 구전으로 전해졌다고 생각하기도 한다. 그러므로 E는 원래 '히브리 민중'에게 전해지면서 형태를 갖추게 된 이야기들을 기록했다. 추정컨대 J와 E는 E가 기록된 오랜 후에 편집자에 의해 (다시) 통합되었다. J와 E가 본질적으로 똑같은 것을 말할 때 편집자는 J를 우선하였다. 그래서 현재의 본문에는 오직 E의 단편들만 보존되어 있다는 것이다. 마지막으로 거의 모든 E가 내러티브로 이루어져 있기 때문에 E를 다룰 때 E에서 유래한 모세의 율법 단락(출 21: 1~22: 16)은 무시될 수 있는 것이다.[6]

---

[6] 이런 생각은 널리 보급되어 있고 대부분의 비평적 주석서와 개론서 그리고 Richard Elliott Friedman의 *Who Wrote the Bible?* (New York: Summit Book, 1987), 83~85와 같은 최근의 독창적인 연구서에도 등장한다.

나는 이와 같은 전제가 잘못된 것이라고 믿는다. 내가 선호하는 견해들은 대체로 새롭지 않지만 다수의 학자들이 지금 설명한 견해를 선호하기 때문에 다소 무시되어 왔던 것이다. E는 아마도 J를 글로 보충한 것이며 결코 이런 상황을 떠나서는 존재하지 않았을 것이다. E는 궁정에서 작성되었다. E가 J를 모방하는 것처럼 보이는 단락에서 서기관은 J를 이야기 소재로 삼는다. E는 대부분의 내용이 소실되었다는 의미에서가 아니라 J를 보충하고 있다는 의미에서 단편적이다. J를 보충했다는 것은 결코 J 전체를 모방했다는 것이 아니고, 그것을 E의 기초로 삼았다는 뜻이다. E는 전부 거기에 있다. E의 율법은 E의 핵심이며 E를 이해하는 데 필수적이다. 이제 이러한 전제들을 하나씩 간략히 살펴보려고 한다.

E는 J를 보충하며, J를 떠나서는 결코 존재하지 않았다. E는 J 없이는 결코 존재하지 않는다. E를 (J)E, JE, 혹은 JE로 표기하는 것이 더 정확할 것이다(E를 굵은 글씨로 표현한 마지막 표기는 다음 세 장에서 JE를 나타내는 데 사용할 것이다). E를 문서층(strand)으로 부르고 E문서(document)라고 하지 않은 것이 의미 있다[문서층(strand): 여러 색깔로 꼬여진 실의 한 가닥이나, 복합적인 사상 속에 구별된 하나의 사상적 줄기를 나타내는 띠 모양의 글을 가리킴 - 옮긴이]. E는 시종일관 J를 가정한다. E는 J를 변형한 것도 아니고 공통된 전승에서 파생한 것도 아니다. 그래서 E를 J와 구별하기 위해 외관상의 중복만을 이용하는 것은 소용이 없다. 많은 성서역사가들은 이미 E가 J를 보충한 것이라고 이해해 왔다.[7] 그

---

7) 이를테면 Rudolph Smend, *Die Erzählung des Hexatecuh auf ihrer Quellen untersucht*(Berlin: Georg Reimer, 1912); Volz and Rudolph, *Der Elohist als Erzähler*, R. N. Whybray, "The Joseph Story and Pentateuchal Criticism," *Vetus Testamentum* 18(1968): 522~28; Th. H. C. Vriezen, *An Outline of Old Testament Theology*, 2d ed.(Newton, Mass.: Charles T. Branford, 1970), 58; Sigmund Mowinckel, *Erwägungen zur Pentateuchquellenfrage*(Oslo: Universitetsforlaget, 1964), 59~118(모빙켈은 이 견해를 일찍이 1930년에 발표했다); Hannalis Schulte, *Die Entstehung der Geschichts-schreibung im alten Israel*(Berlin: DeGruyter, 1972)를 보라. 이들은 가상의 E 자료에 대

러나 그들 대부분은 E를 한 번에 이루어진 단일하고 일관된 보충이 아니라 오랜 세월에 걸쳐 임의적이고 우발적으로 이루어진 보충의 집합으로 이해했다. 미국에서는 아직도 E가 처음에는 J와 상관없이 독자적으로 존재했다는 견해가 널리 받아들여지고 또 그렇게 가르치고 있다. 주로 독일의 마틴 노트(Martin Noth)와 한스 발터 볼프(Hans Walter Wolff) 그리고 현재는 미국의 앨런 젠크스(Alan W. Jenks)와 같은 중요한 학자들이 꾸준히 영향을 끼치고 있기 때문이다.8) 그럼에도 불구하고 구약성서의 합성 문서 대부분이 그런 것처럼 JE는 사실 두 가지 유사한 문서를 편집한 것이 아니라 보충 방식을 통해 작성되었다.9)

E를 이해하려고 할 때 E가 J를 언급한다고 상정할 수 있다. 이를테면 아비

해 다양한 견해를 보여준다. 심지어 화이브레이는 고전적인 사경 분석이 옳은지에 대해서도 의심한다.

8) Martin Noth, *A History of Pentateuchal Traditions*, trans. Bernhard W. Anderson(Englewood Cliffs, N.J.: Prentice Hall, 1972[German orig. 1948]), esp. pp. 20~41; Hans Walter Wolff, "The Elohistic Fragments in the Pentateuch," in *The Vitality of Old Testament Traditions*, ed. Walter Brueggemann and Hans Walter Wolff(Atlanta: John Knox, 1975), 67~82(German orig. 1969; also Interpretation 26 [1972], 158~73); Jenks, *Elohist and North Israelite Traditions*. 이 주장에 관하여 노트의 입장은 폴츠(Volz)와 루돌프(Rudolph)의 저술에 대한 반론 성격을 지닌다. 제2차 세계대전 이후 미국 성서학자들이 성서학에서 자신들만의 견해를 확립함에 따라 폴츠와 루돌프의 견해는 거의 찾아볼 수가 없다. 현재 미국의 상황은 폴츠가 20세기 초 독일인을 위해 *Der Elohist als Erzähler*, 3, 11~12에 서술한 것과 다르지 않다; J와 E의 관계에 대해 관심을 가진 학자들을 지배하는 견해는 거의 도그마에 가깝다.

9) 일찍이 1906년에 E. Meyer는 E가 J에 "완전히 의존하고" 있음을 강조했다: *Die Israeliten und ihre Nachbarstämme*(Halle: Max Niemeyer, 1906), 17, 58, 74, 259, 276 n. 1, 323 n. 3(Volz and Rudolph, *Der Elohist as Erzähler*, 11 n. 1 재인용). 최근 해석자 중 맥케브뉴(McEvenue)가 이런 입장을 대표하는 것 같다: "Elohist at Work," 329~30. Frederick V. Winnett, in "Re-examining the Foundations," *Journal of Biblical Literature* 84(1965): 1~19는 E가 J의 공식 개정판이라고 주장했다. J와 개정 연대에 대한 비네트(Winnett)의 견해는 여기서 주장하는 견해들과 다름에도 불구하고 사경이 권위 있는 추가 작업을 통해 확장되었다는 견해에 있어서는 본질적으로 다르지 않다.

멜렉이 하나님에게 "주께서 의로운 백성도 멸하십니까?"(창 20: 4)라고 말할 때 그는 J에서 야훼가 소돔과 고모라를 파괴한 일을 언급하는 것이다. E는 하갈과 이스마엘이 아브람에게로 돌아왔다고 생각한다. J에서 야훼가 하갈에게 돌아가 여주인에게 복종하라고 지시했기 때문이다. 하나님이 아브람을 '선지자(prophet)'라고 부를 때 그는 J에서 아브람이 소돔의 운명을 놓고 야훼와 벌인 협상을 언급하는 것이다. 이야기 속에서 그런 내용을 암시하는 것 자체는 E가 J를 공통된 구전이 아니라 문서 형태로 알았다는 사실을 입증하지 않는다. 노트는 E가 원래 J와 동일한 이야기를 갖고 있었지만 J와 E를 결합시킨 편집자가 J와 아주 다른 E 단락들만을 포함시켰다고 주장한다. 하지만 J는 궁정 문학이지 이스라엘의 공통적인 민족 전승이 아니었다. 더구나 E의 특별한 성격은 전부 J와 구별된다. 가장 중요한 것은 가상의 JE 편집자가 노트가 시사한 대로 E 본문의 첫 번째 유형과 어쩌면 두 번째 유형까지도 발췌했을 수 있지만 이런 생각은 E의 세 번째 유형 즉 고립적인 구절들에는 전혀 적용할 수 없다.

더욱이 E가 J 구문을 사용하면서도 E만의 독특한 의미를 부여하는 곳도 있다. 이를테면 J에서는 야훼가 벧엘에서 야곱에게 나타날 때 "곁에 서계시니(standing next to him)"(RSV;『개역개정』, "그 위에 서서")라고 말한다. 이것은 J가 공통적으로 사용하는 표현이다. E는 이와 똑같은 표현을 J에서 꺼내어 의미를 변경시킨다. 야곱은 웅장한 계단과 하나님이 "그 꼭대기에 서 있는(standing on top of it)" 모습을 본다.[10] 또 J에서는 모세가 백성이 노예로 사는 동안 "중요한 인물이 되었다(became important)." E는 J가 쓴 표현을 산파들이 사내 유아들을 구해주고 바로의 딸이 모세를 구해준 다음에 모세가 "자라났다"고 말하는 데 사용한다. 이 구문은 창세기 21: 8, 20의 E 구문과 일치한다.[11] J를 이렇게 글

---

10) Robert B. Coote and David Robert Ord, *The Bible's First History*(Philadelphia: Fortress, 1989), 153 [『성서의 처음 역사』, 우택주·임상국 옮김(파주: 한울엠플러스, 2017), 249].

11) 같은 책, 11~12, 218.

로 활용하는 모습은 E가 J와 연결된 상태로 존재했음을 보여준다.

그러므로 J와 연관된 E를 이해하는 일은 E가 J와 동일하다고 생각되는 부분에서 얼마나 다른지를 밝히는 일보다는 E가 어디서 어떤 내용으로 어떻게 그리고 왜 J를 보충하고 평가하며 확대하고 있는지를 설명하는 일이라고 할 수 있다. E 본문은 무엇이든 후대의 편집자가 아니라 E를 직접 작성한 저자 때문에 존재한다. 그러므로 가능하다면 개별적인 구문을 포함해서 모든 E 본문은 E의 해석에서 고려되어야 한다. 나아가 볼프가 E에 관해 쓴 논문에서 아주 잘 보여준 것처럼 E 본문을 그 상호관계에서 이해하는 것이 중요하지만, J와의 현존하는 관계를 무시하고 E 본문만을 연구하는 것은 별 의미가 없다.

E는 궁정 산물이다. 두드러진 중복현상도 저자가 J를 자기 방식으로 모방하거나 다시 작성한 결과인 것이다. E는 J를 보충한 것이기 때문에 E의 개념은 J의 개념을 필요로 한다. J와 E에 기록된 것으로 여겨지는 전승사의 초창기에 관한 문제들이 E의 연구에서 가장 두드러진 주제였다. 여기에 노트의 'G('공통된 기초 본문,' Grundlage의 약어)'와 프랭크 무어 크로스(Frank Moore Cross)의 '서사시(epic)'가 포함된다.[12] 그랄의 아브람에 관한 E의 첫 번째 이야기처럼 J를 모방한 E의 사건들은 가상의 공통 전승에서 나온 것이 아니라 이전에 많은 학자들이 주장했듯이 J에 직접 기초한 것이다. 첫 번째로 등장하는 이 E이야기는 J의 이집트에서의 아브람과 그랄의 이삭 이야기를 결합시킨 것이다. E는 J 두루마리를 연구하면서 어느 곳에 삽입시켜야 할지 신중하게 계획을 세우고, 준비한 추가부분과 함께 그 두루마리를 다시 작성한 어느 서기관의 작품이었다. E가 보충한 내용은 J의 이야기를 삼분의 일 정도 길게 만든다.

E는 전부 거기에 있다. 그것은 노트와 볼프가 제안한 것처럼, J와 E가 공유

---

12) Frank Moore Cross, *Canaanite Myth and Hebrew Epic: Essays in the History of the Religion of Israel*(Cambridge: Harvard University Press, 1973)에서 "Elohist," "Epic Sources" 참조.

하는 방향으로부터 E가 가장 벗어난 곳에서 J를 보충하기 위하여 가상의 완전한 문서에서 임의적으로 수집한 '단편'들이 아니다. 노트는 E가 원래 전승사의 초기 단계를 나타낸다는 주장을 하기 위해 현재의 모습에서는 원래 E의 일부분이 없어졌다고 보았다. 이미 언급한대로 E는 J의 중간 칠분의 오 정도에 비교적 균등하게 분포되어 나타난다.

E의 율법은 E에 통합되어 있으며, E를 이해하는 데 필수적이다. 그러나 E를 설명하는 학자들 대다수는 이것을 모두 생략하고 있다. 이 율법들은 E의 절정인 출애굽기 21: 1~22: 16에 나타난다. 그것들은 일종의 쓰나미처럼 JE 내러티브에 나타난 소위 출애굽 전승에서의 E의 핵심이다. J, E, D(신명기역사)와 P는 모두 이야기와 율법을 결합시키고 있다. 네 가지 전승 모두에서 이러한 결합은 근본적이다.

언제, 어디서, 누가, 왜?

지금까지 E라는 용어가 무엇을 가리키는지 설명했다. 이제는 언제, 어디서, 누가 그리고 왜를 묻는 다른 고전적 질문을 소개할 차례이다. 이 질문들은 서로 연결되어 있다. 이에 대한 완전한 답은 이 책의 나머지 부분의 주제이다. 이 절(節)에서는 대부분의 성서역사학자들이 생각하는 E의 일반적 윤곽만을 언급할 것이다.

E는 J와 다르다. 그래서 언제, 어디서, 누가, 왜라는 질문에 대한 답도 J의 것과 다를 것이다. J가 남쪽, 즉 유다에서 유래한 것이라면 E는 북쪽, 즉 이스라엘에서 유래했을 것이다.[어떤 이는 그 첫글자 E를 이용하기 위하여 에브라임(Ephraim)에서 유래했다고 한다.] 대다수가 E의 연대를 이스라엘의 왕정 시대, 즉 기원전 931년에 통치를 시작한 이스라엘의 초대 왕 여로보암 1세부터 기원전 722년에 앗수르에게 사마리아가 패망한 시점 사이로 잡는다. E의 정확한

저작연대에 관한 견해는 이 이백 년 동안의 시기에 걸쳐 퍼져 있다. 가장 보편적인 견해는 E가 기원전 9세기에 활동했던 엘리야와 엘리사의 반(反)왕정 이야기 또는 기원전 8세기의 위대한 반엘리트 예언자 아모스, 호세아와 관련된 유사 예언자 내러티브라고 본다. 영어권에서 E를 책 한 권 분량으로 논의한 유일한 연구는 이런 보편적인 견해와 달리 E를 이 시기의 초반 즉 여로보암이 통치하던 시대로 설정한다.[13] 여로보암이 국가 제의를 세울 때 그는 분명히 레위인이라 부르는 전통적인 제사장들의 지위를 강등시켰다. 그러므로 E의 반왕정적 성격은 레위인 저자에게서 유래한 것이라고 상상할 만하다. E를 논의한 미국의 가장 최근 저술은 이 레위인을 실로 출신으로 본다. 물론 여로보암 시대만큼 일찍 상정하지는 않는다.[14] 이 두 연구는 이 주제를 발전시키고 있다. 그들의 주요 약점은 전혀 E 본문으로 분류할 수 없는 문제를 지닌 출애굽기(특히 32장)와 민수기의 본문들에 의존한다는 것이다. 고전적인 질문들은 계속해서 E 본문이냐 아니냐를 놓고 논한다. 그래서 E의 해석은 창세기와 출애굽기에서 가장 일반적으로 동의하는 E 본문을 기초로 하는 것이 바람직해 보인다.

노만 갓월드(Norman K. Gottwald)는 E를 '명백히 J 문서를 의식적으로 교정할 의도를 지닌' 것으로 이해한다. 그는 E가 9세기 북이스라엘의 오므리 왕조에 반발하여 작성되었을 가능성이 있다고 시사하면서도 다수의 학자들처럼 E가 왕정시대 이전을 암시하는 '고대의 특질'을 가진 것으로 보이는 점에 주목한다. 갓월드는 "E는 J처럼 단순히 땅과 국가에 초점을 두고 있지 않다"고 말한다. 이러한 초기 E 전승은 이스라엘 왕정제보다 먼저 존재했고 왕정제의 단점을 지적하는 것으로 보이기 때문에 "남쪽의 상대 문서인 J"처럼 "E를 궁정 집단이 작성했을 것 같지는 않다."[15] 갓월드의 짧은 진술은 J와 E가 원래 공통된

---

13) Jenks, *Elohist and North Israelite Traditions*.
14) Friedman, *Who Wrote the Bible?*(New York: Summit Books, 1987), 70~88.

전승의 상이한 버전이라는 지배적 가정을 공유하고 있음에도 불구하고 J에 대한 E의 입장을 정확히 평가하고 있다.

E는 하나님의 명칭으로 엘로힘('elohim)을 선호한다. 에브라임(Ephraim)은 이것이 유래한 장소이다. J 본문과 비교할 때 다듬어진(enhanced) 문체를 쓴다. J와 왕정제에 대한 입장은 비평적이며 엄정하다(earnest). 이스라엘의 왕궁에서 기록되었을 것이므로 엘리트(elite)에 관심을 두고 있다. 이 점은 J와 비슷하다. 이상의 것과 또 다른 심층적 특성들은 다음 장들에서 더욱 상세하게 다룰 것이다. 거기에서 E는 왕정제 일반이 아니라 특별히 다윗 왕조를 비판한다. 특히 다윗 왕조가 J를 통해서 내세우는 내용을 비판한다. 여로보암은 E를 추가하여 J를 자신과 자신이 세운 왕실에 우호적인 이스라엘의 궁정 역사로 바꾸었다.

E의 내용

서론에서 언급한 대로 E는 세 부분으로 나뉜다.[16] 첫 번째 부분은 아들들이 처한 위기에 관한 이야기이다. 그 이야기들은 두 번째 부분과 세 번째 부분까지 이어지는데, 그 부분들은 여로보암이 갖고 있는 나머지 두 관심사, 요셉(이스라엘의 중심지역인 에브라임과 므낫세 지역의 조상으로 추정되는 인물)의 역사와 호렙 제의(여로보암의 국가 제의의 모델) 및 그 율법에 집중하고 있다. 아들들의 위기, 요셉, 그리고 호렙과 그 율법. 이것들이 E의 세 가지 주요 단락에서 두드러진 세 가지 주제이다.

---

15) Norman K. Gottwald, *The Hebrew Bible: A Socio-Literary Introduction*(Philadelphia: Fortress, 1985), 138, 350, 351.
16) 이 책의 끝에 실은 E의 본문 목록을 보라.

E는 아브람 이야기의 끝부분에서 이삭의 출생 이야기로 J의 역사에 등장한다. 아브람의 아들의 부권은 아비멜렉이 사래를 데려갈 때 위기에 처한다. 아비멜렉은 꿈 속에서 하나님의 경고를 듣고 때늦지 않게 자기 잘못을 바로잡는다. 이스마엘은 어머니가 광야로 쫓겨나 물이 바닥났을 때 죽을 위기에 봉착한다. 아브람은 브엘세바에서 아비멜렉과 협상을 맺는다. 하나님은 아브람을 시험하려고 꿈에 나타나 이삭을 제물로 바치라고 명령하지만 마지막 순간에 그렇게 하지 못하도록 만든다. 다음으로 E는, 야곱이 하나님이 그에게 말하는 꿈을 꾼 뒤 벧엘 제의를 세우는 이야기를 확장한다. 그곳은 여로보암의 국가에 필수적이다. 아들들은 요셉의 어머니 라헬 대신에 빌하가 낳으며 요셉은 라헬에게서 태어난다. 야곱이 라반의 처우로 아들들과 함께 가난해질 위험을 겪을 때 하나님은 그를 구해준다. 야곱은 도망치고 라반이 추격하여 따라잡는다. 심각한 위기에 빠진 야곱은 자신의 결백을 주장하고 이스라엘을 대표하는 야곱과 아람을 대표하는 라반은 E에서 상세히 기술하는 대로 의식을 거행하고 평화협정을 맺는다. 야곱은 팔레스타인으로 돌아가는 길목에서 마하나임과 세겜 제의를 세우며 벧엘 근처에 드보라 제의를 세운다. 자기 아들들이 목숨을 부지한 것은 하나님의 은혜 때문이었다고 두 번 고백하면서 온 이스라엘에 벧엘 제의를 확립한다. 요셉과 같은 어머니에게서 태어난 동생 베냐민은 라헬이 죽기 직전에 태어난다.

내러티브는 E가 선호하는 조상 이야기에 이른다. E는 J가 야곱의 이름을 이스라엘로 바꾼 이야기를 건너뛴다. 여로보암 치하의 이스라엘은 유다가 제외되어 있고 그래서 더 이상 그의 '조상'이 아니기 때문이다. 요셉은 두 번의 꿈을 통해 자신이 형제들을 지배할 운명을 지닌 존재로 태어났다는 것을 알려준다. 형제들이 요셉을 죽이려고 달려들 때 그를 제때에 구해준 사람은 J의 유다가 아니라 르우벤이다. 요셉은 하나님의 법을 위반하지 않기로 결심한 대가로 바로의 감옥에 갇히게 되어 다시 목숨이 위태로워진다. 거기서 하나님의 도움으로 꿈을 해석해 주고 바로의 관심을 끈다. 요셉은 바로가 꾼 꿈을 해석해주고 이집트의 식량관리계획을 조언해줌으로써 바로의 총애를 받아 이집트의 총리대신 자리까지 오른다. 요셉이 꿈을 설명할 능력이 있다는 이야기는 E 가운데 가장 길다. 요셉은 이스라엘의 중심지에 위치한 '지파들'인 므낫세와 에브라임의 조상이 된다. 형들이 식량을 사러 이집트에 내려왔을 때 요셉은 베냐민을 데려올 것을 요구한다. 그는 형들을 돌려보낼 때 시므온을 뒤에 남겨두고 가도록 만들어 위기에 빠뜨린다. 형제들이 다시 만났을 때 요셉은 자신이 이집트를 다스리게 하고 야곱의 아들들을 굶어죽지 않도록 하신 분이 하나님이라고 고백한다. "하나님이 생명을 구하시려고 나를 당신들보다 먼저 보내셨습니다"(창 45: 5c). E는 야곱이 요셉의 두 아들을 축복하는 것을 소개하기 위해 야곱이 병약해진 모습을 강조한다. E는 요셉에게 특별한 축복을 덧붙인다. 야곱이 죽자 아들들은 요셉이 복수할지 모른다고 다시 걱정하기 시작한다. 요셉의 한마디면 그들의 목숨은 끝장날 수 있었다. 요셉은 위기에 처한 형들을 용서하고 다시 안심시킨다. "당신들은 나를 해하려 하였지만 하나님은 그것을 선으로 바꾸시고 오늘과 같이 많은 백성의 생명을 구원하게 하셨습니다"(창 50: 20). 요셉은 죽기 전에 자기 뼈를 이집트에서 들고 나가라고 형제들에게 신신당부한다.

E의 세 번째 단락은 호렙 제의의 창건자인 모세의 출생 이야기를 상세히 묘사함으로써 시작한다. 모세가 태어날 때 이 중요한 이스라엘의 아들이 죽을지도 모를 위기에 처하는 두 개의 이야기를 기술한다. 먼저, 바로가 이스라엘의 모든 남자 아이를 살해하라고 명령한다. 하지만 아이들은 위험천만한 순간에 이스라엘 산파들의 기지로 구원받는다. 그런 다음 모세는 갈대 상자에 넣어져서 나일강에 던져진다. 또 다시 위험천만한 순간에 바로의 딸에 의해 '물에서 건짐을 받는다.' 나머지 E는 거의 온전히 모세가 세운 호렙 제의와 율법에 집중한다. 이러한 점층적 관심사는 호렙에서 모세에게 하나님의 이름 야훼를 계시한 사건에 두드러진다. 거기서 모세는 하나님을 바라보기를 두려워한다. 그러나 하나님이 그에게 자기 백성을 구하는 사명을 주었다는 표적을 본다. "네

가 이집트에서 그 백성을 인도하여 낼 때 너희 모두가 이 산에서 하나님을 섬기게 될 것이다. 이것이 내가 너를 보낸 증거이다"(출 3: 12b). E의 마지막에 가서 그런 일이 벌어질 때 "그들은 하나님을 보았다"(출 24: 11). 모세는 자기 백성이 "아직 살아 있는지" 알아보기 위해 장인 이드로를 떠난다(출 4: 18). 모세와 이스라엘 백성이 이집트에서 도망 나올 때 요셉의 유골도 갖고 나온다. 모세가 이스라엘과 함께 호렙으로 돌아오자 이드로는 그를 만나러 온다. 이드로는 모세에게 계급적인 재판관 제도에 대하여 조언하는데, 그것이 여로보암이 다스리던 이스라엘 사법 제도의 특징이 된다. 하나님은 호렙에서 백성을 죽일 듯이 위협적인 천둥을 치고 우레 소리를 내며 연기를 내뿜는다. 모세는 위협을 느낀 백성을 안심시킨다. "두려워하지 말라. 하나님은 너희를 시험하러 오신 것이다(먼저 아브람을 시험하신 것처럼). 그러므로 너희는 그분을 경외하는 자세를 가져야 하고 율법을 어기지 말라"(출 20: 20). 모세는 혼자서 하나님께 나아가 하나님으로부터 E가 상세히 기록한, 나라의 율법을 받는다. 율법을 낭독한 뒤 모세와 그의 무리들은 하나님과 함께 식사한다. 이스라엘의 우두머리 모세는 다시 혼자 하나님께 나아간다.

J에 대한 E의 추가 작업은 이곳 호렙에서 모세를 통해 율법을 계시하고 제의를 실행하는 이야기로 끝난다. 이스라엘의 광야 여정, 모세의 권위에 대한 도전들을 진압, 그리고 발람 이야기의 축복을 언급함으로써 대단원의 막을 내리는 J의 이야기들은 여로보암의 서기관들이 그대로 남겨두었다.

E에 독특하게 반복적으로 나타나는 주제들은 위의 발췌문에서 분명하게 드러난다. 그중에서도 특히 두 가지가 눈에 띈다. 아들들이 위기에 처했다가 구원을 받는 일과 이스라엘의 성소와 제의를 실행하려는 계획(꿈에서 하나님을 보고 그의 말씀을 듣는다)이 그것이다. E에 있는 모든 내용은 이런저런 방식으로 이 두 가지 주제와 연결되어 있다. E는 또한 제의 목적의 돌기둥(세운 돌), 하나님을 두려워함(혹은 경외), '하나님이 너와 함께 하신다'는 확신이나 소원, 이스라엘 백성을 '살아 있다'거나 '살고 있다'고 묘사하는 일, 부름에 '바로 즉시' 응

답하는 모습을 자주 말한다. 일단 이와 같은 글을 쓰게 만든 혁명의 역사가 분명해지면 E를 해석할 때 이 모든 것은 물론이고 그 이상의 모습들이 드러날 것이다.[17]

다음 세 장에서는 J는 일반 글씨체로 인용처리하거나 풀어서 말하고 요약했다. E는 굵은 글씨체로 표기했다. 이렇게 해야 E와 J의 관계를 뚜렷하게 볼 수 있다.[18]

---

17) 이 책에서 인용하지 않은 E에 관한 연구를 위해, John F. Craghan, "The Elohist in Recent Literature," *Biblical Theology Bulletin* 7(1977): 23~35; Terence E. Fretheim, "Elohist," in *Interpreter's Dictionary of the Bible*, supp. vol., ed. Keith Crim(Nashville: Abingdon, 1976), 259~63을 보라.
18) 번역은 저자의 것이다(우리의 번역은 『개역개정』을 기초로 하면서도 필요한 경우에는 저자의 히브리어 원문 읽기를 그대로 직역하였다 — 옮긴이).

2

아들들

 야훼가 인간을 창조하였다. 인간의 행실이 매우 나빠서 야훼는 몇 가지 저주를 내렸다. 마침내 야훼는 당시에 행실이 좋은 아브람이란 사람을 축복했다. 그 축복에는 아들을 주겠다는 약속도 있었는데 아주 오랫동안 기다려야 했다. 아브람과 함께 헤브론에서 살던 사래는 마침내 이삭을 임신했다. 아브람이 거기서 장막을 거두고 남쪽(『개역개정』, 네게브)으로 내려가 가데스와 술 사이 그랄에 거류하였다. 그의 아내 사래를 두고 아브람이 "그녀는 내 누이다"라고 말했다(창 20: 1~2a).

 그랄 왕 아비멜렉이 사람을 보내어 사래를 데려갔을 때 그 밤에 하나님이 꿈으로 아비멜렉에게 가서 그에게 말씀했다. "네가 데려간 이 여인으로 말미암아 너는 죽은 목숨이다. 이는 그녀가 남편이 있는 여자이기 때문이다"(20: 2b~3).

 아비멜렉이 그 여인을 가까이 하지 아니하였으므로 그가 말했다. "당신은 의로운 백성도 멸하십니까? 그가 나에게 '이 사람은 내 누이다'라고 하지 않았습니까? 그 여인도 '그는 내 오빠다'라고 하지 아니하였습니까? 저는 아무 생각 없이 이렇게 했습니다."

하나님이 꿈에 그에게 말씀했다. "네가 아무 생각 없이 이렇게 한 줄 나도 알고 있다. 그래서 너를 막아 내게 범죄하지 않도록 하고 그녀를 만지지 못하게 한 것이다. 이제 그 사람의 아내를 돌려보내라. 그는 거룩한 사람(『개역개정』, 선지자)이므로 그가 너를 위하여 기도하면 네가 살 것이다. 만일 돌려보내지 않으면 너와 네게 속한 자가 모두 죽을 줄 알아라"(20: 4~7).

아비멜렉이 다음 날 일찍 자기의 가신들을 모두 불러서 그들에게 이 모든 일을 알렸다. 그들이 심히 두려워했다. 아비멜렉이 아브람을 불러 말했다. "네가 우리에게 무슨 짓을 저질렀느냐? 내가 네게 무슨 죄를 범했기에 네가 나와 내 나라가 큰 죄에 빠지게 하였느냐? 너는 행해서는 안 되는 일을 내게 행했다." 아비멜렉이 아브람에게 말했다. "네가 무슨 뜻으로 이렇게 했느냐?"(20: 8~10)

아브람이 말했다. "나는 '이곳은 하나님을 두려워함이 없어서 내 아내 때문에 나를 죽일지도 모른다'고 생각했습니다. 어쨌든 그녀는 나의 누이 즉 내 어머니가 아니라 내 아버지의 딸인 이복누이로서 내 아내가 되었습니다. 하나님이 나를 내 아버지의 집을 떠나 방랑하게 하실 때 내가 아내에게 '우리가 어디로 가든 그대는 내가 당신의 오라비라고 말하여 내게 은혜를 베푸시오'라고 말했습니다"(20: 11~13).

아비멜렉이 양과 염소와 소와 남종과 여종을[1] 이끌어 아브람에게 주었다. 그의 아내 사래도 돌려주었다. 아비멜렉이 말했다. "내 땅이 네 앞에 있으니 네가 보기에 좋은 대로 어디든지 거주하라." 그가 사래에게 말했다. "내가 은 천 개를 네 '오라비'에게 주었다. 그는 너와 함께 한 모든 사람 특히 네 앞에 있는 자들로부터 네 수치를 가려야 할 이유가 있다"(20: 14~16).

아브람이 하나님께 기도하므로 하나님이 아비멜렉과 그의 아내와 종들을 낫게 하셨고 그들은 아들들을 낳았다(20: 17).

---

1) 히브리어 *시프하*(šipḥa)는 보통 E보다는 J라는 점을 보여준다. 이 문장이 창 12: 16과 비슷하기 때문에 그것이 *아마*('ama)를 대체한 것이다.

이삭이 태어나자 사래가 말했다. "하나님이 나를 웃게 하셨다. 듣는 자가 다 나를 보고 웃을 것이다"(21: 6).

아이가 자라나 젖을 떼고 이삭이 젖을 떼는 날에 아브람이 큰 잔치를 베풀었다(21: 8). 이집트 여인 하갈이 아브람에게 낳아준 아들이 이삭처럼 굴자 사래가 아브람에게 말했다. "이 여종과 그 아들을 내쫓으시오. 이 종의 아들은 내 아들 이삭과 함께 상속을 받지 못할 것입니다"(21: 9~10).

아브람은 이스마엘이 이삭처럼 자기 아들이었으므로 이 일에 크게 근심하였다. 그러나 하나님이 아브람에게 말씀했다. "그 아이와 네 여종으로 인해 너무 근심하지 말라. 사래가 한 말을 전부 따르라. 네 자손의 혈통은 이삭을 통해야 할 것이기 때문이다. 그러나 여종의 아들도 네 자손이므로 내가 그로 한 민족을 이루게 할 것이다"(21: 11~13).

아브람이 아침 일찍 일어나 떡과 물 한 가죽부대를 가져다가 하갈에게 주었다. 그는 이것들과 아이를 하갈의 어깨에 메워주었다. 그녀는 길을 떠나 마침내 브엘세바 광야에서 길을 잃었다. 가죽부대의 물이 떨어지자 그녀는 아이를 광야 숲 속 바닥에 버리고 가서 화살 한 바탕 거리만큼 떨어져 앉아 말했다. "아이가 죽는 것을 차마 보지 못하겠구나"(21: 14~16).

그녀가 멀찌감치 떨어져 앉아 소리치며 울었다. 하나님이 아이의 목소리를 들으셨고 하나님의 천사가 하늘에서 하갈을 불렀다. "하갈아, 무슨 일이냐? 두려워하지 말라. 하나님이 아이의 목소리를 듣고 아이가 거기에 있는 줄 아신다. 가서 아이를 거두고 그의 손을 붙잡으라. 내가 그를 큰 민족으로 만들 것이다"(21: 17~18).

하나님이 그녀의 눈을 여시니 샘물이 보였다. 그녀가 가서 가죽부대에 물을 채워 아이에게 마시게 하였다(21: 19).

그가 자라나 광야에 거주하였고 활 쏘는 자가 되었다. 그가 바란 광야에서 거주할 때 그 어머니가 그를 위해 이집트에서 아내를 얻어 주었다(21: 20~21).

그때에 아비멜렉과 그의 군대 장관 비골이 아브람에게 말했다. "네가 무슨 일을 하든지 하나님이 너와 함께 계시는구나. 그러므로 너는 나와 내 아들과 내 손자에게 거짓되게 행하지 않겠다고 하나님을 가리켜 여기서 내게 맹세하라. 나는 네게 은혜를 베풀었다. 너도 나와 네가 머무는 땅에 똑같이 행하라"(21: 22~23).

아브람이 말했다. "내가 맹세합니다"(21: 24).

나중에 아브람이 아비멜렉의 사람들이 빼앗은 우물 일로 아비멜렉과 논쟁이 생기게 되었을 때 아비멜렉이 주장했다. "나는 누가 이렇게 했는지 모른다. 너도 내게 이 일을 알리지 않았고 나도 오늘까지 듣지 못했다." 그래서 아브람이 양, 염소와 소를 취하여 아비멜렉에게 주고 두 사람이 서로 언약을 세웠다. 아브람이 일곱 암양을 따로 놓았다. 아비멜렉이 아브람에게 말했다. "이 일곱 암양을 따로 떼어놓은 이유가 무엇이냐?" 아브람이 말했다. "당신은 내게서 일곱 암양을 받고 내가 이 우물을 팠다는 증거로 삼으십시오." 그래서 그곳 이름을 브엘세바(맹세의 우물)라고 부른다. 거기서 두 사람이 맹세했기 때문이다. 그들이 브엘세바에서 언약을 세운 뒤에 아비멜렉과 군대 장관 비골이 떠나 블레셋 사람의 땅으로 돌아갔다(21: 25~32).

그 일 후에 하나님이 아브람을 다음과 같이 시험하셨다. 하나님이 그에게 말씀했다. "아브람아." 아브람이 말했다. "네! 여기 있습니다." 하나님이 말씀했다. "네가 사랑하는 아들 이삭을 데리고 경외의 땅(『개역개정』, 모리아 땅)으로 가라. 내가 네게 지시하는 한 산 거기서 그를 번제로 바치라"(22: 1~2).

아브람이 아침에 일찍 일어나 나귀에 안장을 얹었다. 그가 하인 둘과 자기 아들 이삭을 취했다. 번제로 쓸 나무를 쪼갠 뒤 하나님이 그에게 지시한 곳으로 길을 떠났다. 사흘째 아브람이 눈을 들어 멀리 떨어진 그곳을 보았다. 아브람이 종들에게 말했다. "나귀와 함께 여기에 있으라. 나와 아이는 조금 더 가서 예배하고 너희에게 돌아올 것이다"(22: 3~5).

아브람이 번제에 쓸 나무를 자기 아들 이삭에게 지우고 손에 불과 칼을 들었다. 두 사람이 함께 길을 가는 중에 이삭이 자기 아버지 아브람에게 말했다. "아버지!" 아브람이 대답했다. "내 아들아, 여기 있다"(22: 7a).

이삭이 말했다. "우리에게 불과 나무는 있는데 번제할 양은 어디 있습니까?"(22: 7b)

아브람이 말했다. "아들아, 번제할 양은 하나님이 자기를 위하여 친히 준비하실 것이다"(22: 8a).

두 사람이 함께 가서 하나님이 그에게 지시한 곳에 도착했다. 아브람은 거기서 제단을 세우고 그 위에 나무를 벌여놓았다. 그리고는 자기 아들 이삭을 결박하여 제단 나무 위에 올려 놓았다. 아브람이 손을 내밀어 칼을 들고 자기 아들을 잡으려 할 때 하나님2)의 천사가 하늘에서 그를 부르고 말했다. "아브람아! 아브람아!" 그가 대답했다. "제가 여기 있습니다." 그가 말했다. "네 아들을 치지 말라. 그에게 아무 일도 하지 말라. 네가 하나님을 이렇게 경외하므로 네 독자까지도 아끼지 않은 줄을 이제야 내가 알았다"(22: 8b~12).

아브람이 눈을 들어 보니 마침 그때 숫양 한 마리가 덤불에 뿔이 걸려 있었다.3) 아브람이 가서 그 숫양을 잡아 자기 아들 대신에 번제로 드렸다(22: 13).

이삭에게 두 아들 야곱과 에서가 있었다. 그들은 서로 싸웠고 마침내 야곱이 목숨을 부지하기 위해 도망가야 했다. 그는 아람으로 길을 떠났고 도중에 훗날 이스라엘의 성소가 된 벧엘에 도착했다. 그가 거기에 도착하자 해가 졌고 거기서 밤을 새우기로 결심했다. 그는 그곳의 돌을 가져다가 돌베개를 삼았다. 그가 그곳에 눕자 그는 꿈을 꾸었는데 꿈에서 사다리를 보았다. 바닥은 땅에 닿았고 꼭대기는 하늘에 닿은 사다리였다. 그곳으로 하나님의 천사들이 오

---

2) 히브리어 *야훼*(*yahweh*)는 창 22: 14~19에 E가 아닌 단락이 영향을 미친 결과이다. 원래의 E는 *엘로힘*(*elohim*)이었다. 창 20: 18과 부분적으로 유사한 점을 주목하라. 그 절의 마소라 본문은 *야훼*(*yahweh*)이지만 사마리아 오경과 그밖에 몇몇 헬라어 사본은 *엘로힘*(*elohim*)을 사용한다.

3) M. Pope, "The Timing of the Snagging of the Ram, Genesis 22: 13," *Biblical Archaeologist* 49(1986): 114~17을 보라.

르내리고 있었다. 꼭대기에는 야훼가 계셨다. 그가 말씀했다. "네가 누워 있는 땅을 내가 너와 네 자손에게 줄 것이다. 너는 여기서 북쪽, 남쪽, 동쪽과 서쪽으로 퍼져나갈 것이다. 내가 너와 함께 있을 것이다. 나는 네가 어디로 가든지 너를 지키고 너를 이 땅으로 돌아오게 할 것이다. 나는 네게 말한 것을 다 이루기까지 너를 떠나지 않을 것이다"(28: 11aβ, 12, 15).

야곱이 잠에서 깨어 두려워했다. "이곳은 참으로 두렵다. 이곳은 다름 아닌 하나님의 집이며 하늘로 가는 문이다"(28: 16aα, 17a).

야곱이 아침에 베개로 삼았던 돌을 가져다가 기둥으로 세우고 그 위에 기름을 부었다(28: 18). 그리고 그가 서원을 했다. "만일 하나님이 나와 함께 계셔서 내가 가는 이 길에 나를 지키시고 먹을 음식과 입을 옷을 주시어 내가 내 아버지의 집으로 평안히 돌아가게 하시면 내가 기둥으로 세운 이 돌은 하나님의 집이 될 것이며 하나님께서 내게 주신 모든 것에서 십분의 일을 내가 반드시 하나님께 드리겠습니다"(28: 20, 21a, 22).

야곱이 아람에 도착하여 레아와 라헬과 결혼했다. 레아는 아들 넷을 낳았다. 라헬이 야곱의 아들을 낳지 못하자 그의 언니를 시기하여 야곱에게 말했다. "내가 자식을 낳게 해주십시오. 그렇지 못하면 내가 죽은 것이나 다름없습니다." 야곱이 라헬에게 화를 내며 말했다. "그대를 임신하지 못하게 하시는 분은 하나님이신데 내가 하나님을 대신할 수 있겠소?" 그녀가 대답했다. "내 여종 빌하는 어떻습니까? 그녀와 잠자리를 하시고 그녀가 아들을 낳아 '내 무릎 위에' 두게 해주십시오. 그렇게 하면 나도 그녀를 통해 내 가족을 만들 수가 있습니다"(30: 1~3). 그래서 라헬이 야곱에게 빌하를 주었고 그녀가 야곱에게 아들을 낳았다. 라헬이 말했다. "하나님이 나를 판단하시고 내 목소리를 들으셔서 내게 아들을 주셨다." 그러므로 그의 이름을 단이라고 하였다. 빌하가 둘째 아들을 낳았다. 라헬이 말했다. "내가 하나님처럼 내 언니와 씨름하여(『개역개정』, 내가 언니와 크게 경쟁하여) 이겼다." 그래서 그의 이름을 납달리라고 하였다(30: 6, 8).

하나님이 레아의 소원을 들으시고 그녀가 임신하여 다섯째 아들을 야곱에게 낳았다. 레아가 말했다. "하나님이 내게 그 값을 주셨다." 그래서 그녀는 그의 이름을 잇사갈이라고 했다. 레아가 여섯째 아들을 야곱에게 낳았다. 레아가 말했다. "하나님이 내게 좋은 선물을 주셨다." 그래서 그의 이름을 스불론이라고 하였다(30: 17a, 18aα, 18b, 20aα).

하나님이 라헬을 기억하시고 그녀의 소원을 들으시어 그녀의 태를 여셨다. 그녀가 임신하여 아들을 낳고 말했다. "하나님이 내 부끄러움을 씻으셨다." 그래서 그의 이름을 요셉이라 하였다(30: 22~23).

라반과 그의 아들들이 야곱을 원망하기 시작하므로 야훼가 야곱에게 말씀하셨다. "고향으로 돌아가라. 내가 너와 함께 있을 것이다." 야곱이 사람을 보내 자기 아내들과 가축을 부른 다음 아내들에게 말했다. "내가 그대들의 아버지의 안색을 보니 전과 같지 않소. 하지만 내 아버지의 하나님은 나와 함께 계시오. 그대들도 알거니와 내가 힘을 다하여 그대들의 아버지를 섬겼거늘 그대들의 아버지가 나를 속여 품삯을 열 번이나 변경하였소. 그러나 하나님이 그를 막으시고 나를 해치지 못하게 하셨소. 만일 그대들의 아버지가 '점 있는 것이 네 삯이 될 것이다'라고 말하면 온 양 떼가 낳은 것이 점 있는 것이 되었소. 만일 그가 '얼룩무늬 있는 것이 네 삯이 될 것이다'라고 말하면 온 양 떼가 낳은 것이 얼룩무늬 있는 것이 되었소. 이렇게 해서 하나님이 그대들의 아버지의 양 떼를 건져 내게 주신 것이오(31: 3b, 5~9).

"양 떼가 새끼 밸 때에 내가 눈을 들어 보니 꿈에 양 떼를 탄 숫양은 다 얼룩무늬 있는 것과 점 있는 것과 아롱진 것이었소. 하나님의 천사가 꿈에 내게 말했소. '야곱아!' 내가 대답하였소. '내가 여기 있습니다.' 그가 말씀했소. '양 떼를 탄 숫양은 다 얼룩무늬 있는 것, 점 있는 것과 아롱진 것이다. 라반이 네게 행한 모든 것을 내가 보았다. 나는 벧엘의 하나님이다. 네가 거기서 기둥에 기름을 붓고 내게 서원하였다. 지금 일어나 이곳을 떠나서 네 출생지로 돌아가라'"(31: 10~13).

라헬과 레아가 그에게 대답하였다. "우리는 우리 아버지의 재산 중에서 땅과 상속권을 잃어버렸습니다. 우리는 그에게 외국인처럼 대우받고 있습니다. 이는 그가 우리를 팔고 우리에게 지불할 돈을 함부로 썼기 때문입니다. 하나님이 우리 아버지에게서 취한 모든 부는 우리와 우리 자식들의 것이므로 하나님이 당신에게 말씀하신 대로 다 행하십시오"(31: 14~16).

라반이 양털을 깎으러 나가고 없어서 라헬은 자기 아버지의 드라빔을 훔쳤다(31: 19b). 야곱은 그 거취를 아람 사람 라반에게 말하지 아니하고 가만히 떠났다(31: 20aβ). 라반이 알아차리고 쫓아가 길르앗에서 야곱을 따라잡았다. 하나님이 밤에 아람 사람 라반에게 꿈으로 임하시고 그에게 말씀하셨다. "너는 삼가 야곱에게 선악간에 무엇이든 압박하지 말라"(31: 24). 라반이 야곱에게 왜 말도 없이 도망하고 자기 것을 훔쳤느냐고 물었다. "만일 네가 말했더라면 잔치를 베풀어주었을 것이다. 하지만 너는 어리석게 처신했다. 나는 너에게 해를 끼칠 힘이 있으나 네 아버지의 하나님이 어제 내게 말씀하셨다. '너는 삼가 야곱에게 선악간에 무엇이든 압박하지 말라.' 너는 어찌하여 내 신(gods)을 훔쳤느냐?"(31: 29, 30b)

야곱이 말했다. "외삼촌의 신을 누구에게서 찾든지 그는 살지 못할 것입니다. 우리 집에서 무엇이든지 외삼촌의 것이 발견되거든 친족들 앞에서 외삼촌이 가져가십시오." 야곱은 라헬이 그것을 도둑질한 줄을 알지 못하였다(31: 32).

라반이 야곱의 장막, 레아의 장막, 두 여종의 장막에 들어갔으나 아무것도 찾지 못했다. 그가 레아의 장막을 나와 라헬의 장막으로 들어갔다. 그때 라헬은 드라빔을 낙타 안장 아래 두고 그 위에 앉아 있었다. 라반이 그녀의 장막 전체를 뒤지다가 아무것도 찾지 못하자 그녀가 자기 아버지에게 말했다. "제가 일어나 예의를 표할 수 없으므로 아버지는 화를 내지 않으시기 바랍니다. 저는 지금 생리 중입니다." 라반은 곳곳을 뒤졌으나 드라빔을 찾지 못했다(31: 33~36).

야곱이 정색을 하면서 말했다. "제가 무슨 잘못을 했기에 제 모든 소유를 뒤지십니까? 외삼촌의 것을 무엇 하나라도 찾으신 것이 있습니까? 제 친족과 외삼촌의 친족 앞에서 그것을 두고 우리 둘 사이에서 판단하게 하십시오. 제가 이십 년 동안 외삼촌과 함께 하였는데, 외삼촌의 암양이나 암염소가 낙태한 적도 없습니다. 저는 외삼촌의 양 떼에서 숫양을 먹은 적도 없습니다. 저는 물려 찢긴 것을 외삼촌에게 가져간 적도 없고 손실이 생긴 것은 변상했습니다. 외삼촌은 낮이나 밤이나 도둑맞은 것을 제 책임으로 떠넘기셨습니다. 저는… 눈 붙일 겨를도 없이 낮에는 뜨거운 더위에, 밤에는 서리 내리는 추위에 시달렸습니다. 저는 외삼촌의 집에서 일한 이십 년 동안 이렇게 참고 견뎠는데 외삼촌은 제 품삯을 열 번이나 바꾸셨습니다. 우리 아버지의 하나님, 이삭의 경외하는 이가 제 곁에 계시지 않았으면 외삼촌은 저를 빈손으로 보내셨을 것입니다. 하지만 하나님이 제가 받은 핍박과 제 손의 힘든 일을 보시고 어제 심판의 말씀을 하신 것입니다"(31: 37~41aα, 41b~42).

라반이 말했다. "언약을 맺자." 그래서 야곱이 돌을 가져다가 기둥을 세웠다. 그리고는 야곱이 친족을 시켜 돌로 무더기를 만들었다. 거기서 라반과 야곱이 함께 식사를 하고 언약을 세웠다. 라반이 말했다. "우리가 서로 떠나 있을 때에 네가 내 딸들을 박대하지 않도록 야훼께서 나와 너 사이를 살피시기를 원한다. 보라. 하나님은 나와 너 사이에 증인이 되신다. 이 돌무더기와 이 기둥을 우리 사이에 세웠으니 이 무더기가 증거가 되고 이 기둥이 증거가 되니 내가 이 무더기를 넘어 네게로 가서 해하지 않을 것이요 네가 이 무더기, 이 기둥을 넘어 내게로 와서 해하지 아니할 것이다. 아브람과 나홀의 하나님 — 그들의 조상의 하나님이 우리 사이에 판단하시기를 원한다." 야곱이 자기 아버지 이삭의 경외하는 이를 가리켜 맹세하였다. 야곱과 그의 친족은 그 산에서 잔치를 베풀었다(31: 45, 50b, 51bα, 52aβ, 52bβ, 53b).

아침에 라반이 딸들에게 입맞춤을 하고 안녕을 빈 뒤 고향으로 돌아갔다. 야곱은 여정을 이어갔다. 하나님의 천사들이 그를 만났다. 야곱이 그들을 보고 말했다. "이곳은 하나님의 진영(camp)이다." 그래서 그곳을 마하나임[두 진영]이라 불렀다(32: 1~2). 야곱은 자기보다 앞서 사자들을 에서에게 보내어 말하라고 시켰다. "저는 부자가 되었습니다. 저는 저의 주 형님에게 은혜를 입으려고 이 소식을 보냅니다." 사자들이 돌아와 에서가 이미 사백 명을 데리고 오는 중이라고 야곱에게 말했다. 야곱은 매우 두려워했다. 그는 사람들과 가축을 두 떼로 나누었다. 야곱이 브누엘에서 얍복강을 건널 때 하나님의 천사와 씨름을 했다. 에서가 동생이 다가올 때 보니 먼저 한 무리가 오고 다음에 또 다른 무리가 지나간 뒤 야곱은 맨 마지막으로 왔다. 에서가 마침내 야곱을 만났을 때 그가 여인들과 자식들을 쳐다보고 말했다. "너와 함께 한 이들은 누구냐?"

이에 야곱이 대답했다. "하나님이 주의 종에게 은혜로 주신 자식들입니다"(33: 5aβb).

종들과 그의 자식들과 라헬과 요셉이 다가와 절하자 에서가 말했다. "내가 만난 바 이 모든 떼는 무슨 까닭이냐?"

야곱이 말했다. "내 주께 은혜를 입으려 함입니다."

에서가 말했다. "나는 이미 충분하다. 네 소유는 네게 두라."

야곱이 말했다. "아닙니다. 내가 형님의 눈앞에서 은혜를 입었으면 청하건대 내 손에서 예물을 받으십시오. 이는 형님이 나를 친절하게 대해주셨기 때문입니다. 내가 형님께 드리는 축복을 받으십시오. 이는 하나님이 내게 은혜를 베푸셨고(33: 11aβ) 내 소유도 족하기 때문입니다."

형제는 헤어졌고 야곱은 남쪽으로 여정을 이어갔다. 그는 세겜에 도착하여 도성 밖에 장막을 쳤다. 그는 장막을 친 들판 일부를 백 크시타에 세겜의 아버지 하몰의 아들들에게서 샀다. 거기서 기둥(『개역개정』, 제단)을 세우고 그것을 엘 엘로헤 이스라엘(엘은 이스라엘의 하나님이다)이라고 불렀다(33: 19~20).

한 사건이 생겨 세겜과 싸움이 벌어졌고 야곱의 아들들은 도성을 빼앗고 노략했다.

하나님이 야곱에게 말씀하셨다. "일어나 벧엘로 올라가 거기 거주하라. 거기에 네가 네 형 에서를 피하여 도망할 때 너에게 나타난 하나님(엘)을 위해 기둥(『개역개정』, 제단)을 세우라"(35: 1).

야곱이 자기 가족과 자기와 함께 한 모든 사람에게 말했다. "너희 가운데 이 방인의 신들을 치워버리라. 자신을 정결하게 하고 너희 의복을 바꾸어 입으라. 우리가 일어나 벧엘로 올라가자. 내가 거기서 나의 환란 날에 나에게 응답하고 지나온 나의 여정에 나와 함께 하신 하나님(엘)께 기둥(『개역개정』, 제단)을 세우려고 한다"(35: 2~3).

그래서 그들이 갖고 있는 모든 이방 신상과 자기 귀에 있는 귀고리들을 야곱에게 주었다. 야곱이 그것들을 세겜 근처 상수리나무 아래에 묻었다. 그들이 떠났으나 하나님에 대한 두려움이 그 사면 고을들에 임하여 야곱의 자손들을 추격하는 자가 없었다(35: 4~5). 야곱이 벧엘에 도착하여 거기에 기둥(『개역개정』, 제단)을 세우고 그곳을 엘 벧엘(벧엘의 하나님)이라고 불렀다. 야곱이 자기 형을 피하여 도망할 때 하나님이 거기서 그에게 나타나셨기 때문이다(35: 7).

리브가의 유모 드보라가 거기서 죽자 벧엘 아래에 있는 상수리나무 밑에 장사하고 그 나무 이름을 울음의 상수리나무(『개역개정』, 알론바굿)라고 불렀다(35: 8). 야곱이 그 성소에 기둥을 세우고 그 위에 전제물(奠祭物, 주로 포도주를 썼다 – 옮긴이)을 붓고 그 위에 기름을 부었다(35: 14aα, 14b).

그들이 벧엘을 떠나서 에브랏에 이르기까지 얼마간 거리를 둔 곳에서 라헬이 해산하게 되었다. 그녀가 난산할 즈음에 산파가 그녀에게 말했다. "두려워하지 말라. 지금 네가 또 득남한다"(35: 17b). 라헬이 베냐민을 낳았다. 그러나 그녀는 죽고 에브랏, 즉 베들레헴으로 가는 길에서 장사되었다. 야곱이 라헬의 묘에 기둥을 세웠다. 그것이 오늘날까지 라헬의 묘비이다(35: 20).

3

요셉

야곱이 헤브론으로 되돌아갔다. 소년 요셉이 그의 형들과 함께 양을 치고 있었다. 야곱은 요셉을 사랑하여 긴 소매가 달린 옷을 지어 입혔다. 그의 형들은 요셉이 아버지의 사랑을 독차지하는 것을 보고 시기하고 미워했다.[1]

요셉이 꿈을 꾸고 자기 형들에게 말하자 그들이 요셉을 더욱 미워했다. 요셉이 그들에게 말했다. "제가 꾼 꿈을 들어보세요. 우리가 들에서 곡식 단을 묶고 있는데 제 곡식 단이 일어서는 겁니다. 그런데 형님들의 곡식 단이 제 곡식 단 주위에 둘러서서 절을 했습니다"(37: 5~7).

요셉의 형들이 그에게 말했다. "네가 참으로 우리의 왕이 될 생각이냐? 네가 참으로 우리를 다스릴 생각이냐?" 형들이 그가 꾼 꿈과 말 때문에 그를 더욱 미워했다(37: 8).

---

[1] 이 지점에서 E는 J의 유다 역사 속에 요셉을 삽입하기 시작했다. E의 삽입은 길어서 JE의 결합본문을 오늘날 우리가 읽는 내용처럼 요셉의 역사로 바꾸어놓았다. 이것은 여로보암 1세의 의도였다.

그가 다시 꿈을 꾸고 그의 형들에게 말했다. "들어보세요. 제가 다른 꿈을 꾸었습니다. 태양과 달과 열한 개의 별이 제게 절을 하는 꿈입니다." 요셉이 그 꿈을 아버지와 형들에게 말했더니 아버지가 그를 책망하며 말했다. "네가 꾼 꿈이 무엇이냐? 나와 네 어머니와 네 형들이 네게 와서 땅에 엎드려 절하겠느냐?" 요셉의 형들은 시기하였고 그의 아버지는 그가 한 말을 마음에 간직하였다(37: 9~11).

요셉의 형들이 세겜 근처에서 양들을 먹이고 있었다. 야곱은 요셉을 보내어 형들이 잘하고 있는지 보고 와서 말을 전하라고 시켰다. 요셉이 형들을 도단 부근에서 만났다. 그들이 요셉을 멀리서 보았다(37: 18a). 그리고 요셉이 가까이 오기 전에 그를 죽일 계획을 짰다. 그들은 서로에게 말했다. "저기 꿈 주인이 다가오고 있다. 자, 그를 죽여 우물에 던지고 들짐승이 그를 잡아먹었다고 말하자. 그러면 그의 꿈이 어떻게 되는지 볼 수 있을 것이다"(37: 19~20).

르우벤이 듣고 요셉을 구하기로 마음먹었다. 그가 말했다. "죽도록 때리지는 말자." 르우벤이 계속 말했다. "피를 흘리지는 말자. 그를 아무도 없는 이곳 우물에 던지고 그에게 손을 대지는 말자." 이렇게 해서 르우벤은 요셉을 구해서 그의 아버지에게 돌려보낼 생각이었다(37: 21~22).

요셉이 형들에게 도착하자 그들은 요셉의 옷을 벗겼다. 그들은 요셉을 잡아 우물에 던졌다. 우물은 비어 있고 물이 없었다(37: 24). 그들이 식사를 하는 중에 이스마엘 상인들이 지나갔다. 유다가 요셉을 이스마엘 사람들에게 팔자고 제안했다. 형제들은 이 생각을 좋게 여겼다. 어떤 미디안 사람 상인들이 지나가기에 그들이 요셉을 우물에서 끌어올려(37: 28aα) 이스마엘 사람들에게 팔았다. 그들은 요셉을 이집트로 데리고 갔다.

르우벤 [방금 전의 사건이 벌어지는 동안 다른 곳에 있었던]이 우물로 되돌아왔다. 요셉이 우물에 없는 것을 본 그는 자기 옷을 찢으며 형제들에게 돌아가 말했다. "아이가 거기 없다. 이제 내가 어디로 갈까?"(37: 29~30)

그들이 요셉의 옷을 가져다가 숫염소의 피에 적셨다. 그들은 그것을 자기 아버지에게 가져가 말했다. "우리가 이것을 찾았습니다. 그것이 아버지 아들의 것입니까?" 그가 알아보고 말했다. "내 아들의 옷이구나! 악한 짐승이 그를 잡아먹었구나! 요셉이 찢겼구나!" 야곱이 자기 옷을 찢고(37: 34aα) 베옷을 입고 여러 날을 애도했다.

그 미디안 사람들이 요셉을 이집트에서 바로의 신하 친위대장 보디발에게 팔았다(37: 36). 한편, 유다는 자기 며느리 다말을 임신시켰고 그녀는 아들 둘을 낳았다.

요셉이 이집트로 끌려갔을 때 이집트 사람이며 바로의 신하인 친위대장 보디발(39: 1bα)이 그를 데리고 온 이스마엘 사람들에게서 요셉을 샀다. 야훼가 요셉과 함께 하였고 그 사람의 집은 요셉의 관리 덕분에 번창했다. 요셉은 준수했다. 보디발의 아내가 요셉을 유혹하려 하자 그는 거절하며 말했다. "제가 어찌 이 큰 악을 행하여 하나님의 율법을 어기겠습니까?"(39: 9bβ) 한번은 그녀가 요셉의 옷을 붙잡았다. 요셉이 도망치려 하자 그녀가 소리를 질렀다. 다른 사람들이 오자 그녀는 요셉이 자기를 강간하려 했다고 고발했다. 그는 감옥에 갇혔다.

이 일 후에 이집트 왕의 잔을 드는 사람과 떡 굽는 사람이 그들의 주군인 이집트 왕의 법을 어겼다. 바로가 두 관원장, 잔을 드는 관원장과 떡을 굽는 관원장, 두 신하의 일로 노했다. 바로는 그들을 친위대장의 집 안에 있는 옥에 감금시켰는데 거기는 요셉이 갇혀 있는 곳이었다. 친위대장은 그들을 요셉이 섬기도록 시켰다(40: 1~4a).

옥에 갇힌 지 한참 후에 두 사람이 같은 날에 꿈을 꾸었는데 각기 내용이 달랐다. 아침에 요셉이 들어와 보니 매우 근심하는 모습이었다. 그가 자기 주인의 집에 있는 감옥에 갇힌 바로의 두 관원장에게 물었다. "어찌하여 오늘 두 분의 안색이 좋지 않으십니까?"(40: 4b~7)

그들이 요셉에게 말했다. "우리가 꿈을 꾸었는데 이것을 풀이할 자가 없다"(40: 8a).

요셉이 그들에게 말했다. "해석은 하나님이 하시는 일입니다. 제게 꿈을 말씀해보십시오"(40: 8b).

잔을 맡은 관원장이 자기 꿈을 요셉에게 말했다. "내 꿈에 내 앞에 포도나무가 있었다. 포도나무에는 세 가지가 있었다. 그것이 싹이 나자마자 꽃이 피고 포도송이가 익었다. 바로의 잔이 내 손에 있었는데 내가 포도를 따서 그 즙을 바로의 잔에 짜서 그 잔을 바로의 손에 드렸다"(40: 9~11).

요셉이 그에게 말했다. "이것이 그 해석입니다. 가지 셋은 사흘입니다. 사흘 안에 바로가 당신을 불러내 직위를 회복시킬 것이며 당신은 전에 술 맡은 자였을 때 하던 대로 바로의 손에 그의 잔을 올리게 될 것입니다. 그리고 일이 잘 풀리면 제가 여기서 당신과 함께 했음을 기억하시고 저에게 은혜를 베푸시어 제 사정을 바로에게 알려 저를 이곳에서 나가게 도와주십시오. 저는 히브리인의 땅에서 끌려온 자이며 이곳에서도 옥에 갇힐 짓은 아무것도 하지 않았습니다"(40: 12~15).

떡 굽는 관원장은 요셉의 해석이 좋은 것을 보고 그에게 말했다. "나도 꿈을 꾸었다. 내 머리 위에 광주리 셋이 있었다. 맨 윗 광주리에는 바로를 위한 여러 종류의 구운 음식이 있었다. 그런데 새들이 내 머리 위의 광주리에서 그것을 먹었다"(40: 16~17).

요셉이 대답했다. "그 해석은 이렇습니다. 광주리 셋은 사흘입니다. 사흘 안에 바로가 당신을 불러내 나무에 달 것이고 새들은 당신의 살을 뜯어먹을 것입니다"(40: 18~19).

사흘이 지나 바로의 생일이었다. 그날 바로는 모든 신하에게 잔치를 베풀었다. 모든 대신들이 모였을 때 바로는 술 맡은 관원장과 떡 굽는 관원장을 불러냈다. 술 맡은 관원장은 직위가 회복되어 바로의 잔을 손에 받들어 드렸다. 떡 굽는 관원장은 나무에 달렸다. 그러나 술 맡은 관원장은 요셉을 기억하지 못하고 그를 잊었다(40: 20~23).

이 년 후에 바로가 꿈을 꾸었다. 그는 나일 강가에 서 있었다. 나일강에서 아름답고 살진 일곱 암소가 차례로 올라와 갈대풀을 뜯어먹었다. 그 다음에 흉하고 파리한 일곱 마리의 암소가 차례로 나일강에서 올라왔다. 이 암소들이 먼저 올라온 암소들과 함께 나일 강둑에 서 있더니 흉하고 파리한 암소들이 아름답고 살진 암소들을 잡아먹었다. 바로가 깨었다(41: 1~4).

그가 다시 잠에 들어 다른 꿈을 꾸었다. 한 줄기에 무성하고 충실한 이삭 일곱이 나왔다. 그 다음에 가늘고 동풍에 마른 이삭 일곱이 나왔다. 가는 이삭들이 무성하고 충실한 이삭을 삼켜버렸다. 바로가 깨어보니 꿈이었다(41: 5~7).

아침에 그는 걱정이 되어 이집트의 모든 점술가와 현인들을 불러들였다. 바로가 그들에게 꿈을 이야기했으나 아무도 바로에게 그 꿈을 해석하지 못했다. 그러나 술 맡은 관원장이 바로에게 말했다. "오늘 저에게 제 죄가 생각이 납니다. 얼마 전 바로께서 신하들에게 진노하셨을 때 친위대장의 집에 있는 감옥에 저와 떡 맡은 관원장을 가두신 적이 있습니다. 어느 날 밤 그와 제가 꿈을 꾸었는데 각기 뜻이 있었습니다. 우리와 함께 친위대장의 종이었던 히브리 청년이 한 명 있었습니다. 우리가 그에게 말했더니 그는 우리의 꿈을 각자에게 해석해 주었습니다. 그리고 그가 해석한 대로 우리에게 이루어졌습니다. 바로께서는 저를 복직시키셨고 그는 매달았습니다"(41: 8~13).

바로가 사람을 보내어 요셉을 불렀고 그는 급히 감옥에서 나오게 되었다. 그가 수염을 깎고 옷을 갈아입은 뒤 바로 앞에 들어갔다. 바로가 요셉에게 말했다. "내가 꿈을 꾸었으나 그것을 해석하는 자가 없다. 그러나 내가 들어보니 너는 꿈을 들으면 능히 풀이할 수가 있다고 한다"(41: 14~15).

요셉이 대답했다. "제가 아닙니다. 하나님께서 바로에게 만족스런 답을 주실 것입니다"(41: 16).

바로가 요셉에게 말했다. "꿈에 나는 나일 강둑에 서 있었는데 강에서 살지고 아름답게 생긴 암소가 올라와 갈대풀을 뜯기 시작했다. 그런데 이어서 암소 일곱이 더 나왔는데 마르고 심히 흉하고 파리했다. 나는 이집트 온 땅에서 그렇게 흉한 암소를 본 적이 없다. 그 파리하고 흉하게 생긴 암소들이 처음의 살진 암소들을 먹었다. 그런데 그 소들은 먹었으나 먹은 것 같지 않았고 여전히 흉하게 보였다. 그리고 내가 깨었다"(41: 17~21).

"내가 다시 꿈을 꾸었는데 줄기 하나에 무성하고 충실한 이삭 일곱이 났다. 그 후에 가늘고 동풍에 마른 일곱 이삭이 났다. 그 가는 이삭이 좋은 이삭 일곱을 삼켰다. 내가 그 꿈을 점술사들에게 말했으나 그것을 내게 풀이해주는 자가 아무도 없었다"(41: 22~24).

요셉이 바로에게 말했다. "바로의 꿈은 하나입니다. 하나님께서 하실 일을 바로에게 보여주신 것입니다. 일곱 좋은 암소는 일곱 해이며 일곱 좋은 이삭도 일곱 해입니다. 보십시오, 그것은 같은 꿈입니다. 뒤에 올라온 파리하고 흉한 일곱 암소는 칠 년이요 동풍에 말라 속이 빈 일곱 이삭도 마찬가지입니다. 그것들은 일곱 해 흉년입니다. 제가 바로에게 말씀드릴 때 하나님께서 하실 일을 바로에게 보이셨다는 말이 이것입니다. 온 이집트 땅에 일곱 해 큰 풍년이 있을 것입니다. 그 후에 일곱 해 흉년이 들 것입니다. 이집트 땅의 모든 풍년은 잊혀질 것이고 기근이 땅을 황무하게 할 것입니다. 앞으로 벌어질 기근이 너무 심하므로 이전 풍년을 이 땅에서 아무도 기억하지 못하게 될 것입니다. 바로가 꿈을 두 번씩 꾼 것은 하나님께서 이 일을 작정하시고 속히 행하실 것이라는 뜻입니다. 그러므로 바로께서는 지혜롭고 분별력 있는 사람을 찾아 이집트 땅을 관리하도록 하십시오"(41: 25~33).

요셉이 바로에게 조언하여 칠 년 동안 곡식을 비축하게 하였고 바로는 이 생각을 좋게 여겼다. 바로가 자기 신하들에게 말했다. "이와 같이 하나님의 영에 감동된 사람을 전에 본 적이 있느냐?" 그가 요셉에게 말했다. "하나님이 이 모든 것을 네게 보이셨으니 너처럼 명철하고 지혜 있는 자가 없다"(41: 38).

바로가 요셉을 임명하여 온 이집트를 다스리도록 하였다. 요셉은 헬리오폴리스(『개역개정』, 온) 제사장의 딸과 결혼하였다. 요셉은 칠 년 동안 곡식 저장을 감독하였다.

흉년이 들기 전에 요셉은 두 아들을 낳았다. 보디베라의 딸 아스낫이 아들들을 그에게 낳았다. 요셉이 그의 장남을 므낫세라 하였다. "하나님께서 내 아버지의 집에서 있었던 모든 고난을 잊게 하였다"함이었다(41: 51). 그리고 차남의 이름을 에브라임이라 하였다. "하나님께서 내가 고난을 겪은 땅에서 번성하게 하셨다"함이었다(41: 52).

칠 년 후 기근이 시작되었다. 바로는 온 백성을 보내어 요셉에게서 곡식을 사게 했다. 기근이 이집트에 점차 심해지고 온 땅에 퍼지자 온 세상이 이집트의 요셉에게 와서 곡식을 샀다. 야곱이 이집트에 곡식이 있는 것을 알고 자기 아들들에게 말했다. "너희가 어찌하여 서로 얼굴만 보고 있느냐? 이집트에 곡식이 있다고 들었다. 그곳으로 내려가서 우리를 위해 곡식을 사오너라. 그래야 우리가 죽지 않고 살 수 있을 것이다." 요셉의 형 열 사람이 식량을 사려고 이집트로 내려갔다. 야곱은 요셉의 동생 베냐민을 형들과 함께 보내지 않았다. 그에게 재난이라도 생길까 두려워했기 때문이다(42: 1~3).

이스라엘의 아들들이 이집트로 가는 무리와 함께 갔다. 그들이 요셉에게 도착했을 때 요셉은 그들에게 심하게 말했다. "너희가 어디서 왔느냐?" 그들이 말했다. "곡식을 사려고 가나안에서 왔습니다." 요셉은 형들을 알아보았지만 형들은 그를 알아보지 못했다. 요셉이 형들에 관해 꾼 꿈이 생각나서 그들에게 말했다. "너희는 정탐꾼들이다"(42: 9a).

형들은 요셉에게 자신들이 정탐꾼이 아니라는 사실을 확신시킬 수가 없었다. 그들은 막내를 제외하고 전부 왔다고 말했다. 요셉은 그들이 정직한지 시험하려고 한 사람만 돌아가서 막냇동생을 데려오고 나머지는 가두어두겠다고 고집했다. 요셉은 그들을 함께 삼 일을 가두었다. 사흘째 되는 날 요셉이 그들에게 말했다. "살고 싶으면 이렇게 해라. 나는 하나님을 경외한다. 너희가 정직하다면 너희 형제 중 한 사람만 이곳에 가두어두고 나머지는(42: 18b, 19aβ) 곡식을 가지고 돌아가서 너희 집안의 굶주림을 구하라. 그리고 너희 막냇동생을 이곳으로 데려와서 너희 주장이 옳다는 것을 입증하라. 그리하면 죽지 않을 것이다."

그들이 그대로 하겠다고 했다. 그들은 서로 말했다. "우리가 우리 동생 일로 범죄하였다. 그가 우리에게 애걸할 때 그 마음의 괴로움을 보고도 듣지 아니하였으므로 이 괴로움이 우리에게 임한 것이다." 르우벤이 그들에게 대답했다. "내가 그 아이에 대하여 죄를 짓지 말라고 하지 않았느냐? 그런데 너희가 듣지 않았다. 이제 우리는 그의 핏값을 치르고 있는 것이다." 그들 사이에 통역을 세웠기 때문에 그들은 요셉이 듣는 줄을 알지 못했다. 요셉이 그들을 떠나가서 울고는 다시 돌아와 그들에게 명령을 내렸다. 그들 중에 시므온을 억류하고 그들이 보는 앞에서 결박하였다(42: 21~24).

요셉은 그들에게 곡식을 팔았으나 돈은 몰래 자루에 도로 넣었다. 형제들이 밤에 머물다가 돈이 있는 것을 발견하고 낙담하여 떨면서 서로에게 말했다. "하나님께서 어찌하여 이런 일을 우리에게 행하신다는 말인가?"(42: 28b)

그들이 가나안에 있는 자기 아버지 야곱(42: 29a)에게 돌아가서 자초지종을 설명했다. "그 땅의 주인이 우리에게 말씀했습니다. '이렇게 하면 내가 너희가 정직한 사람임을 알 수 있을 것이다. 네 형제 중 하나를 내게 남겨두고 가서 (42: 33bα) 너희 집안의 굶주림을 해결하고 너희 막냇동생을 내게 데려와 너희가 정탐꾼이 아니라 정직한 사람임을 알게 하라. 그렇게 하면 내가 너희 동생을 돌려주고(42: 34bα) 너희는 이 땅에서 자유로이 다닐 수 있을 것이다.'" 그리고 자루를 열어보니 각자의 돈주머니가 있었고 이것을 보고 그들과 아버지가 두려워하였다. 그들의 아버지 야곱이 그들에게 말했다. "너희가 나로 하여금 자식을 잃게 하는구나. 요셉도 없고 시므온도 없는데 이제는 베냐민을 데려가려고 하는구나. 모든 일이 내게 벌어지는구나." 르우벤이 자기 아버지에게 말했다. "만일 제가 베냐민을 데리고 오지 않으면 제 두 아들을 죽이십시오. 그를 제게 맡겨주십시오. 제가 반드시 그를 데리고 오겠습니다"(42: 35~37).

처음에는 이스라엘이 거절했으나 기근이 심해지므로 그는 어쩔 수 없이 형제들을 다시 이집트로 보냈다. 베냐민은 유다가 책임지기로 했다. 그들이 도착하자 요셉이 그들을 불렀다. 그들은 돈을 훔쳤다는 명목으로 붙잡힐까 두려워서 도중에 청지기에게 접근하여 오해를 설명했다. 청지기는 "괜찮습니다"라고 말했다. "걱정하지 마십시오. 여러분의 하나님과 여러분의 아버지의 하나님이(43: 23aα) 여러분의 자루에 작은 선물을 주신 것이 틀림없습니다. 여러분의 돈은 이미 받았습니다." 그리고 그가 시므온을 데리고 온 다음(43: 23b) 그들을 요셉의 궁으로 데리고 갔다. 그들이 들어올 때 요셉은 베냐민을 보았다. "이 사람이 너희가 말한 막냇동생이냐?" 그가 말했다. "애야, 하나님께서 네게 은혜 베풀어 주시기를 바란다"(43: 29b). 그리고는 안방으로 들어가 감정을 억눌렀다.

사람들이 잔치를 할 때 요셉은 다시 청지기를 시켜 그들의 돈을 자루에 도로 넣어두고 자신의 은잔은 베냐민의 자루에 넣어두라고 지시했다. 그들이 떠나자 청지기가 그들을 따라와 베냐민을 도둑으로 몰아세웠다. 요셉 앞으로 되돌아간 유다는 베냐민을 위해 말했다. "우리가 나의 주께 무슨 말씀을 드리겠습니까? 우리가 어떻게 답변하며 어찌해야 우리의 결백함을 보여드릴 수 있겠습니까? 하나님께서 당신의 종들이 저지른 죄를 드러내셨습니다(44: 16bα). 우리가 당신의 노예가 되겠습니다."

요셉이 베냐민만 억류할 것이라고 선언하자 유다는 자기가 베냐민을 책임졌다고 설명하고 베냐민 대신에 자신을 요셉의 노예로 삼아달라고 간청하였다. 요셉은 더 이상 자신을 억제할 수 없었다. 모든 사람을 방 밖으로 내보낸 뒤에 형제들에게 자신의 정체를 밝혔다. 요셉이 큰 소리로 울었으므로 이집트 사람들이 들을 정도였고 바로의 궁전에 들릴 정도였다. 요셉은 그의 형들에게 말했다. "저는 요셉입니다. 아버지는 아직 살아계십니까?" 하지만 그의 형들은 대답하지 못했다. 그가 요셉임을 알고 놀랐기 때문이다(45: 2~3). 요셉이 말했다. "저는 당신들이 이집트에 판 요셉입니다. 저를 이곳에 팔았다고 자책하지 마십시오. 하나님이 생명을 구원하시려고 나를 당신들보다 먼저 보내셨습니다. 이 땅에 이 년 동안 흉년이 들었으나 아직도 오 년은 밭갈이도 못하고 추수도 못할 것입니다. 하나님께서 큰 구원으로 당신들의 생명을 보존하고 당신들의 후손을 세상에 두시려고 나를 당신들보다 먼저 보내신 것입니다. 그러므로 나를 이리로 보낸 분은 당신들이 아니요 하나님이십니다. 하나님이 나를 바로에게 아버지로 삼으시고 그 온 집의 주로 삼으시며 이집트 온 땅의 통치자로 삼으셨습니다(45: 5b~8). 아버지께 속히 가서서 말씀해주십시오. '당신의 아들 요셉이 이렇게 말합니다. "하나님께서 나를 이집트 온 나라의 주로 세우셨습니다."'(45: 9aβ) 당신들의 아버지와 당신들의 가족들을 이곳으로 모시고 와서 거주하십시오."

그가 자기 동생 베냐민의 목을 끌어안고 우니 베냐민도 그의 목을 안고 울었다. 그가 모든 형들과 입 맞추며 울었다. 그런 후에 형들이 그에게 말을 했고 "요셉의 형들이 왔다"는 말이 바로의 궁에 전해졌다. 바로와 그의 신하들이 이 소식을 듣고 기뻐했다(45: 15~16). 바로가 요셉에게 그의 형들이 아버지와 가족들을 모시고 와서 이집트에 정착하도록 하라고 말했다.

그들이 이집트에서 올라가 가나안 땅에 있는 아버지 야곱에게 돌아왔다. 그들이 야곱에게 말했다. "요셉이 지금까지 살아 있습니다. 진실로 그가 이집트 땅 총리가 되었습니다." 야곱이 그들의 말을 믿지 못하여 어리둥절하였다. 그들은 요셉이 시킨 대로 그에게 말했다. 그를 실어가려고 요셉이 보낸 수레를 보고 그들의 아버지 야곱이 기운을 차렸다(45: 25~27). 이스라엘이 말했다. "됐다. 요셉이 살아 있으면 내가 죽기 전에 가서 그를 보아야겠다."

이스라엘이 모든 소유를 챙겼다. 그가 브엘세바에 도착하자 자기 아버지 이삭의 하나님께 제사를 드렸다. 그날 밤 환상 속에서 하나님께서 말씀하셨다. "야곱아! 야곱아!" 그가 말했다. "여기 있습니다." 하나님이 말씀했다. "나는 네 아버지의 하나님 엘(티)(『개역개정』, 없음)이다. 이집트로 내려가기를 두려워하지 말라. 내가 너를 거기서 큰 민족을 이루게 할 것이다. 내가 너와 함께 이집트로 내려갈 것이며 또 너를 이끌어낼 것이고 요셉이 그의 손으로 네 눈을 감기게 할 것이다"(46: 1b~4).

야곱이 일어나 브엘세바를 떠났다. 이스라엘의 자식들이 바로가 보낸 수레에 자기들의 아버지 야곱과 자기들의 처자들을 태워 데려왔다(46: 5~6aα). 그들은 가나안 땅에서 얻은 재물과 함께 가축들을 데리고 왔으며 야곱과 그의 모든 자손은 이집트로 왔다. 그들은 이집트에 도착하여 요셉과 재결합했으며 바로의 배려로 고센에서 목축하는 자로 정착하였다. 바로가 요셉에게 말했다. "그들이 고센에서 거주하도록 하라. 그들 가운데 능력 있는 자가 있으면 내 가축을 관리하게 하라."

요셉이 자기 아버지 야곱을 모시고 바로 앞에 세웠다. 야곱은 바로를 축복했다. 바로가 야곱에게 말했다. "그대 나이가 얼마인가?" 야곱이 바로에게 말했다. "제 나그네 길의 세월이 백삼십 년입니다. 제 나이가 얼마 못되고 제 조상의 나그네의 연조에 미치지 못하나 험악한 세월을 보냈습니다." 야곱이 바로를 축복하고 그 앞에서 나왔다. 요셉은 자기 아버지와 형들을 정착시켰고 이집트의 좋은 땅을 주어 소유를 삼게 하였다(47: 7~11a).

요셉은 자기 가족을 이집트 사람들과 함께 부양하였다. 이스라엘이 죽을 때가 되자 요셉을 불러 자신을 가나안에 묻겠다는 맹세를 하도록 시켰다. 요셉은 그에게 맹세하였고 이스라엘은 침상에서 (하나님께) 절을 하였다.

얼마 후 요셉이 "아버지가 병들었다"는 소식을 들었다. 그래서 요셉은 두 아들 므낫세와 에브라임을 데리고 갔다. 야곱은 "당신의 아들 요셉이 옵니다"하는 말을 들었다(48: 1~2a). 이스라엘이 오른손과 왼손을 비껴서 손자들을 축복하기 시작했다. 그리고 그가 이 말로 요셉을 축복했다. "내 조상 아브람과 이삭이 섬기던 하나님, 나의 출생으로부터 지금까지 나를 기르신 하나님, 나를 모든 환란으로부터 건지신 천사께서 이 아이들에게 복을 주시며 이들로 내 이름과 내 조상 아브람과 이삭의 이름으로 칭하게 하시며 이들이 세상에서 번성하게 하시기를 원합니다"(48: 15~16).

요셉은 이스라엘이 손을 엇바꾼 것을 보고 바로잡으려고 했으나 이스라엘은 손을 바꾸기를 거절했다. 그리하여 그는 므낫세에 앞서 에브라임을 축복하였다. 이스라엘이 요셉에게 말했다. "나는 죽으나 하나님이 너희와 함께 계시어 너희를 너희 조상의 땅으로 돌아가게 하시기를 원한다. 나는 네게 네 형제 중에 산등성이[2]를 주노라"(48: 21b~22a). 그리고 이스라엘이 그의 열두 아들을 축복했다.

이스라엘이 죽었고 이집트에서 곡하였다. 요셉이 자기 아버지를 매장하기 위해 가나안으로 가는 장례행렬을 이끌었다.

요셉의 형제들이 아버지가 죽자 "요셉은 우리에게 원한을 갖고 있다. 그는 우리가 그에게 행한 모든 악을 앙갚음할 것이 틀림없다"고 생각하고 두려워했다. 그래서 그들은 요셉에게 전했다. "네 아버지가 돌아가시기 전에 우리에게 다음과 같이 말씀하셨다. '요셉에게 말하여 네게 악을 행하여 지은 형들의 허물과 범죄를 부디 용서하라고 해라.' 그러므로 네 아버지의 하나님의 종들이 지은 죄를 용서해다오"(50: 15~17a).

요셉은 형들이 그에게 하는 말을 듣고 울었다. 그의 형들이 친히 와서 요셉 앞에 엎드리며 말했다. "보십시오. 우리가 당신의 종들입니다." 요셉이 그들에게 말했다. "두려워하지 마십시오. 내가 하나님을 대신하겠습니까? 당신들은 나를 해치려 하였으나 하나님은 그것을 선으로 바꾸시고 오늘과 같이 많은 백성의 생명을 구원하셨습니다. 그러므로 이제 두려워하지 마십시오. 나는 당신들과 당신들의 자녀를 돌보겠습니다." 이렇게 요셉이 그들을 위로하고 친절하게 말했다(50: 17b~21).

요셉이 그의 아버지 가족과 함께 이집트로 돌아가서 백십 세를 살았다. 요셉은 에브라임의 자손 삼대를 보았고 므낫세의 아들 마길의 아들들도 태어나 요셉의 슬하에서 양육되었다(50: 22~23).

---

2) 저자의 승낙을 받고 본문을 개정한 번역이다. 히브리어 본문의 '하나의 세겜'에서 세겜은 지명 외에 '어깨, 분깃/몫, 산등성이'를 뜻한다. 본문의 의미는 불확실하다. David J. A. Clines(ed), *The Dictionary of Classical Hebrew*, vol. VIII(Sheffield: Sheffield Phoenix Press, 2011), 355; Koehler and Baumgartner, *The Hebrew and Aramaic Lexicon of the Old Testament*, Vol. II(Leiden: Brill, 2001), 1495 참조 ― 옮긴이

요셉이 그의 형제들에게 말했다. "나는 이제 곧 죽을 것입니다. 하나님이 당신들을 실패하지 않고 돌보시어 당신들을 이 땅에서 인도하여 아브람과 이삭과 야곱에게 맹세하신 땅으로 인도하실 것입니다." 또 요셉이 이스라엘 자손들에게 맹세시켜 말했다. "하나님이 반드시 너희들을 돌보실 텐데 그때 이곳에서 내 유골을 가지고 올라가라." 요셉이 죽자 그들은 시신에 향 재료를 넣은 다음에 이집트에서 그를 입관하였다(50: 24~26).

호렙

　요셉을 등용했던 바로가 죽은 후에, 이스라엘 후손들은 토지 보유권을 상실하였고, 새로 즉위한 바로를 위해 곡식 저장 시설을 건설하는 일에 강제로 동원되었다. 이스라엘 노예들의 생존조건은 아주 가혹했다.
　이집트 왕이 히브리 산파 십브라와 부아라 이름하는 사람에게 말했다. "너희가 히브리 여인을 위해 해산을 도울 때에 해산 의자를 보고(『개역개정』, 그 자리를 살펴서) 아들이면 죽이고 딸이면 살려두어라." 하지만 산파들은 하나님을 경외하였기 때문에 이집트 왕이 명령한 대로 행하지 않았다. 대신 그들은 남자 아기들을 살려주었다. 이집트 왕이 산파들을 불러서 말했다. "너희가 어찌하여 이같이 남자아기들을 살려주었느냐?" 산파들이 바로에게 대답했다. "히브리 여인들은 이집트 여인들과 같지 않기 때문입니다. 그들은 강건합니다. 산파가 그들에게 도착하기 전에 이미 아이를 낳아버립니다"(출 1: 15~19).
　하나님이 그 산파들에게 은혜를 베풀어 주셨다. 백성은 늘어갔고 아주 강해졌다. 산파들이 하나님을 경외하였기 때문에 하나님은 그들에게 아들들을 주셨다. 그러므로 바로가 자기 모든 신하에게 명령했다. "히브리 사람에게 아들이 태어나면 나일강에 던져라. 하지만 딸이면 살려두어라"(1: 20~22).

레위 집안 출신의 어떤 사람이 가서 레위 여자에게 장가들었다. 그 여자가 임신하여 아들을 낳았다. 그녀는 아이가 잘 생긴 것을 보고 석 달 동안 그를 숨겼다. 그녀가 아이를 더 이상 숨길 수 없게 되자 그를 위해 갈대 상자를 만들어 역청과 나무 진을 칠하여 아기를 안에 넣고 나일 강둑의 갈대 사이에 두었다. 그의 누나가 어떤 일이 벌어지는지 보려고 멀리 서 있었다(2: 1~4).

바로의 딸이 목욕하러 나일강에 내려오고 시녀들은 강가를 걷고 있었다. 그녀가 갈대 가운데서 상자를 보고 시녀를 보내어 가져왔다. 그녀가 상자를 열어보니 남자 아기였다. 아기가 울자 그녀는 불쌍히 여겼다. 그녀가 "히브리 사람의 아기가 틀림없다"고 말할 때 그의 누나가 바로의 딸에게 말했다. "제가 가서 당신을 위하여 히브리 여인 중에 유모를 불러 이 아기에게 젖을 먹이게 할까요?" 바로의 딸이 그녀에게 말했다. "그렇게 해다오"(2: 5~8a).

그 소녀가 가서 그 아기의 어머니를 불러왔다. 바로의 딸이 그녀에게 말했다. "나를 위해 이 아기를 데리고 젖을 먹여다오. 내가 삯을 주마." 그녀가 아기를 데리고 젖을 먹였다. 그 아이가 자라자 바로의 딸에게 데려갔고 그는 그녀의 아들이 되었다. 그녀는 "결국 내가 그를 물 가운데서 건져냈다"라고 말하면서 그 아이를 모세라고 불렀다(2: 8b~10).

모세가 장성한 후 친족을 찾아 나갔는데(『개역개정』, 한번은 자기 형제들에게 나가서) 어떤 이집트 사람이 히브리 사람을 때리고 있었다. 모세는 그들만 있는 것을 확인한 뒤에 이집트 사람을 쳐 죽였다. 바로에게 이 소식이 전해지자 모세는 광야로 도망가야 했다. 거기서 그는 우연히 미디안 제사장의 딸들을 만나 그 중 한 명과 결혼하였다.

수년이 지나 그 바로가 죽은 뒤 모세는 미디안 제사장인 장인 이드로(3: 1a)의 양 떼를 먹이고 있었다. 그는 양 떼를 광야 깊숙이 이끌어 하나님의 산 호렙에 이르렀다(1bβ). 야훼의 천사가 가시덤불에 붙은 불 속에서 그에게 나타났다. 모세는 가시덤불에 불이 붙었는데도 그것이 타서 사라지지 않는 것을 보고 말했다. "내가 가서 이 놀라운 광경을 보아야겠다. 어찌하여 가시덤불이 타지 않을까?"

야훼께서 그가 보려고 오는 것을 보시고 하나님이 가시덤불 가운데서 그를 불렀다. "모세야! 모세야!" 그가 말했다. "제가 여기 있습니다"(3: 4b). 야훼께서 말씀했다. "이곳으로 가까이 오지 마라. 네 발에서 신을 벗어라. 네가 서 있는 곳은 거룩한 땅이다. 나는 네 조상의 하나님, 아브람의 하나님, 이삭의 하나님, 야곱의 하나님이다."

모세가 하나님을 뵙기가 두려워 얼굴을 가렸다(3: 6b).

"내가 이집트에 있는 내 백성의 고통을 진정으로 보았다. 나는 그들이 그들의 감독자 앞에서 울부짖는 소리를 들었다. 이는 내가 그 고통을 알기 때문이다. 나는 내려가 이집트의 손에서 그들을 구해내고 그들을 좋은 땅으로 인도할 것이다. 그러므로 지금 이스라엘 자손의 부르짖음이 내게 이르렀고 이집트 사람이 그들을 괴롭히는 학대를 보았으므로 이제 가라. 내가 너를 바로에게 보내려고 한다. 내 백성 이스라엘 자손을 이집트에서 인도해 나오너라"(3: 9~10).

모세가 하나님에게 말했다. "제가 누구인데 바로에게 가며 또 이스라엘 자손을 이집트에서 인도하여 냅니까?"(3: 11)

그가 말씀했다. "내가 너와 함께 할 것이다. 이것이 내가 너를 보냈다는 표적이 될 것이다. 네가 이집트에서 그 백성을 인도하여 낼 때 너희 모두가 이 산에서 하나님을 섬기게 될 것이다"(3: 12).

모세가 하나님께 말했다. "보십시오. 제가 이스라엘 자손에게 가서 그들에게 말하기를 '너희 조상의 하나님께서 나를 너희에게 보냈다'고 하면 그들이 저에게 '그의 이름이 무엇이냐?'라고 할 텐데 제가 그들에게 무엇이라고 말합니까?"(3: 13)

하나님께서 모세에게 말씀하셨다. "나는 스스로 있는 자이다." 또 말씀했다.

"너는 이렇게 이스라엘 자손에게 말하라. '스스로 계신 이가 나를 너희에게 보내셨다.'" 또 하나님이 모세에게 말씀했다. "너는 이스라엘 자손에게 이렇게 말하라. '너희 조상의 하나님 야훼가 나를 너희에게 보내셨다.' 이것이 나의 영원한 칭호이다. 그리고 이것이 너희가 대대로 나를 기억할 방식이다(3: 14~15). 이스라엘 자손의 족장들을 모으고 그들에게 야훼가 그들을 구원할 것이라고 말하라. 그들이 네 말을 들을 것이고 너희 모두는 바로에게 가서 너희가 나를 섬기기 위해 광야로 사흘 길을 가고 싶다고 말하라."

모세가 말했다. "그들은 이것을 믿지 않을 것이고 내 말을 듣지도 않을 것입니다."

야훼가 모세에게 이스라엘 지도자들이 확신할 수 있는 표적 몇 가지를 주었다. 모세는 거부했으나 야훼는 그의 거부를 제어했다. 야훼는 마지막 가르침을 주고 그를 보냈다.

그래서 모세가 그의 장인 이드로에게 돌아갔다. 그가 이드로에게 말했다. "저는 이집트에 있는 제 형제들에게 돌아가서 그들이 아직 살아 있는지 알아보고 싶습니다." 이드로가 모세에게 말했다. "평안히 가거라"(4: 18).

모세가 미디안에 있는 동안 야훼가 모세에게 말씀했다. "이집트로 돌아가라. 네 목숨을 찾던 자들이 모두 죽었다." 그래서 모세는 아내와 자식들을 데려와 나귀에 싣고 이집트 땅으로 돌아갔다.

모세가 바로에게 요청을 했으나 바로는 더욱 모질게 굴었다. 그는 이스라엘 자손의 처지를 악화시키기만 했다. 야훼가 모세로 하여금 나일강을 피로 만들고 개구리 재앙을 일으키고 파리와 역병의 재앙을 일으키도록 시켰다. 야훼가 아주 심한 우박을 내릴 때 바로가 말했다. "네가 옳고 우리가 잘못했다. 야훼에게 간청하라. 우리는 하나님의(9: 28aα) 천둥과 우박을 충분히 겪었다. 내가 너희를 보내줄 것이다."

모세가 그에게 말했다. "도시 밖에 나가서 내가 손을 야훼께 펼 것입니다. 천둥과 우박이 그칠 것이고 그래서 당신이 야훼가 땅을 소유하신다는 것을 알

것입니다. 당신과 당신의 신하들은 여전히 하나님을 두려워하지 않을 줄 저는 압니다"(9: 30).

우박이 멈추었으나 그 후에 모세는 메뚜기 재앙과 흑암 재앙 그리고 모든 장자 사망의 재앙을 일으켰다. 하지만 이것들이 바로의 마음을 변하게 하지 못하자 야훼가 그들을 이집트에서 구원하였고 그들은 밤중에 도망쳤다.

바로가 백성들을 보냈을 때 하나님은 그들을 지름길인 블레셋 사람의 땅으로 가는 길로 인도하지 않았다. 왜냐하면 하나님께서 "그 백성이 전쟁을 보면 마음이 바뀌어 이집트로 돌아갈지도 모른다"고 말씀하셨기 때문이다. 하나님은 백성을 숩 바다(『개역개정』, 홍해)로 가는 길을 통해 광야 방향으로 이끄셨다. 이스라엘 자손이 그 땅에서 흥분하는 마음으로 올라갈 때 모세가 요셉의 유골도 가지고 갔다. 요셉이 이스라엘 자손에게 단단히 맹세를 시키면서 "하나님이 반드시 너희를 돌보실 텐데 그때 내 유골을 너희와 함께 여기서 가지고 올라가라"고 말했기 때문이다(13: 17~19).

야훼가 낮에는 구름기둥으로 밤에는 불기둥으로 백성보다 앞장서서 가셨다. 어느 기둥도 백성 앞에서 그 자리를 떠나지 않았다.

바로가 전차를 끌고 이스라엘 백성을 추격했다. 그 백성이 돌아보고 심히 놀랐다. 그들은 모세에게 말했다. "이집트에 무덤이 없어서 네가 우리를 이곳 광야로 이끌어 내어 죽게 하느냐?" 모세가 대답했다. "두려워하지 말라. 거기서 야훼의 구원을 보라. 야훼가 너희를 위해 싸우실 것이다."

이스라엘 진영을 앞서 가던 하나님의 천사가 그들 뒤로 갔다(14: 19a). 구름기둥이 앞에서 뒤로 움직여 이집트 진영과 이스라엘 진영 사이에 자리를 잡았다. 밤새도록 야훼는 이집트를 놀라게 하여 바다로 몰아넣었고 그들은 물에 빠졌다. 모세는 이스라엘을 거기서 광야로 이끌었다.

모세의 장인 미디안 제사장 이드로가 하나님이 모세와 자기 백성 이스라엘을 위해 행하신 모든 일(18: 1aα, 1aβ), 즉 야훼가 이스라엘을 이집트에서 인도해 내신 일을 들었다. 모세의 장인 이드로(18: 2aα)가 모세의 아내 십보라와 그녀의 소유물과 두 아들을 데리고 왔다. 장남의 이름은 게르솜인데 모세가 "내가 외국 땅에서 체류하는 이방인이었다"고 말했기 때문에 붙인 이름이고, 차남의 이름은 엘리에셀인데 "내 아버지의 하나님이 나의 도움이시고 나를 바로의 칼에서 구원하셨다"고 말했기 때문에 붙인 이름이다. 모세의 장인 이드로(18: 5aα)와 모세의 아들들과 아내가 하나님의 산(18: 5bβ)에 진을 치고 있는 광야의 모세에게 왔다. 그가 모세에게 말했다. "나는 너의 장인 이드로(18: 6aβ)이다. 네 아내와 네 자식들을 데리고 왔다." 모세는 장인을 마중하러 나가서 인사한 다음 자기 장막으로 모시고 지난번 마지막으로 본 이후에 벌어진 모든 일을 그에게 말했다.

이드로(18: 9aα)가 그 이야기를 듣고 기뻐했다. 그는 야훼를 찬양하며 그가 얼마나 위대한 분인지를 선포했다. 모세의 장인 이드로가 하나님을 위해 번제와 다른 제사를 드렸고 이스라엘의 모든 족장들이 모여서 하나님 앞에서 모세의 장인과 함께 식사를 했다(18: 12).

다음 날 모세는 자리를 잡고 그 백성을 판결하였다. 그 백성이 아침부터 저녁까지 모세와 함께 머물렀다. 모세의 장인이 그가 백성을 위해 하는 일을 보고 말했다. "그대가 백성을 위해 하는 이 일이 무엇이냐? 어찌하여 그대는 혼자 자리에 앉아 아침부터 저녁까지 모든 백성을 그대와 함께 세워두는 것인가?" 모세가 장인에게 말했다. "백성들이 하나님에게 여쭈려고 저에게 오기 때문입니다. 그들이 언제든 송사가 생겨서 저에게 가져오면 저는 소송 당사자들 사이에서 판결해주고 하나님의 규례와 율법에 대해 가르쳐줍니다"(18: 13~16).

모세의 장인이 그에게 말했다. "자네가 하는 일이 옳지 않다. 자네와 함께 한 이 백성과 자네는 아주 어리석다. 일이 자네에게 너무 힘들다. 자네는 혼자서 그것을 다 처리할 수가 없다. 내 충고를 들으라. 하나님이 자네와 함께 하길 바라며 자네는 백성을 하나님께 중재하는 사람으로서 송사를 하나님께 가져오고 그들에게 율례와 법도를 가르치라. 모든 백성 중에 재주와 능력과 영향력이 있는 사람들, 하나님을 경외하며 진실하고 뇌물을 싫어하는 사람들을 찾아보라.

이들을 세워 백성들의 천부장과 백부장과 오십부장과 십부장으로 임명하라. 일상적인 상황에서는 그들이 백성들을 판결하게 하라. 만일 특별히 중요한 사건이라면 그들이 그것을 자네에게 가져오도록 시켜라. 하지만 그렇지 않은 경우라면 그들이 책임을 지게 하라. 내가 충고한 대로 자네가 하고 하나님이 자네에게 계속해서 명령을 내리시면 자네는 지속적으로 일을 할 수 있고 이 모든 백성들도 정의와 평화 가운데 고향으로 갈 수 있을 것이다"(18: 17~23).

모세가 그의 장인 이드로의 충고를 받아들여 그가 말한 대로 했다. 모세는 모든 이스라엘 가운데 재주와 능력과 영향력이 있는 사람을 선발하여 백성들의 천부장과 백부장과 오십부장과 십부장으로 임명하였다. 대체로 그들이 백성들을 재판하였다. 어려운 일은 그들이 모세에게 가져오고 모든 작은 일은 스스로 재판하였다(18: 24~26).

모세가 그의 장인을 환송하니 그는 자기 고향으로 돌아갔다. 이스라엘이 시내 광야로 들어가 그 광야의 산 앞에 진을 쳤다. 모세가 하나님께 올라갔고(19: 3a) 야훼가 모세에게 말씀했다. "내가 너에게 구름 가운데 임할 것이고 백성들은 내가 너와 말하는 소리를 들을 것이며 그들은 너를 믿을 것이다. 백성에게 가서 오늘과 내일 정결하게 만들어라. 제삼 일에 야훼가 모든 백성이 보는 가운데 시내산으로 강림할 것이니 그들에게 옷을 빨게 하고 그날을 준비하게 하라. 이 산의 사방으로 경계를 정하여 백성들이 다가오지 못하게 하라. 그리고 나팔 소리가 들리면 그들이 산으로 올라오게 하라."

모세가 내려가서 백성을 정결하게 하였다. 삼 일째 아침이 되자 천둥과 우레와 짙은 구름이 산을 뒤덮었다. 나팔 소리가 점점 더 커지고 장막에 있는 모든 백성은 떨었다. 모세가 장막에서 백성을 이끌고 나와 하나님을 만나게 하였고 그들은 산 아래에 자리를 잡았다(19: 16aβb~17). 시내산 전체에 연기가 피어오르기 시작했고 야훼가 불로 그곳으로 내려왔다. 연기가 마치 화로에서 나오는 것처럼 피어올랐다. 온 산이 심하게 흔들리고 나팔 소리가 점점 커지는 동안 모세는 말하고 하나님은 음성으로 대답하셨다(19: 19).

야훼가 산꼭대기로 내려와 모세를 그곳으로 불렀다. 야훼가 모세에게 백성은 물론 제사장도 그를 보려고 뚫고 들어오지 못하도록 경고하라고 시켰다. 모세는 야훼에게 구분하고 경계를 세웠다고 확언하고 백성에게 내려왔다.

모든 백성은 천둥소리와 번개 치는 모습과 나팔 소리와 산에서 연기가 피어오르는 모습을 보고 두려워 떨면서 멀리 떨어져 있었다. 그들이 모세에게 말했다. "당신이 우리에게 말하십시오. 그러면 우리가 듣겠습니다. 하지만 하나님이 우리에게 말씀하지 않게 해주십시오. 그렇지 않으면 우리가 죽을 것 같습니다." 모세가 백성에게 말했다. "두려워하지 말라. 하나님이 너희를 시험하러 오신 것이다. 그러므로 너희는 그분을 경외하는 자세를 가져야 하고 율법을 어겨서는 안 된다." 그래서 백성은 멀리 떨어져 서 있고 모세가 하나님이 계신 짙은 구름 속으로 들어갔다(20: 18~21).

야훼가 모세에게 말씀했다. "너는 이스라엘 자손에게 이렇게 말하라. '내가 하늘로부터 너희에게 말하는 것을 너희들이 보았으므로 너희는 은이나 금으로 나와 같은 신을 만들지 말라. 대신 나를 위해 토단을 쌓고 그 위에 양이나 다른 가축으로 번제와 화목제를 드려라. 내가 내 이름을 기념하는 모든 성소에서 너희에게 임하여 축복할 것이다. 돌로 제단을 쌓으려면 다듬은 돌로 쌓지 말라. 네가 정으로 그것을 쪼면 부정하게 될 것이다. 내 제단을 계단으로 오르지 말라. 네 벌거벗음이 그 위로 드러나지 않게 하려는 것이다.'"

"다음 내용은 네가 그들 앞에 세울 법규이다"(21: 1).

"네가 히브리 종을 사면 그는 여섯 해 동안 섬겨야 한다. 일곱째 해에는 그가 몸값을 물지 않고 자유인이 되어 떠날 수 있다. 만일 그가 홀로 왔으면 홀로 떠나야 한다. 만일 그가 장가 들었으면 그의 아내도 그와 함께 나가야 한다. 만일 주인이 그에게 아내를 주어 그의 아내가 아들이나 딸을 낳았으면 그의 아내와 자식들은 주인에게 속할 것이고 그 종은 홀로 나가야 한다. 만일 종이 분명히 말하기를 '저는 주인님과 아내와 자식들을 사랑합니다. 저는 자유인으로 떠나지 않겠습니다'라고 하면 주인은 그를 하나님에게 데리고 가고 또 문이나 문설

주로 데리고 가서 그것에다가 송곳으로 그의 귀를 뚫어야 한다. 그러면 그는 평생 주인을 섬겨야 한다"(21: 2~6).

사람이 자기 딸을 여종으로 팔았으면 그녀는 남종 같이 자유롭게 떠나지 못한다. 만일 그녀가 주인을 기쁘게 하지 아니하고 주인이 그녀를 [자기 가족의 일원에게 아내로] 정하지 않았으면(『개역개정』, 상관하지 아니하면) 그녀를 속량해야 한다.[1] 주인이 그녀의 권리를 침해했으므로 주인은 친인척 아닌 사람(『개역개정』, 외국인)에게 그녀를 팔 권한이 없다. 만일 그녀를 자기 아들에게 주기로 했으면 그를 딸같이 대우해야 한다. 주인이 다른 아내를 얻으면 처음 아내에게 줄 고기와 의복과 기름 할당량을 끊어서는 안 된다. 만일 주인이 이 세 가지를 그녀에게 주지 않으면 그녀는 금전 거래를 하지 않고 몸값을 지불할 필요도 없이 떠날 수 있다(21: 7~11).

사람을 쳐 죽인 자는 반드시 죽여야 한다. 만일 고의적으로 한 행위가 아니고 하나님이 그의 손에 넘긴 것이면 내가 그를 위해 한 성소를 정할 것이며 그는 그곳으로 도망할 수 있다. 그러나 사람이 고의로 그의 이웃을 죽인 것이면 너는 그를 내 제단에서 끌어내 죽여야 한다. 자기 아버지나 어머니를 치는 자가 있으면 죽여야 한다. 사람을 납치한 자는 그 사람을 팔았든지 수하에 두었든지 반드시 죽여야 한다(21: 12~16).

사람이 서로 싸우다가 돌이나 주먹으로 그의 상대방을 쳐서 그가 죽지 않고 자리에 누웠다가 지팡이를 짚고 일어나 마을을 걸어 다닐 수 있으면 그를 친 자가 형벌은 면할 것이지만 그간의 손해를 배상하고 그가 완치되게 해주어야 한다. 사람이 매로 그 남종이나 여종을 쳐서 그 자리에서 죽으면 공동체가 나서서 죽음으로 되갚아주어야 한다. 만일 그나 그녀가 하루 이틀 살면 죽음으로 되갚아주지 않아도 된다. 결국 종은 주인의 재산이기 때문이다. 사람이 싸우다가 임

---

1) Adrian Schenker, "Affranchissement d'une esclave selon Ex 21, 7~11," *Biblica* 69(1988): 547~56.

신한 여인을 쳐서 낙태하게 하였으나 다른 해가 없으면 그 남편의 청구대로 배상금을 내되 태아의 나이를 고려하여(『개역개정』, 재판장의 판결에 따라) 내야 한다. 만일 그 여인에게 다른 해가 있으면 생명은 생명으로, 눈에는 눈으로, 이에는 이로, 손은 손으로, 발은 발로, 덴 것은 덴 것으로, 상한 것은 상한 것으로, 때린 것은 때린 것으로 갚아야 한다. 만일 사람이 자기 남종이나 여종의 눈을 쳐서 상하게 하면 그 눈에 대한 보상으로 그 종을 풀어주어야 한다. 그 남종이나 여종의 이를 쳐서 빠지게 하면 그 이에 대한 보상으로 그 종을 놓아주어야 한다(21: 17~27).

소가 남자나 여자를 받아서 죽이면 그 소는 반드시 돌로 쳐서 죽여야 하고 그 고기는 먹어서는 안 되며 주인은 형벌을 면할 것이다. 소가 본래 받는 버릇이 있고 전에도 그런 적이 있어서 주인이 경고를 받았으나 단속하지 않아서 남자나 여자를 죽였으면 그 소는 돌로 쳐 죽일 것이고 주인도 죽여야 한다. 만일 재판관이 그에게 속죄금을 부과하면 전체 금액을 자기 목숨 값으로 내야 한다. 아들이나 딸을 받으면 이 법규대로 그 주인에게 처리해야 한다. 남종이나 여종을 받으면 주인은 은 삼십 세겔을 그 종의 주인에게 주어야 하고 소는 돌로 쳐서 죽여야 한다(21: 28~32).

사람이 우물을 열어두거나 우물을 파고 덮어두지 않아서 소나 나귀가 거기에 빠지면 우물의 주인은 배상해야 한다. 그는 가축의 주인에게 돈을 줄 것이고 죽은 가축은 그의 차지가 된다(21: 33~34).

이 사람의 소가 저 사람의 소를 상처를 입혀서 죽이면 살아 있는 소를 팔아 그 값을 반으로 나누고 죽은 소도 반으로 나누어야 한다. 그 소가 받는 습성이 있고 이전에도 그런 줄을 알고도 그 주인이 단속하지 않았으면 그는 완전히 배상하되 소는 소로 갚고 죽은 소는 그의 차지가 될 것이다(21: 35~36).

사람이 소나 양을 훔쳐 잡거나 팔면 그는 소 한 마리에 소 다섯 마리로 갚고 양 한 마리에 양 네 마리로 갚아야 한다[22: 1(MT, 21: 37)]. 도둑이 뚫고 들어오는 것을 보고 그를 쳐 죽이면 피 흘린 죄가 없다. 그러나 도둑이 해가 뜰 때까지 피해 있다가 맞아 죽으면 피 흘린 죄가 있다. 도둑은 반드시 배상해야 한다. 배상할 것이 없으면 도둑질한 물건 값으로 몸을 팔아야 한다. 소나 나귀나 양이나 도둑질한 것이 소유 가운데서 발견되면 각각에 대하여 그 두 배로 배상해야 한다[22: 2~4(MT, 22: 1~3)].

사람이 밭이나 포도원을 불태울 때 그 불이 다른 사람의 밭을 태우면 자기 밭이나 포도원의 최상품으로 배상해야 한다. 불이 나서 가시덤불에 붙어 쌓아둔 곡식이나 세워둔 곡식이나 밭에 옮겨 붙으면 불을 놓은 사람이 반드시 배상해야 한다[22: 5~6(MT 22: 4~5)].

사람이 돈이나 물품을 이웃에게 맡겨 지키게 하였다가 그 이웃집에서 도둑을 맞고 그 도둑이 잡히면 그는 두 배로 배상해야 한다. 도둑이 잡히지 아니하면 그 집 주인을 하나님(『개역개정』, 재판장)에게 데리고 가 서약을 시키고 그가 이웃의 재산에 손을 대지 않았다고 선서하게 해야 한다. 소, 나귀, 양, 의복이든 혹은 무엇이든 잃어버린 경우에 "보라, 저것은 내 것이다"라고 누가 주장하면 양측은 하나님(『개역개정』, 재판장) 앞에 나아가야 한다. 하나님(『개역개정』, 재판장)이 죄 있다고 하는 자는 상대편에게 두 배로 배상해야 한다. 사람이 나귀, 소, 양, 혹은 다른 짐승을 이웃에게 맡겼는데 죽거나 상하거나 아무도 없을 때 끌려가고 없으면 맡은 자는 이웃의 재산에 손을 대지 않았다고 하나님(『개역개정』, 여호와)[2])께 맹세해야 한다. 그 주인은 그대로 받아들여야 하고 맡은 자는 배상하지 않아도 된다. 하지만 그가 도둑을 맞은 것이라면 주인에게 배상해야 한다. 야생 짐승에게 찢겼으면 증거로 가져와야 한다. 찢긴 짐승은 배상하지 않아도 된다[22: 7~13(MT 6~12)].

사람이 이웃에게 짐승을 빌렸는데 그 주인이 함께 있지 아니할 때 상하거나 죽으면 반드시 배상해야 한다. 그가 고용된 노동자이면 임금에서 삭감해야 한

---

2) 전통적인 히브리어 본문은 *yahweh*(야훼)이다. 그리스어 사본은 전부 *elohim*(엘로힘)을 의미하는 *theos*(테오스)로 번역되어 있다.

다[22: 14~15(MT 13~14)].

사람이 약혼하지 아니한 처녀를 꾀어 동침하였으면 신부값을 주고 결혼해야 한다. 만일 그녀의 아버지가 그에게 시집보내기를 거절하면 그는 신부값으로 돈을 내야 한다"[22: 16~17(MT 15~16)].

야훼가 모세에게 이스라엘의 지도자들 및 족장들과 함께 산으로 올라오되 모세만 야훼에게 가까이 오라고 말씀했다. 그들 모두 올라가서 이스라엘의 하나님을 뵈었다. 그들이 하나님을 뵈었으나 야훼는(24: 11bα) 이스라엘의 족장들을 치지 않으셨다. 그들은 먹고 마셨다. 모세가 일어나 하나님의 산으로 올라갔다(24: 13aα, 13b).

모세가 광야에서 이스라엘 자손들을 여러 가지 모험을 벌이며 인도하여 이스라엘의 경계에 도착하자 거기서 발람이 신탁으로 그들을 축복했고 가장 큰 원수들을 저주했다.

5

솔로몬의 폭정

E는 다윗 왕가를 전복한 여로보암의 혁명을 옹호할 목적으로 이스라엘에서 작성되었다. 솔로몬의 폭정은 이 혁명을 조장했고, 바로 이것이 E를 이해하는 출발점이다.[1]

계승

다윗은 유다와 이스라엘의 통일국가를 다스린 다윗 가문의 수장으로서 거

---

1) 솔로몬의 통치 역사를 위해, J. Maxwell Miller and John H. Hayes, *A History of Ancient Israel and Judah*(Philadelphia: Westminster, 1986), 189~217; E. W. Heaton, *Solomon's New Men: The Emergence of Ancient Israel as a Nation State*(New York: Pica, 1974); Robert R. Stieglitz, "Long-Distance Seafaring in the Ancient Near East," *Biblical Archaeologist* 47(1984): 134~42; *Bulletin of the American Schools of Oriental Research* 277/278(1990) 전체를 보라.

대한 권력과 부를 쓸어 모았으며 천수를 누리고 죽었다. 그가 죽기 전부터 시작된 왕위 계승의 문제는 아주 혼란스러웠다. 관습으로 볼 때는 다윗의 살아 있는 아들 중 장자인 아도니야가 가장 유리하였다. 그는 헤브론에서 태어난 여섯 명의 왕자 중 넷째 왕자였다. 아도니야는 전통적 지파 군대의 수장인 요압 장군과 제의의 수장인 제사장 아비아달의 지지를 받고 있었다. 그는 예루살렘 동쪽 성벽 밖에 있는 왕실 정원의 아래 끝에서 성대한 잔치를 열었다. 그는 자기 형제들과 아버지의 궁정 관리들을 초청하였고 이들이 귀가하기 전에 자신을 왕으로 기름 부어주기를 기대했다.

이 기사에 따르면 다른 왕자 한 명은 이 모임에서 배제되었다. 이윽고 왕위 계승 서열 열 번째의 솔로몬은 다윗이 자신을 후계자로 지명하였다고 선언했다. 그를 지지하는 세력은 다윗의 오랜 심복인 친위대 대장 브나야, 제사장 사독, 순응적인 궁중 신관(神官) 나단, 여러 후궁 중에서 총애를 독차지한 솔로몬의 모친 밧세바 등이었다. 다윗의 지명을 얻어낸 뒤에 솔로몬 일파는 다윗의 오랜 용병부대인 에게해 지역 출신의 궁정 수비대를 소집하여 왕실 정원의 상단부 끝자락에서 즉위식을 거행했다. 아래쪽에서 잔치하는 소리가 들릴 수 있는 거리였다.

즉위식을 거행한 뒤 솔로몬 왕은 다윗의 노새를 타고 무장한 수비대를 거느리고 나팔과 수금과 북을 요란하게 울리면서 행진하여 요새인 궁전으로 돌아갔다. 아도니야 일파는 와해되었고 지지자들은 하나씩 사라졌다. 아도니야는 신속히 새로운 주군에게 복종하는 자세를 취하여 한동안 목숨을 부지했다. 솔로몬의 다른 형제들도 아도니야처럼 처신했다.

왕위 계승은 이처럼 궁중 쿠데타를 통해서 이루어졌다. 성공한 파벌은 이스라엘 지파들과는 아무런 연관도 없는 자들이었다. 솔로몬은 백성에게 전혀 알려지지 않았던 젊은 왕자였고 혼자서는 아무런 힘도 없었다. 그의 네게브와 에게해 출신 무력 집단은 지파 연합이나 파벌 그리고 지역 네트워크와 얽히지 않은 채 솔로몬을 이용하여 다윗의 이름으로 이스라엘을 완전히 장악했다. 밧세바는 열렬히 협조했다. 그녀의 아버지 엘리암은 남편 우리야처럼 다윗 군대의 일원이었다. 엘리암의 아버지는 아히도벨이었는데 그는 다윗이 우리야를 죽이고 밧세바를 아내로 삼은 일에 수치심을 느끼고 압살롬을 지원했다가 결국 자살하고 말았다. 길로라는 마을의 딸인 밧세바와 그녀의 아들은 왕실 내의 꼭두각시를 찾던 궁정 동지들의 손에 의탁했다.

도성에서 태어나 바깥일은 거의 몰랐던 왕실 청년 솔로몬은 다윗의 최측근들의 도움을 받아 백성의 관습을 뒤집어버렸다. 다윗 치하에서는 지파와 국가 제도가 정돈되지 않은 상태였다. 다윗이 죽으면서 국가가 지파를 장악했다. 솔로몬의 통치는 처음부터 산간지대에서 이백 년 동안 이어오던 정치 사회적 관계를 억압하였다. 브나야의 조언을 따라서 젊은 솔로몬은 아버지의 우유부단함을 벗어던지고 아도니야와 요압을 죽이라고 명령했다. 그는 아비아달을 추방하여 예루살렘 북쪽에 있는 마을 아나돗의 가택에 연금시켰다. 이 모든 일이 성취된 후에 솔로몬의 서기관은 다윗의 사울과 압살롬에 대한 왕실 변증서를 다시 작성하였다. 이를 통해서 지파에 혜택을 준 일이 혼란을 야기했고 솔로몬은 왕위를 계승할 운명을 타고 났으며 이 목적을 수행하는 데서 불가피하게 드러난 잔인성은 위대한 왕 다윗의 유언에 순종한 결과라는 것을 보여주었다.[2] 역사는 이제 그의 편이었다.

솔로몬의 통치

성서는 솔로몬이 사십 년간 통치했다고 말한다. 솔로몬의 통치를 기록한 다른 부분들처럼 그 햇수는 전설적인 것으로 보인다. 하지만 다윗처럼 솔로몬은

---

[2] P. Kyle McCarter, Jr., "'Plots, True or False': The Succession Narrative as Court Apologetic," *Interpretation* 35(1981): 355~67.

분명히 외부의 요인이 없이 죽었기 때문에 그렇게 틀린 햇수는 아닐 것이다. 솔로몬 왕실의 부유함에 대한 묘사는 전설적이다. 그러나 솔로몬에게는 부친의 용맹함을 이어나갈 여건이 결코 허락되지 않았다. 그리고 그가 관할한 무역과 영토는 무력으로든 흥미거리로든 결코 그의 취향을 충족시켜 주지 못했다. 이집트와의 완충 지대 역할을 한 블레셋은 다윗 통치 기간 중에 약화되었다. 또한 네게브의 부족들도 변덕스러워서 항상 충성스러운 것은 아니었다. 이집트는 솔로몬 초기에 서부 국경을 유린하였고 해안 평야를 적어도 북쪽으로 게셀까지 통제하였다. 부분적으로는 이집트의 부추김으로 제국은 조금씩 무너지기 시작했다. 솔로몬이 죽자 그의 왕국은 붕괴되었고 솔로몬의 아들은 유다만 통치하게 되었다. 그 범위는 대략 헤브론에서 다윗이 다스리던 영토에 불과했다. 다윗 가문은 두 세대도 안 되어 제자리로 돌아오게 된 것이다.

    다윗의 군대는 효율적이었다. 기동성을 지닌, 직업 군인으로 이루어진 핵심 부대는 예루살렘에서 신속하게 출정하여 타격을 줄 수 있었다. 다윗은 저지대에 위치한 블레셋 사람들의 많은 요새를 차지하였고 특별한 변경 없이 존속시켰다. 전차부대는 소규모였다. 지파의 보병부대는 정상적인 생활을 유지하였다. 촌락민을 가난하게 만드는 시스템이 다윗 시대의 산간지대에 존재하였지만 당시 지파에서 자원하여 이루어진 보병부대는 아직 결속력이 강해서 촌락민이 모든 이점을 상실하지는 않았다. 촌락민이 군대에서 어느 정도의 역할을 하는 동안에는 몰락을 면할 수 있었다. 그러나 전승에 의하면 다윗과 요압은 지파의 징집을 체계화하는 데 필수적이라고 생각하여 인구조사를 시행하려 했지만 실패했다. 다윗의 통치가 진척되자 지파의 군대와 그 사령관 요압의 기능은 점차적으로 무용하게 되어갔다.

    솔로몬의 군대는 다윗의 군대보다 팔레스타인에 주둔했던 신왕국 시대의 이집트 군대가 연상될 정도로 전차부대, 대규모 상비군, 그리고 필수적인 군사 장비들을 갖추었다. 에게해 출신의 엘리트 궁정수비대는 계속 임무를 수행하였지만, 제국을 순찰하는 역할은 상비군, (저지대에서 전투에 능한) 전차부대, 용병, 그리고 징집된 보병이 맡았다. 상비군은 외견상 팔레스타인 촌락민을 방어하는 임무를 수행하였으나 이 군대를 지원하는 세금 제도는 촌락민에게 피해를 주었다. 촌락민들의 이익은 이미 오래 전에 외면당했다. 그들은 자신을 압제하는 기구를 유지하기 위해 점점 더 심한 압제를 겪었다. 솔로몬의 제국이 점차로 붕괴하고 팔레스타인 촌락민이 제국의 국방비를 감당하는 일에 지치자 솔로몬의 국방 예산은 항시적으로 적자 상태가 되었다.

솔로몬은 통치 중에 저지대의 교역로를 따라 건설된 도시들을 요새화할 목적으로 아도람을 감독관으로 삼아 강제부역을 실시하였다. 여기에 하솔, 므깃도, 게셀, 저지대 벧 호른, 바알랏 그리고 아라바의 다말이 포함되었다. 그곳들은 지역 농산물의 집하장이자 그 도시들의 밖에서 활동하는 전차부대의 정비를 위한 마구간 건물을 짓는 장소로 활용되었다. 하솔, 므깃도, 게셀의 육방 포갑성문(성문 좌우에 세 개씩 여섯 곳의 공간이 있는 성문 — 옮긴이)은 동일한 건축양식으로 건설되었다. 솔로몬 시대에 만들어진 거대한 지상 저장시설은 기초석 위에 폭이 좁고 벽이 두터운 방들이 길게 늘어서 있는 모양으로 건축되었는데 여리고, 라기스, 므깃도, 벧 세메스, 텔 젬메와 텔 바이트 미르심에서 발견되었다. 정치 조직을 갖춘 이스라엘은 역사상 처음으로 도시와 부속 성전, 요새화된 궁전, 행정 사무실, 그리고 과도한 규모의 식량창고를 갖추었다.

솔로몬 군대의 규모와 유지비용은 어마어마했다.[3] 전차는 한 대 값이 600 세겔이고 조련된 말은 150 세겔이었다. 전차 한 대에 세 마리의 말이 필요하므로 전차와 말 세 필 값을 합하면 1050 세겔이나 되었다. 여기에 전차를 모는 병사, 정비 기술자, 무기, 여분의 부속품, 기술자 대기 시설, 보관 장소와 수리 시설, 축사와 건초 등의 부대비용이 필요했다. 자주 분해하고 올리브 기름칠을 하는 작업은 필수적이었다. 그러므로 이 부대는 팔레스타인의 기본 식량을

---

3) 이어지는 묘사와 수치는 Chris Hauer, "The Economics of National Security in Solomonic Israel," *Journal for the Study of the Old Testament* 18(1980): 63~73이 제공한 것이다.

엄청나게 소비했다. 말들을 조련하는 데는 수 개월이 걸렸다. 전문 조련사는 계속해서 훈련시키고 돌봐주어야 했다. 솔로몬은 1400대의 전차를 보유했다. 그렇다면 말은 4000필, 병사와 보조요원은 1만 2000명 정도가 된다. 이 모든 것이 다른 사람들이 생산한 식량으로 유지되었다. 지금까지 말한 전차부대는 유지와 보수비용을 제외하더라도 147만 세겔의 비용이 든다.

150만 세겔은 얼마나 많은 돈이었을까? 한 세대 후에 노예 한 명의 몸값은 30세겔이었다. 이를 근거로 산정해보면 장비를 갖춘 전차 한 대는 35명에서 50명 정도의 노예 몸값에 해당한다. 부대 전체는 오십 만에서 백만 마리의 숫양 값과 같고 이것은 이스라엘의 남자, 여자, 어린이 한 명당 여러 마리의 숫양 값과 맞먹는다. 여기에 예루살렘의 솔로몬 궁중에서 소비되는 거세한 수소 3650마리, 소 7300마리, 양 3만 6500마리와 수 톤에 달하는 밀과 콩은 포함되지 않았다. 솔로몬의 막대한 현물 세금에 더하여 엄청난 부역이 부과되었다. 요새와 궁전들과 성전을 건축하기 위해 솔로몬은 3만 명의 건장한 남자와 젊은이들이 필요했고 한 번에 한 달씩 1만 명 정도의 인원(두 달은 고향에 돌아가 쉰다)을 동원하여 레바논에서 목재를 자르고 나르고 배에 싣는 일을 시켰다. 솔로몬은 8만 명의 석공과 7만 명의 운반자를 강제부역으로 징발했다. 이러한 노동력을 움직이는 책임자들만 3300명이나 되었다. 수만 명에 달하는 이 사람들은 국가 창고에서 식량을 주거나 자기 집에서 음식을 가져오도록 시켰다. 다른 작업은 페니키아 해변 도시 출신의 기술자들이 수행했는데, 이들에게는 임금과 식품을 지급해야 했다.

솔로몬의 건축 계획의 중심축은 예루살렘 궁전과 성전이었다. 다윗은 예루살렘에서 가장 좋은 집을 징발하여 고쳐 사용했지만 그를 계승한 솔로몬은 그것으로 충분치 않았다. 다윗의 가족 제의는 지금까지 알려진 바에 따르면 예루살렘의 장막에서 치러졌다. 그것이 아니라면 기존에 있던 작은 성전을 수리하지 않고 사용했을 것이다. 그것 역시 솔로몬에게는 충분하지 않았다. 솔로몬 즉위 사 년에 아도람은 국가가 시행하는 강제부역을 확대하여 솔로몬을 위한 새로운 궁전 건축과 야훼를 위한 웅장한 새 성전 건축(혹은 리모델링)을 실시했다. 솔로몬의 왕궁 건축에는 십삼 년, 야훼의 성전 건축에는 칠 년이 걸렸다. 둘 다 우아하게 다듬은 돌과 정교하게 깎은 백향목으로 벽과 장식물을 세우고, 상당량의 금, 은, 동을 사용했다. 성전은 다윗 성의 북쪽 끝에 세웠다. 도성은 삼면이 급경사인 계곡으로 에워싸인 암반 위에 자리 잡았다. 분지와 맞닿아 있는 북쪽은 취약했다. 전승이 사실이라면 다윗이나 혹은 솔로몬은 성전을 요새처럼 짓기 위해 분지에 거주하던 후르 사람의 타작마당을 몰수했다. 요새화된 성전을 지음으로써 도성의 방어 시설이 완성되었다. 타작마당이 없어진 것은 도성에 거주하는 주민의 식량 생산이 더 이상 이루어지지 않았음을 뜻한다. 도성은 왕의 대가족인 통치기구가 차지했다. 어떤 이는 예루살렘 행정 관료의 수효를 1600명 정도, 그리고 그들의 가족은 4000명에 이를 것으로 추산한다.

성전은 페니키아 기술자가 당시의 팔레스타인-시리아 패턴에 따라 도시의 신들을 위한 성전 양식으로 디자인했다. 그것은 솔로몬 이전에 수백 년 동안 북부 시리아에 세워진 메가론(화로가 있고 셋으로 칸막이된 건물 – 옮긴이), 즉 길쭉한 방을 지닌 스타일을 본뜬 것이다. 이 스타일의 건축물은 기원전 1000년대의 상당 기간 동안 이집트 밖 동지중해 연안 지역에서 유행하였다. 솔로몬의 야훼 제의에서 사용된 건축양식, 외형, 절차 그리고 이념은 북부 팔레스타인, 시리아 그리고 페니키아 해안 전역에 걸쳐 시행된 바알 혹은 그에 상응한 신들의 제의와 구분되지 않았다(솔로몬이 통치하던 시대 유다 최남단의 아랏처럼 유다와 이스라엘의 다른 지역에 세워진 성전들은 당시 산간지역에 세워진 일반 주거용 건축물 스타일에 좀 더 비슷하게 지어졌을 것이다). 입구 양측에 세워진 두 개의 석조 기둥은 왕조 계승의 안전성과 혜택을 표현했다. 지파 이스라엘에 속하는 유일한 물건은 이동식 전투용 대형상자였다. 그것은 지성소의 시리아식으로 디자인된 거대한, 날개 달린 두 수호천사(케루빔) 사이에 놓여 있었다. 그것은 이후로 사용된 적이 결코 없으며 보여진 적도 없는 것이었다. 이 야훼의 집은 왕과 고위 제사장들이 개인적으로 사용하였다. 이 건물을 완공하는 데 조력한 사람들을 제외한다면 대다수 이스라엘 백성은 이곳을 거의 보지도 못했고 그 안에 모신 야훼를 예배하는 일은 더욱 없었다.

다윗의 친구요 솔로몬을 왕좌에 앉힌 사독은 예루살렘에 국가 제사장 제도를 확립하였다. 성전은 다윗이 정복한 영토 일부를 녹봉지로 기부받았다. 이 땅들은 세습 토지로 되는 경향이 있었다. 군대가 확대되고 제국 소유의 영토가 줄어들자 국가는 제사장들에게 나누어주기 위해 산간지대에 사는 이스라엘 사람의 땅을 계속 빼앗았다. 무장들과 제사장 계층 모두 다윗의 군사력을 형성하고 있던 유다 출신과 외국인이 압도적으로 많았다. 성전에서 다윗이 기도를 드리는 예배는 전처럼 시행되었으나 이전보다 훨씬 개선된 환경에서 이루어졌다. 여기에는 특히 짐승을 대규모로 도살하여 고기를 불에 태우고 굽고 삶아 야훼를 달래고 제사장들에게 음식을 제공하는 일이 포함되었다. 궁전의 하루 소비량은 충분했고, 촌락에서 소비하는 고기 양을 훨씬 초과했다. 성전을 봉헌할 때 엄청난 규모의 잔치를 열었다. 이때 제사장들은 황소 2만 2000마리와 양 12만 마리를 잡았다고 한다. 새로운 성전이 건축되는 것은 모든 사람이 먹을 고기가 하루에 소비된다는 것을 의미했다. 황소를 촌락에서 사용할 수 없어서 겪을 곤란과 이듬해 농사를 위해 쟁기질을 할 황소를 찾는 비용이 얼마나 증가할지는 짐작조차 하기 어렵다. 세월이 흘러 사독은 같은 시대 사람인 다윗처럼 죽었다. 제사장 직분과 토지 보유권과 수입은 사독의 아들 아사리아가 물려받았다.

궁정의 다른 직책들도 왕이 수여한 재산과 함께 세습되었다. 사독의 또 다른 아들은 지방 행정관이 되었다. 다윗의 수석 서기관이었던 시사의 두 아들도 직책을 계승했다. 그 중 한 명은 가족 전통을 따라 이집트식 이름이었다. 다윗의 신관 나단은 솔로몬의 계승이 합법적이라는, 절대 필요한 선언을 하여 궁정 관료로서의 자리를 확고하게 잡았고 역시 아들들이 계승했다. 한 명은 지방행정관을 관장하는 장관이 되었는데 솔로몬 시대와 같은 행정부에서는 막중한 책임을 지닌 자리였다. 다른 아들은 제사장이면서 국가 안보 자문관이 되었다. 브나야는 늙은 나이에도 군대 사령관 직무를 수행했다. 그를 계승한 사람의 이름은 기록되지 않았다. 브나야보다 더 오랫동안 직무를 수행한 사람은 아도람이었다. 그는 다윗 시대부터 솔로몬의 아들 르호보암 시대까지 국가가 관장하는 강제부역의 책임자였다. 처음 등장한 아히살은 왕실 재산과 사업을 책임졌다. 어떤 의미에서 보면 솔로몬은 너무 전설적인 왕이었다. 솔로몬의 통치를 제대로 이해하려면 솔로몬이 아니라 원로 사인방 즉 사독, 브나야, 나단, 아도람과 같은 인물들을 생각하면 될 것이다. 그들이 솔로몬을 옹립했고 그 시대를 기록한 사람들이었다.

예루살렘에서는 솔로몬의 신하들이 매일 밀가루 30자루, 곡식 60자루, 살진 황소 10마리, 방목한 황소 20마리, 양 100마리, 각종 수사슴과 노루와 암사슴과 가금류, 그리고 상당량의 포도주와 기름을 소비했다. 이 메뉴는 과장된 듯 보일 수도 있지만 대체로 정확한 것 같다. 이 음식을 식탁에 올리는 임무는 나단의 아들 아사리아가 맡았다. 아사리아는 다윗이 유다에서 했던 것처럼 이집트 방식을 따라 지방 장관들을 조직하여 조세를 거두고 왕실 식량을 조달했다. 아사리아는 이스라엘을 열두 지역으로 나누고 각 지역에 장관을 파송하여 연중 한 달씩 교대로 예루살렘의 식량을 공급하게 하고 자기 지역에 주둔하는 전차용 말들을 계속 관리할 책무를 맡겼다. 유다에는 분명히 열세 번째 지역 장관이 있어서 다윗 시대와 같이 지역을 유지하였다. 종종 제안하듯이 이런 행정개편으로 이스라엘이 유다보다 더 과중한 조세를 부담하게 되었는지 여부는 불확실하지만 아마 그랬을 것이다.

아사리아는 이스라엘에 대한 다윗의 지파 정책을 버리고 대부분의 지방을 이스라엘 지파들의 전통적인 영토 구분과 일치하지 않도록 배정하여 지파를 국가 행정의 기반으로 삼지 않았다.[4] 이 지방 행정 구획화를 통해 아사리아와

---

4) 초기 이스라엘을 '지파사회'로 보는 견해에 관해, Niels Peter Lemche, *Early Israel:*

브나야는 다윗이 처리하지 못한 국가의 징집 제도를 수립했고 그것들을 통해 아도람은 중복적이지만 이와 병행하여 국가 노동 징발제를 시행했다. 솔로몬은 국가가 운영하는 전차부대와 용병부대를 유지하기 어려워짐에 따라 점차 지방 징집으로 방향을 돌렸다. 그래서 그의 죽음은 농민 스스로의 이익을 추구하는 세력이 등장하는 계기가 되었다. 지방 행정관들은 지방이나 지파 지도자들이 아니라 주로 왕실 친인척들로 임명되었다. 사독의 아들 아히마아스는 왕가의 사위로서 하솔과 그 주변 지역을 관할하였다. 이렇게 임명되어 그는 자기 가족이 사는 지역 밖에서 활동하게 되었다. 다윗의 안보 보좌관인 후새의 아들 바아나와 벧엘의 남서부 출신으로 솔로몬의 또 다른 사위가 된 인물은 북서쪽 가장 먼 지역을 관할했다. 솔로몬 시대에 지파들은 반영구적으로 폐지될 위기에 몰리게 되었다. 사인방 세력의 거친 합리화와 솔로몬의 권력은 시공간을 망라하여 촌락민의 문화를 침해했다.

솔로몬은 다윗과 솔로몬 시대에 그 중요성이 회복된 거대한 동부 지중해 무역 중심지 근처에 자리를 잡고 있었다. 중심지는 해변을 따라 북쪽으로 도르, 악고, 두로, 시돈, 비블로스 등과 더 북쪽의 항구들에 있었다. 도르와 악고는 솔로몬 시대에 시작되었을 것이다. 그리스 사람들은 이 사회를 페니키아라고 불렀다. 이스라엘 사람들은 이들을 가나안 사람(그들의 교역 기지를 일컬음) 혹은 시돈 사람(대부분의 시기에 두로의 그늘에 가려졌으나 기원전 10세기부터 8세기까지 페니키아 문화의 황금시대를 연 모도시(母都市)를 일컬음)이라고 불렀다.

솔로몬은 목재와 황금을 두로에서 수입하였다. 어느 보고서는 솔로몬이 궁전과 야훼 성전을 완성하는 데 황금 5톤이 사용되었는데, 그중 일부는 이집트에서 온 것이라고 기록했다. 그 대가로 솔로몬은 비가 오나 안 오나 매년 두로

Anthropological and Historical Studies on the Israelites Society before the Monarchy(Leiden: E. J. Brill, 1985), 67~69; Robert B. Coote, *Early Israel: A New Horizon*(Minneapolis: Fortress, 1990), 4장을 보라.

에 밀 10만 말과 100만 갤런(1갤런은 약 3.8리터 – 옮긴이)의 올리브기름을 보냈다. 이 엄청난 양의 식량은 봉헌 잔치와 십삼 년에 걸쳐 촌락민이 투입된 노동과 더불어 궁전과 성전 공사에 이스라엘과 유다 백성이 치른 비용이었다. 그래도 두로에게 진 빚을 전부 갚지 못했다. 솔로몬은 이에 더하여 갈릴리에 위치한 스무 개의 마을과 촌락을 히람 왕에게 양도했는데, 히람은 솔로몬의 후한 대가를 비아냥거리며 받았다. 촌락민들은 이름이 이스라엘에서 페니키아인으로 바뀌었지만 모든 것이 변함없었다. 그 당시의 촌락민 대부분에게는 세금 징수관 외에는 달라진 것이 거의 없었다. 세월이 지남에 따라 촌락민들의 생활 여건이 달라졌을 수도 있지만, 이름이 달라진 만큼 달라지지는 않았다.

원거리에서 오는 물자는 솔로몬의 영토를 통과했다. 서쪽과 남쪽에서는 선박을, 북쪽과 남쪽에서는 나귀와 낙타를 이용했다. 솔로몬과 히람의 동맹은 솔로몬이 지중해와 홍해 양쪽의 교역에 참여할 길을 열어 주었다. 페니키아 도시들은 기원전 11세기에 동부 지중해에서 교역을 재개했다. 기원전 9세기까지 서부 지중해에 페니키아 사람이 정착했다거나 식민지를 건설했다는 고고학적 증거는 없지만, 기원전 11세기에 제작된 페니키아 도기와 금속제품이 키프로스와 크레타뿐만 아니라 시칠리아와 사르데냐에서도 출토되었다. 두로와 예루살렘의 연합 깃발을 단 선박부대는 멀리 유럽, 아프리카, 소아시아의 항구까지 운항하였다. 전설이나 연대기는 솔로몬의 연소득을 황금 약 25톤 정도라고 전한다. 그의 궁전 벽에는 순금으로 된 200개의 큰 방패와 300개의 작은 방패가 진열되어 있었다. 선박들은 은, 상아와 상아 제품, 이국적 짐승, 보석과 값비싼 나무, 향, 향료와 세마포와 모직 의류들을 싣고 왔다. 네게브를 통과하는 교역은 그곳 정착민의 도움을 받았다. 그들이 솔로몬이 직접 지휘하는 수비대였는지 아니면 다윗 시대처럼 그와 연합한 유목민들이었는지는 증거가 불확실하다. 솔로몬 통치 후반에 홍해로 가는 네게브 길의 통제는 이집트와 에돔 왕들이 연합하여 네게브 밖에 있는 솔로몬의 군대를 괴롭혔기 때문에 초창기보다 더욱 어려워졌다. 솔로몬은 무기를 수입하고 수출했다. 그는 아나톨리아에서 말을 수입하고 이집트에서는 전차를 수입했다. 다시, 말은 배를 이용하여 이집트로 운송했고 전차는 시리아와 아나톨리아로 운송했다.

솔로몬은 팔레스타인 생산물도 수출하기 시작했으나 한 세기가 채 안된 후대의 이스라엘과 유다 왕들에 비해 조직적이지 못했다. 수많은 농가는 솔로몬의 통치력이 점차 약화됨에 따라 상품 대비 가격경쟁력이 좋은 생필품을 수출하는 대신 주권자를 바꾸었다. 솔로몬은 외교적 정략결혼으로 상대국과 동맹을 맺고 교역 상대국의 제의를 실시하여 교역 관계를 보호했다. 예루살렘 안과 도성 주변의 높은 언덕 위 그리고 이스라엘의 다른 주요 도시 부근에서는 외국 상인과 교역 집단이 임시거처를 짓거나 장막을 치고 자국의 제의를 거행했다. 왕실의 야훼 제의가 다른 나라의 수도에서 거행되는 것처럼 자기들과 교역하는 솔로몬 왕의 허락을 받은 일이었다. 이 외국인들은 이집트, 모압, 암몬, 에돔, 페니키아 도시, 시리아 도시, 하티, 키프로스, 남부 아라비아 그리고 아주 멀리 떨어진 지역에서도 왔다. 많은 외국인들이 솔로몬의 궁전과 성전에 깊은 인상을 받았다. 소수의 사람들만이 자신의 고국에 이미 잘 알려졌기 때문에 크게 놀라지 않았다.

궁중 문학

시바 여왕의 방문 전설(시바가 주요 강대국이 된 것은 후대이기 때문에 이것은 연대착오가 분명하다)에 따르면 외국인들은 솔로몬의 문학적 업적에 경의를 표했다. 궁전과 성전의 문서 작성실은 왕의 후원을 받고 행정문서, 외교문서와 서신, 연대기, 일람표, 목록, 신임 서기관 훈련뿐 아니라 궁정 예법과 신중하고 공평무사한 자세 등을 담은 지혜로운 말씀의 목록을 기록하고 개정하는 일로 바쁘게 움직였다. 이런 글의 내용은 백성 대다수가 경험한 왕의 통치 현실과 심각할 정도로 모순되었으나, 궁정에 머무는 관료들과 비슷한 부류의 외국인이 경험한 화려한 관례와는 잘 어울렸다.

더불어 솔로몬의 서기관들은 다윗이 통치하던 시대에 유래한 문헌들을 조금씩 개정하여 전수했다. 그들은 솔로몬의 출생과 계승에 관한 공식 문건과 함께 왕의 해명서를 엮어 지금의 사무엘상 15장부터 열왕기상 2장에 이르는 내용 전체를 완성하였다. 그들은 여기에 많은 기도문과 다양한 유형의 찬양시들을 추가하여 박해받는 의인에 관한 다윗의 기도문집을 수정했다. 이를테면 여기에 야훼를 군주적 제사장 제의의 창조자로 찬미하는 시편 8편, 원래 바알 신을 찬양하던 것을 신의 이름을 변경하여 야훼 제의로 받아들인 시편 29편, 그리고 전체 시편 모음집의 처음과 마지막에 추가한 새로운 기도문들이 포함되었다.

기도문들은 찬양대가 낭송했는데 솔로몬 시대에 추가한 본문으로 판단해보면 간청보다는 선언문에 가까웠다. 개막을 알리는 노래인 시편 2편은 경건한 어조로 솔로몬 제국의 변방에 있는 왕들에게 솔로몬의 발에 입 맞추라고(본문은 의심스럽지만 의미는 분명하다) 경고했다. 결론부의 노래인 시편 72편은 솔로몬의 정의를 틀에 박힌 어투로 찬양하고 나라의 번영(적어도 그의 풍성한 식탁이 증거하는)과 자기 제국에 봉신으로 남아 있는 왕들로부터 얻은 축복이 지속되기를 간구했다. 이 마지막 시편은 '솔로몬의 시'라고 하였지만 간행기록은 전체 문집이 왕조의 창건자인 다윗의 권위를 지닌다고 기록했다.[5] 이 모음집 밖에 있는 다른 시편들도 솔로몬 성전 예배의 일부였다. 여기에는 민족들에 대한 야훼의 왕권을 칭송하는 시편들, 법궤를 메고 다윗 왕가의 제의장소로 입장하는 시편(시 132편), 그리고 다른 시편들이 들어 있었다.

솔로몬의 서기관들은 유목민이 조상이라는 내용과 봉신들도 야훼의 축복을 받는다는 것을 강조한 다윗의 국가 역사인 J문서를 손대지 않고 보존했다. 여

---

5) 시 72편의 연대를 솔로몬의 시대로 보는 견해는 10절과 15절의 시바를 삽입으로 보거나 이 시 전체를 초창기 솔로몬 시대 저작에 근거한 후대의 작품으로 볼 필요가 있다.

로보암 1세의 서기관은 바로 이 마지막 문서를 놓고 개정하였다.

이스라엘의 바로

솔로몬의 궁전과 성전을 보거나 들은 팔레스타인 촌락민들은 상상을 초월한 규모의 건물 앞에 압도되었다. 솔로몬 치하에서 이스라엘 사회의 계층화는 심화되었다. 솔로몬의 평화 담론을 기록한 궁정사가들은 촌락민의 삶을 알지 못했다. 그들이 여기에 대하여 무지하다는 사실은 솔로몬의 통치를 전하는 후대의 궁정 역사가들의 글 속에 잘 반영되어 있다. 수많은 노동자들은 왕처럼 행복했다고 속 편하게 생각했다. "유다와 이스라엘의 인구가 바닷가의 모래같이 많게 되매 먹고 마시고 즐거워하였다"(왕상 4: 20). 모든 것이 솔로몬의 이름이 뜻하는 평화 속에 안정을 누렸다. "솔로몬이 사는 동안에 유다와 이스라엘이 각기 포도나무와 무화과나무 아래서 평안히 살았더라"(왕상 4: 25).

현실은 딴판이었다. 촌락민은 평균적으로 더 많이 일하고 더 적게 먹었다. 기억하던 과거와 달리 기초 생계도 유지하지 못했고 번번이 토지와 노동력을 담보로 빚을 얻어야 했다. 지파의 후원자들도 정권에 영향력을 갖지 못한 채 곤경에 처했고 도울 처지가 못 되었다. 솔로몬의 엘리트는 왕에게 받은 농촌 지역의 땅에 대한 부재지주로서 그들의 땅을 소작하는 지역의 촌락민들과 사회적 접촉이 거의 없었다.

집단경작권도 차츰 도시 주민들에게 넘어갔다. 경작자는 소작농이나 채무 노예로 전락했다. 사인방과 솔로몬의 정책은 팔레스타인 산간지대에 전형적인 군주사회 구조를 적용시켰고 그것은 이후의 성서 시대에 고착되었다. 이후로 사회적 변화란 소수의 부유층과 다수의 빈곤층 사이의 사회적 관계가 단절되어 생긴 극단적인 간격을 다양한 방식으로 조정하는 일이었다. 유다에 지파 질서가 남아 있다면 그것은 변두리 정착지인 광야에 사는 지주들이나 전사들이 영향을 미친 흔적들이었고 결국 그들이 다윗 왕가와의 유대관계에 얼마나 의존했는지를 보여주는 사례에 불과했다. 이스라엘의 지파 질서는 거의 봉건 질서로 바뀌었다. 봉건 질서 안에서 왕정사회는 나라의 많은 토지를 보유한 용사들 특히 산간지대에 거주하는 지주들과 벌이는 복잡한 정치 역학에 더욱 의존했다.

다윗의 궁정문학에는 이스라엘의 지파를 민족 개념의 은유로 보는 입장이 스며있다. 그것은 후대의 예루살렘 서기관들이 내용을 추가하거나 개정하는 기준이 되었다. 그래서 그 은유는 기원전 13세기부터 10세기 초반 사이에 이스라엘의 지파 네트워크가 와해된 이후에도 오랫동안 국가를 선전하는 일에 활용되었다. 이런 상황은 천 년 후에 다윗 왕조와 국가 그리고 성전이 멸망한 뒤에도 성전 문서를 보존하는 데 필수적으로 기여했다.

다윗의 국가는 이스라엘의 규범에서 출발하였다.[6] 그러나 솔로몬의 국가는 이 규범을 완전히 무너뜨렸다. 정치적이며 사회적 정체성을 지닌 이스라엘은 도시에 기반을 두고 전차부대로 거칠게 압박하면서 교역을 통해 군수물자, 사치품, 농산품과 권력을 과시하는 장식물을 얻는 데 몰두하는 제국주의적 왕들의 중앙 통치에 반대하였다. 솔로몬은 토박이 바로였다. 그가 이스라엘 사람이라는 것은 이름뿐이었다.

정치적 쇠퇴

솔로몬이 통치하던 시대에 이집트 군대가 팔레스타인에 다시 등장했다. 그들은 비옥한 팔레스타인 평지에 돌아와 200년 전에 그들의 봉신이었던 역사적 인물 모세에게 그랬던 것처럼 솔로몬과 조약을 맺으려고 했다. 바로는 예루살

---

[6] Coote, *Early Israel*, 7장을 보라.

렘 산지로 가는 관문이었던 게셀도 장악했다. 그는 솔로몬이 자기 딸과 결혼하여 동맹을 맺는 데 동의하자 결혼 선물로 게셀을 넘겨주었다. 이집트의 관점에서 볼 때 이 동맹은 솔로몬이나 그의 계승자를 압박하여 나일강의 막강한 왕권에 복종하는 봉신이 되게 하려는 계획의 서막에 불과했다.

변방 왕국의 솔로몬 봉신들도 아람과 이집트의 후원을 받아 그에게 도전하였다. 르홉-소바의 왕 하닷에셀을 섬기던 르손은 다윗으로부터 교훈을 받아 반란을 일으켰고 무법자들을 규합하여 다메섹을 점령하였다. 다메섹의 유력자들은 그를 왕으로 인정했다. 솔로몬이 다메섹에 주둔하던 다윗의 수비대와 맺은 동맹 역시 다른 많은 것들처럼 쇠퇴했다. 솔로몬은 르손을 전혀 통제하지 못했고 따라서 시리아로 가는 주요 도로 통제권도 상실하였다. 과거에 다윗과 요압이 에돔의 남자들을 살육했을 때 하닷이라는 이름의 왕자가 네게브와 시내 광야를 통해 이집트로 도피한 사례가 있었다. 바로는 그에게 도시에 머물도록 했고 가족과 경작지와 식량을 주었다. 그는 바로의 처제와 결혼하였고 그의 아들은 궁전에서 교육을 받고 성장하였다. 솔로몬이 통치할 때 하닷은 에돔으로 돌아가 자기네 땅에서 벌어진 다윗 왕가의 징벌에 맞서 폭동을 일으켰다. 남쪽으로 가는 길목은 이제 그의 돌연한 등장으로 위험해졌다.

솔로몬은 통치 말엽에 이르러 이스라엘 자체를 잃을 수도 있는 처지가 되었다. 민중의 불만을 이용하여 권력을 차지하려는 야심을 가진 이스라엘 관리 중 한 명이 다른 반란자들과 함께 이집트 왕에게 망명한 것이다.

6

여로보암의 혁명

　전에는 사울 가문의 왕국이었던 이스라엘의 중심지에 사는 수만 명의 백성들은 솔로몬의 통치를 싫어하였다. 세금은 지나치게 과중하였다. 많은 촌락민들은 자신들의 토지를 지키면서 채무를 갚으려고 안간힘을 썼으나 채무를 갚으려면 결국 토지를 포기할 수밖에 없었다. E에서 이스라엘을 대표하는 야곱은 임금 노동자이며 그의 임금은 변덕스럽게 그리고 자주 바뀌었다. 북방 지파인 잇사갈은 솔로몬의 신하가 아니라 하나님께 받은 정당한 임금이란 의미로 지어진 이름이다.[1] 채무자와 토지를 상실하여 굶주린 자들에게 주어진 유일한 대안은 자기 자식들이나 자신을 채무노예로 넘기는 일이었다. 솔로몬이 죽자 이스라엘의 촌락민은 자신의 삶과 운명의 결정권을 되찾기로 결심하였다. 촌락민의 보다 강력한 후원자들 ― 그들은 솔로몬이 선발한 관료, 심복, 용병들

---

1) 혁명 외에 이스라엘 농민이 할 수 있었던 대응과 유사한 현대의 사례(말레이시아 농민의 경우 ― 옮긴이)에 대하여 다룬 것으로서, James C. Scott, *Weapons of the Weak: Everyday Forms of Peasant Resistance*(New Haven: Yale University Press, 1985)를 보라.

의 그늘에 가려 힘이 약해졌다 – 은 정당한 명분을 위하여 촌락을 이끌 준비가 되어 있었다. 이집트는 이런 분위기에 자신들이 결정적으로 기여하기를 원하였다.

이스라엘과 유다의 차이점

솔로몬의 약탈적 통치에 직면하였던 중앙산지의 이스라엘은 지파와 유사한 정치형태와 가치를 보존하고 있었으나 유다의 경우는 그렇지 못하였다. 이스라엘과 유다의 차이점은 단순히 솔로몬이 유다 지파 출신이라는 점 때문에 생긴 것은 아니었다. 그것은 성서 시대 전체를 통틀어 중요한 결과를 초래한 이스라엘과 유다 사이의 차이점 중 하나였다. 유다는 서부의 가파른 언덕 지역과 동부와 남부의 사막지대로 에워싸인 분지였다. 다만 북부 지역만이 베냐민 산지와 연결되어 있을 뿐이었다. 예루살렘에서 통치하는 일은 아마르나 시대와 같이 자주 외국과 관련되었으나 안정적이었다. 다윗 왕가의 500년 통치(기원전 약 1000년부터 500년까지)는 에게해 출신 용병대를 이끈 한 유다인 용병대장이 세운 것이었는데, 그는 네게브 쿠데타의 수장이었다. 다윗이 베들레헴 출신이었다는 점은 그 지역이 왕정을 지지하도록 만들었지만 다윗을 실제로 지지하는 세력은 주로 그 지역 바깥에서 왔으며, 때로는 아주 먼 곳으로부터 왔다. 예루살렘의 중요도는 전형적으로 지역적 한계를 넘어서 확대되었다. 다윗과 그의 계승자들은 지역의 대지주나 유력 인사들의 비위를 맞추는 통치를 하지 않았다. 예루살렘에서는 유다의 관습법을 놔두고 원거리 동맹의 발전에 도움이 되는 왕실의 국가법을 선호했다. 솔로몬이 성소법을 무시한 사실은 유다 사회의 이중적 법률 체계로서 도시법과 지방법을 시행하게 될 전조였다.

이스라엘의 군주사회는 북부와 중앙 산지의 전통적 중심지인 세겜 혹은 그곳에서 몇 킬로미터 떨어지지 않은 장소를 도성으로 삼았다. 이스라엘은 유다보다 외부사회와 접촉하는 데 훨씬 더 유리했지만 도성의 중요성은 자신의 지역에만 국한되었다. 이런 상황은 다시 아마르나 시대에도 반영되어 있다. 도성 세겜에서 주도적으로 영향력을 행사한 가문들은 지역을 배경으로 삼고 있거나 지역의 주민들과 긴밀한 관계를 유지했다. 지역 주민과의 긴밀한 관계는 필수적이었고 통치도 지역의 유력 인사들이 지지해야만 가능했다. 가문들은 통치권을 놓고 예루살렘 지역보다 더욱 공격적으로 경쟁했고 이스라엘의 짧은 왕정역사에서 한 가문이 다른 가문에 의해 왕권을 전복당하는 일은 십여 차례나 벌어졌다. 관습법은 유다와 달리 이스라엘에서는 통상적으로 도시와 농촌에 동일하게 적용되었다. 이런 규범에서 벗어나는 일이 생기면 사회 전체가 적개심을 가졌다. 유다보다 이스라엘의 촌락민이 후원하는 용사들을 더 존중했다. 파벌 싸움은 보통 북부 지역 전체에 일어나는 반면 유다에서는 특정 지역에 국한되었고 그래서 도성에서 쉽게 처리할 수 있었다.[2)]

이러한 차이는 부분적으로 지형적 조건 때문이었다. 유다와 비교해 볼 때 이스라엘 지역은 영토가 넓고 강수량이 많았다. 그래서 농산물이 많이 생산되고 축산물은 적게 생산되었다. 인구가 더 많았지만 서로 다른 지역들끼리 정치적으로 더 분열되어 있었다. 자연적인 경계선이 적었고, 농업적으로 불모지인 땅에는 국경선이 사실상 없었다. 그리고 지역의 평야와 계곡에 더욱 열려 있었다. 북부가 농사를 짓기에 유리하기 때문에 지주들의 통제력이 컸고 군대와 같은 유목민은 (무시할 수는 없지만) 영향력이 적었다. 방어나 사회질서는 토지를 보유한 지역의 유력 인사들에게 의존했다. 이 유력 인사들은 통치자의 혼란스러운 정치에 직접적으로 후원하거나 반대하는 역할을 했다. 왕조는 수명이 길지 않았다. 유력인사들은 대부분의 통치 기간 동안 지역끼리 이루어지

---

2) 19세기에 벌어진 유사 사례를 위해, Miriam Hoexter, "The Role of the Qays and Yaman Factions in Local Political Divisions: Jabal Nablus Compared with the Judean Hills in the First Half of the Nineteenth Century," *Asian and African Studies* 9(1973): 249~311을 보라.

는 교역을 장악했다. 교역은 비용이 적게 드는 해상교역이 유리했다. 이스라엘의 교역 물품은 유다의 경우보다 무거운 품목이 많이 차지했고 고가의 저중량 사치품은 상대적으로 적었다. 농사는 보유 토지를 통합하여 확장하고 환금작물 재배를 통해 집약시킬 수 있었다. 그런 집약농업은 유다에서도 이루어졌지만 유다는 목축이 더 중요했다. 이스라엘은 주요 교역로가 지나가기 때문에 제국(帝國)들에게 전략적 요충지로 여겨졌다. 이러한 비교가 항상 옳은 것은 아니지만 통상 그러하였다.

 이스라엘의 통치자들은 지역 농민의 지지에 의존했고 지방 관습을 따라야 했다. 이런 환경이 북부의 유력 인사 다수뿐 아니라 지역의 거룩한 남녀들이나 성자들[일반적으로 현대의 연구서들은 '예언자(prophet)'라고 부르는데 이것은 히브리어 *나비(nabi)*를 그리스어로 번역한 단어이다; 아라비아어로 *셰이크(sheikh)*나 *웰리(weli)*]이 많이 등장할 여건을 제공했다. 이러한 비범한 인물들은 세력이 큰 가문들을 포함하여 가문 사이에서 권력의 중개인 기능을 했다. 그들은 비범함이 특별히 신적인 힘의 원천과 연결되어 나타나는 것이라고 주장했다. 이 힘은 여러 영역으로 나타났다. 여기에 지역 제의, 토지 보유권과 채무에 관한 법적 분규, 군사 작전, 질병 그리고 기아와 같은 일이 포함된다. 이 사람들은 남부보다는 북부의 여러 가지 영역의 정치역사에 등장한다. 솔로몬 때까지 모세는 북부에서 여러 세대에 걸쳐 존경을 받았다. 여호수아도 마찬가지였다. 남부에는 이들과 필적할 만한 인물이 없었다.(북부와 달리 11세기 이전에는 대부분의 남부 지역이 정착되지 않았던 것도 이유 중 하나였다.)[3]

---

3) Robert B. Coote and Mary P. Coote, *Power, Politics, and the Making of the Bible: An Introduction*(Minneapolis: Fortress, 1990), 15와 여러 곳(특히, '지역 성자' 항목); Robert B. Coote, *Early Israel: A New Horizon*(Minneapolis: Fortress, 1990), 26~27; Edward B. Reeves, *Hidden Government: Ritual, Clientalism, and Legitimation in Northern Egypt*(Salt Lake City: University of Utah Press, 1990); Scott D. Hill, "The Local Hero in Palestine in Comparative Perspective," in *Elijah and Elisha in Socioliterary Perspective*, ed. Robert B. Coote(Atlanta: Scholars Press, 1992)을 보라.

북부의 문화와 정치는 지파조직과 비슷한 형태로 남아 있었다. 하나의 계층이 된 유력인사들이 다윗 왕권에 저항할 만한 힘을 전부는 결코 아니지만 얼마간 갖고 있었기 때문이다. 솔로몬의 권력이 정점에 이르렀을 때 그들은 저항하지 못했지만 그런 상황이 오래 지속되지는 않았다. 르호보암이 유다에서 솔로몬의 왕좌를 계승했다. 그의 이스라엘 통치는 확고하지 않았다. 그는 이스라엘의 유력 인사들에게 승인을 얻어야 했다. 이를 위해 세겜으로 가야 했고 그곳에서 그들이 불평하는 소리를 들어야 했다. 이집트의 지원을 받는 이스라엘의 유력 인사들은 그를 버리고 여로보암을 왕으로 세웠다. 이렇게 해서 다윗 왕가의 통치는 유다로 축소되었는데, 이집트가 지원하던 요시야 왕이 다스린 시대를 제외하면 이보다 더 넓은 지역을 다스리지 못하게 된다.

여로보암 1세

이스라엘의 유력인사들과 촌락민 그리고 이집트 왕은 오랫동안 결속되어 있어서 다윗 왕가에 대항한 혁명을 일으키기에 충분했다. 그들은 한마음으로 야심 있는 여로보암 1세가 자신들의 대의를 성취해주기를 바랬다. 이 혁명에 이스라엘 주민이 상당한 역할을 했음을 강조하는 일이 중요하다. 그것은 그들이 실제로 가진 힘과 지파로 살았던 이스라엘의 과거에서 비롯된 공동의 정체성에 기반을 두고 있었다. 여기서는 비록 여로보암의 역할을 강조하고 있지만 그들의 역할은 결코 무시할 수 없다.[4]

---

4) 이 혁명의 역사를 위해, J. Maxwell Miller and John H. Hayes, *A History of Ancient Israel and Judah*(Philadelphia: Westminster, 1986), 218~49; J. Maxwell Miller, "Rehoboam's Cities of Defense and the Levitical City List," in *Archaeology and Biblical Interpretation: Essays in Memory of D. Glenn Rose*, ed. Leo G. Perdue, Lawrence E. Toombs, and Gary L. Johnson(Atlanta: John Knox, 1987), 273~86을 보라. 우리가 여로

여로보암은 자신의 고향인 에브라임에서 솔로몬이 임명한 강제부역 담당 관리였다. 부친은 어릴 때 죽었으므로 아버지가 없었고, 형제에 대해서는 언급이 없다. 다윗의 경우처럼 여로보암은 비교적 어린 나이 때문에 가족들의 지원이 아주 적었다. 그는 다윗이 사울 시대에 그랬던 것처럼 솔로몬 군대의 전사가 되었다. 그는 그 당시 입은 부상으로 팔이 마비된 것 같다. 솔로몬 시대에 에브라임과 므낫세를 포함한 자기 지역에서 강제부역 책임자로 있을 때 그에게는 충분한 힘이 주어져 솔로몬이 다루기 힘든 요셉 지역의 실세들과 충돌을 피하면서도 그것을 유지할 수 있게 했다. 여로보암의 도시 기반은 세겜이었지만 솔로몬의 사람이었던 그는 지역의 후원을 받지 않았다.[5] 여로보암은 솔로몬이 통치하던 기간 중에 왕실의 권력기반으로부터 등을 돌렸고 예루살렘의 폭군에 맞서 반란을 일으켰다. 그는 세겜이라는 도시와 산간지역의 영주들이 예루살렘의 권력을 무한정 좌시하지는 않으리라고 생각했을 것이다.

여로보암은 가족 정치를 통해 권력을 구축하지 않았다. 그의 가족 관계가 넓지 않았기 때문이다. 르호보암에 대한 그의 반역은 다윗이 사울에게 한 것과 같았다. 그는 불만을 품은 유력인사들과 그들과 연대하는 사람들의 지지를 얻으려고 노력했고 이스라엘 사람들이 다메섹과 이집트에게 사주받는 일을 내심 환영했다. 두 지역은 예루살렘과 두로의 연결고리에 맞서 북동부와 남서부를 연결하는 도로의 중심지였다. 여로보암이 훗날 국가 제의장소를 외곽지대에 설치하고 도성을 디르사로 옮긴 것은 그의 권력이 세겜의 한물 간 엘리트

보암 1세에 관해 알고 있는 정보의 출처는 정상적인 의미의 역사 접근 방식으로 볼 때 지극히 적으며 완전히 불충분하다. 여로보암은 존재했고 혁명은 있었다. 그 외의 것은 모두 대략 추정한 것이다. 역사문제는 증거의 특정 해석이 옳은지 여부보다는 증거를 설정하는 폭넓은 이해의 틀이 역사적 의미를 지니는가 하는 문제이다. 지파의 정체성에 관한 대중적 개념이 안고 있는 한계에 관하여 Coote, *Early Israel*, 75~83을 보라.

5) 이 시기의 세겜에 관하여 Robert G. Boling and Edward F. Campbell, Jr., "Jeroboam and Rehoboam at Shechem," in *Archaeology and Biblical Interpretation*, ed. Perdue, Toombs, and Johnson, 259~72를 보라.

에게 의존하지 않았음을 보여준다. 다윗 왕가의 위법자로서 그는 다윗이 블레셋으로 망명했듯이 이집트로 망명했다. 바로 세송크(기원전 935~914년)는 솔로몬에게 반역한 팔레스타인의 다른 왕실 인사들과 마찬가지로 그에게 솔로몬이 죽을 때까지 도피처를 제공해주었다. 여로보암은 에브라임 서부 산간지역 출신이었다. 그곳은 이집트와 이스라엘의 영토가 맞닿는 지역이었다. 만일 팔레스타인에서 일으킨 반란이 성공하면 그는 추종자들에게 이집트가 소유한 저지대 토지를 주고 이스라엘의 지주들에게는 산간지대를 맡길 심사였다. 그러나 북왕국의 변덕스런 상황은 여로보암이 누구와 동맹을 맺든지 상관없이 안정적이지 못했다. E는 여로보암이 이러한 약점 때문에 고민했음을 보여준다. 그는 어느 곳에서든 지지를 이끌어내려고 애썼지만 결국에는 불안정 상태를 극복하지 못했다.[6]

앞에서 언급했듯이 기원전 10세기의 이집트 세력은 신왕국 시대처럼 또 다시 팔레스타인에 손을 뻗치기 시작했다. 람세스 6세(기원전 1142~1135년) 이후 150년 동안 이집트의 바로들에 관한 소식은 거의 없었다. 그 동안에 블레셋 사람들은 남부 해안을 다스렸다. 그리고 바로들이 다시 등장했다. 다윗은 이집트를 자신의 통치에 궁극적인 위협세력으로 간주했다. 동시에 이집트의 영향력은 다윗과 솔로몬이 행정 기구를 이집트 방식으로 조직하도록 유도했다. 솔

---

[6] 여로보암에 대한 신명기역사의 묘사가 보여주는 전통적이고 정형화된 문구를 분석한 최근의 연구를 위해, C. D. Evans, "Naram-Sin and Jeroboam: The Archetypal *Unheilsherrscher* in Mesopotamian and Biblical Historiography," in *Scripture in Context: 2. More Essays on the Comparative Method*, ed. W. Hallo, J. Moyer, and L. Perdue(Bloomington: Indiana University Press, 1983), 97~125; John Holder, "The Presuppositions, Accusations, and Threats of 1 Kings 14: 1~18," *Journal of Biblical Literature* 107(1988): 27~38을 보라. 열왕기상이나 가상의 E에서 여로보암에 관해 전하는 내용은 왕권이나 그 합의에 대한 전통적 믿음과 비교할 것이 거의 없다. 그럼에도 불구하고 신명기역사가가 여로보암에 대하여 전하는 내용이 사실이 아니라고 의심할 이유는 없다. 열왕기상과 E가 중복해서 보여주는 여로보암의 모습은 그를 묘사하려고 선택한 전통적 문구가 그의 실제적 인물됨에 의해 영향을 받은 것임을 가리킨다.

로몬은 게셀을 바로에게서 선물로 받고 바로의 딸과 결혼했다. 이런 식으로 외국인과 결혼한 선례는 알려진 바가 없다. 그래서 어떤 역사가는 솔로몬이 바로의 딸이 아니라 귀족의 딸과 결혼한 것이라고 생각한다. 하지만 다른 학자들이 지적한 대로 다윗 왕가만큼 강력한 나라가 이집트 접경지대에 발흥한 적은 과거에 한 번도 없었다. 게셀, 벧호른, 바알랏의 요새들은 세송크와 맞서기 위해 세운 방어벽이었다. 세송크는 솔로몬 시대에 팔레스타인 침공을 위협하다가 르호보암 시대에 실제로 침략했다. 세송크는 에돔, 시리아 그리고 이스라엘 출신의 반란 주모자들에게 은신처를 제공해주었고 르호보암 통치 제5년에 팔레스타인 정벌에 나섰다.

혁명

여로보암은 유다를 제외하고 다윗 왕가가 다스렸던 나라의 나머지 영토를 떼어갔다. 여로보암의 혁명은 종종 말하듯 왕국의 분열이라기보다는 이스라엘의 탈퇴였다. 혁명이라고 부를 수도 있다. 그것은 다윗 왕가를 전복시켰을 뿐 아니라 다윗의 나라가 생기기 전에 존재했던 수장제(chiefdom)와 유사한 사회로 되돌아감으로써 이스라엘의 사회적 조건을 변형시켰다. 혁명은 촌락의 흉흉한 민심, 실세들의 불만, 이집트가 간섭하여 일어났다. 여로보암은 촌락민들, 지역 성자들(예언자들 – 옮긴이), 지역 지주들, 제사장 파벌, 그리고 이집트 등 다섯 가지 유형의 서로 다른 집단이 지지했다. 이스라엘의 실세들은 자기 측 사람들이 다윗 왕가에 반대하도록 만들었다. 따라서 르호보암의 요새들과 전차들은 이 반란 진압에 아무 쓸모가 없었다. 여로보암도 이스라엘에 있는 사울 가문의 잔존 세력과 솔로몬의 관리들을 끌어안거나 복종시켜야 했을 것이지만 이들은 지속적으로 골치를 썩이지는 않았다.

솔로몬이 죽자 예루살렘에서는 왕권투쟁이 일어났고 혁명은 더욱 손쉽게 이루어졌다. 역사사료들은 이 왕권투쟁에 대해 전혀 주목하지 않았다. 성서본문은 혁명이 일어난 때에 여로보암이 이집트에 있었는지 아니면 팔레스타인으로 귀국했는지에 대하여 불분명하게 남겨두고 있다. 그렇지만 보존된 연대기에 기재된 사건들은 개략적인 정확성을 지닌다. 여로보암은 솔로몬의 다른 정적들과 함께 바로의 보호를 받으며 이집트에 거주했다. 이집트에서 편안하게 살던 여로보암은 이스라엘 백성에게 국가부역 면제를 약속해주면서 고된 부역을 강요한 아도람과 르호보암을 비난했다. 일찍이 그는 강제부역 감독관 지위를 벗어던졌기 때문이다. 솔로몬을 계승한 르호보암은 세겜에 가서 이스라엘의 왕으로 인정받으려고 했다. 이스라엘 실세들의 모임은 백성을 위해 왕에게 국가부역의 부담을 줄여달라고 호소했다. "왕의 아버지가 시킨 고역을 가볍게 하소서"(왕상 12: 4). 르호보암이 외설적인 제스처를 취하면서 자신의 남근(phallus)이 아버지의 허리보다 굵다고 우쭐댄 모습은 생생한 기억으로 남았다. 멍에는 납을 넣어 더욱 무겁게 할 것이며 채찍은 철이 박힌 가죽채찍으로 바뀌게 될 것이라고 말했다.

이스라엘 사람들은 전쟁을 선포했다. 젊은 르호보암은 수십 년간 촌락민 노동자의 반란을 진정시킨 경험이 있는 늙은 아도람에게 질서 회복을 지시했다. 이스라엘 무리는 아도람이 고관으로서 오랫동안 권력을 남용한 행위에 대하여 집단으로 분노하여 그를 돌로 쳐 죽였다. 르호보암은 예루살렘으로 도망갔다. 전선은 베냐민의 지역을 따라 형성되었는데, 그것은 한 세대 동안 요동쳤다. 어느 전승에 따르면 여로보암은 여전히 이집트에 있었다. 그렇다면 그는 다윗처럼 알리바이도 있었고 행운도 따라준 셈이다. 그는 강제부역을 감독했던 과거의 상관 아도람이 죽을 때 다른 곳에 있었다.

역사자료들은 여로보암의 일차 후원자인 이집트와 이스라엘의 지주들에 관하여 거의 말하지 않는다. 여로보암이 수립한 사법 체제는 통치 수단 중 하나를 자기 영토의 유력한 실세인 지주들에게 돌려주었고 도시법과 촌락법을 하나로 만들었다. 그것이 세겜 지역의 규범이었다. 왕권찬탈에 관한 그의 선전

기록은 그를 백성이 지지했다고 강조했다. 이것은 성서본문이 촌락의 반란을 묘사한 몇 안 되는 경우이다. 물론 그런 반란은 다른 지역과 마찬가지로 성서시대 팔레스타인에서 흔한 일이었음이 분명하다. 백성은 여로보암을 크게 지지했을 것이다. 그는 촌락민 군대를 다시 일으켰고 그들의 법적 권리를 보호하는 조치를 취했다. 그래서 이들을 이용하여 다윗 왕가에 반대했을 뿐 아니라 그가 의지하는 유력 실세들의 힘을 제한하였다. 그럼에도 불구하고 여로보암은 J를 채택한 입장에서 분명히 알 수 있듯이 권력을 잡자마자 이집트의 후원을 단호하게 지역의 지지 세력으로 대체하였다.[7]

여로보암의 통치

아히야는 유서 깊지만 버림받은 실로 성소의 성자요 추방당한 제사장 아비아달의 제자였던 것 같다. 그는 하나님이 여로보암을 왕으로 임명했다고 전했다. 그러나 여로보암은 실로의 지파 성소를 복원시키지 않았다. E는 이곳을 언급조차 하지 않는다. 실로는 11세기 중반에 파괴된 이후에 작은 마을로 재정착되었으나 이전의 중요성을 회복하지는 못했다. (그럼에도 불구하고 왕실 연대기에 따르면 그 아히야가 여로보암 가문이 파멸할 것이라고 정죄했는데 이것은 여로보암이 실로를 등한시했기 때문에 나온 반응이었을 것이다.)

벧엘과 단은 전통적인 지파 성소였다. 하지만 실로보다 등급이 낮았다. 거기에는 상주하는 제사장 집안들이 있었다. 이들을 위해 벧엘과 단의 단절되었

---

7) 혁명 이후 여로보암과 이집트의 관계에 대한 직접적 증거가 되는 자료는 전혀 없다. 세송크는 오 년 뒤에 여로보암의 영토에 출정하였다. 그러나 이집트는 여로보암을 다소 우호적으로 묘사했고 교체하지도 않았다. E는 J의 반(反)이집트 입장을 상세히 설명하거나 수정하지 않는다. 여로보암의 이집트 정책에 대해서 섣불리 단정할 이유는 없다. 여로보암이 통치한 20년 동안 대(對)이집트 정책은 변화무쌍했을 것이다.

던 제의를 새로 갖추었다. 여로보암 제의는 다윗의 제의를 닮았다. 그래서 지역 성소는 지역 사법권을 지원하였다. 국경에 위치한 두 성소는 의무적으로 순례하는 국가 제의를 주도했다. 하나는 다메섹과 접경한 단이고, 다른 하나는 유다 및 예루살렘과 접경하는 벧엘이었다. 세겜과 디르사에는 도시형 제의 장소가 있었다. 그러나 여로보암의 주요 국가 제의는 도성의 왕실 제의와 분리되어 있었으며 왕실 제의보다 더 중요하게 여겨졌다. 여로보암 시대의 제사장 가문들이 어디의 누구와 연대하고 적대적이었는지에 관한 문제는 결론을 내릴 수 없다. 여로보암은 다윗 왕실의 레위 사람들이 정착할 권리를 존중해 주었으나 국가 제의를 섬기는 일에는 제외시켰다. 모세를 조상으로 삼고 있는 제사장 가문은 단에서 주도적이었다. 단은 모세가 역사적으로 활동한 지역과 가까웠다. 예루살렘 제사장 가문의 일파로서 이와 경쟁하는 아론계 제사장 가문은 벧엘에서 주도적이었다. 창시자의 이름을 놓고 보면 이 제사장 가문들 대부분은 이집트 혈통을 주장하였다. 이런 상황은 이집트가 일찍이 여로보암을 후원한 사실과 일맥상통한다. 아론이 황금송아지 숭배 제의를 세운 일을 비판하는 출애굽기 32장은 200년 후인 히스기야 시대에서 유래했거나 또는 르호보암 궁정에서 유래했을 것이다.

여로보암의 국가 제의는 사사기 17~18장에 묘사된 미가의 제의처럼 전통적인 성소들에 자신의 권위로 세운 가족 제의였다. 여로보암은 자신의 군사 조직을 반영하여 지파의 전쟁용사인 엘(El) 신 제의를 부흥시켰다. 야훼는 엘 신의 또 다른 이름이다. 엘 신은 황소 위에 걸터앉아 있는 보이지 않는 신이었다. 황소는 엘 신의 옛날 별명이었다. 이 황소 상들은 다윗 왕가의 성소에 세워져 있는 사자나 그룹 상과 대조적이었다. 사자는 전쟁 물자 생산을 상징하고 여로보암의 황소는 엘 신의 공평한 판결과 솔로몬의 엄청난 성전 도살로 빼앗긴 촌락의 농산물을 상징한다. 뿐만 아니라 엘 신의 황소들은 이집트의 강제부역으로부터의 구원을 나타냈다. 늦어도 다윗 시대에는 이것을 국가 중심지에서 축하하였는데, 분리한 국가 이스라엘의 존립 근거도 강제부역의 종살이로부터 구원받은 일에서 찾았기 때문이다. E에 나타나 있는 제의의 주요 의식 중 하나는 제단의 도유(塗油), 즉 똑바로 세운 돌기둥에 올리브기름을 바르는 일이었다. 이런 제단의 정확한 의미는 알려져 있지 않다.(상세한 논의는 11장을 보라.) 기름을 강조하는 것은 기름이 당시에 이스라엘의 주요 농산물임을 보여준다. 여로보암은 기름 생산을 위해 솔로몬이 시작한 대토지화나 상업적 목적으로 토지를 통합하는 추세를 중단시켰을 것이다. 그러나 50년이 지나 오므리 왕조가 등장했을 때 여로보암이 세운 국가는 이런 과정을 극대화시켰다. 마지막으로 여로보암은 제의 달력을 북부의 추수기에 맞춰 예루살렘보다 한 달 늦게 조정했다.

여로보암은 다윗 시대보다 더 많은 강제부역을 실시하지 않았다. 그는 다윗 왕가가 배척한 세겜과 요단 계곡의 브누엘에 건축 사업을 실시했다. 이 요새지들은 다윗 왕가가 장악하던 마하나임을 위태롭게 만들었고 여로보암이 추진한 북동부 지역과의 교역을 후원했다. 여로보암은 결국 마하나임을 빼앗았다. 다윗 가문의 중심축은 북서부와 남동부와 이집트였다. 이제 여로보암은 이집트와의 교역을 장악하였다. 그는 이스라엘의 무역 중심축을 북동부 다메섹으로 바꾸었다. 다메섹은 레반트(지중해 동부지역을 일컬음 – 옮긴이) 지역의 국가들이 서로 전쟁을 벌이는 동안 다윗과 솔로몬 시대에 강력한 나라로 발전했고 이후로 두 세대 동안 앗수르의 남진을 억제하였다. 여로보암 가문을 전복시킨 잇사갈 지파의 우두머리 바아사는 다메섹과 조약을 맺었다. 여로보암도 그랬을 것이다.

여로보암은 통치 후반에 디르사를 재건하고 거기로 도성을 옮겼다. 그곳은 세겜 북동쪽으로 수 킬로미터 정도 떨어져 있고 요단 계곡으로 곧장 다가갈 수 있는 곳이었다. 므깃도는 이집트가 장악하고 있어서 그가 접근할 수 없었을 것이다. 여로보암은 세겜의 주요 가문과 맺었을 유대 관계를 포기할 수 있을 정도로 그가 충분히 강하다고 느꼈을 때 디르사로 옮겼다. 다윗이 도성을 헤브론에서 예루살렘으로 옮긴 것과 크게 비교된다. 새로운 도성을 갖추고 군사

접경지대 두 곳에 국가 제의장소를 세운 여로보암은 실세들의 지지가 감소해도 혼자 설 수 있음을 보여주었다. 하지만 주요 후원세력은 이스라엘 국경 지대, 특히 이집트에 가까운 지역에 있는 가문들뿐이었다. E는 폭넓은 지지를 요청한다. 그것은 E가 여로보암이 통치하던 초기 즉 기원전 930~925년 사이 세겜에서 기록되었음을 보여준다.

여로보암 왕가는 여로보암의 사후에도 오랫동안 지속될 수 있을 정도로 충분히 지역의 지지를 얻거나 경쟁 관계에 있는 실세들을 통제하는 데 실패했다. 그의 아들 나답은 겨우 이 년을 다스린 뒤에 타도되었다.

J의 수용과 개작

여로보암 1세는 상당히 인기 있는 왕권 찬탈자였다. 그를 등장시킨 연합의 관계는 폭이 넓었으나 결속력은 튼튼하지 않았다. 그는 자신이 일으킨 혁명의 정당성을 드러내려는 노력의 일환으로 궁정 서기관들로 하여금 자기가 선호하는 문서를 작성하고 개작하도록 지시했다. 이 문서는 대부분 사라지고 더 이상 남아 있지 않다. 유일하게 남아 있는 문서가 바로 E이다. E는 J를 개정한 것이며 여로보암이 J를 수용할 때 작성되었다. 즉, 여로보암은 문자 그대로 J의 사본 — 아마도 다년 간 세겜이나 므깃도에 간직하였던 것 — 을 얻어서 적당한 구절들을 첨가한 뒤에 그것을 필사하라고 시켰다. 이스라엘의 역사에 자신의 도장을 찍은 것이다.

가족관계의 개정

여로보암이 J에 첨가한 내용은 왕이 된 자신, 자신의 가문 그리고 가문의 관할권을 정립해주는 제의를 다루었다. 내용은 모두 J처럼 권력을 확립하는 데 필수적인 것들이었다. E가 여러 곳에 산재한 다양한 이스라엘 주민의 성소 전통으로 이루어졌다는 생각은 의문의 여지가 없다. E는 이스라엘을 대표하는 야곱과 이스라엘 백성의 영웅인 모세 이야기를 거의 하지 않는다. E가 야곱에게 관심을 기울이는 것은 그가 벧엘과 길르앗 제의를 세운 사람이라는 것뿐이고, 모세는 호렙 제의를 세운 사람이라는 점뿐이다. 거꾸로 E는 이스라엘과 대조적으로 유다 및 다윗 가문과 가장 밀접하게 연관을 지니고 있는 족장 아브람 이야기에는 중요한 내용을 첨가한다. 그러나 E는 아브람이 이스라엘과 관련되는 몇 단락에 대하여 전혀 관심이 없다. 그가 아브람에게 관심을 갖는 것은 오직 J의 아브람이 세겜과 벧엘 제의를 세웠기 때문이다. 그래서 아브람에 관한 E의 결론부는 이삭을 희생 제물로 바칠 뻔한 이야기이며 그 사건은 분명히 세겜에서 벌어진 것이다.

E의 거의 모든 장면은 처음부터 끝까지 궁전이나 법정에서 벌어진다. 여기에는 재판중심지인 제의 거행 성소와 장차 성소가 될 장소가 포함되어 있다. 이 장면들은 통치자나 행정관의 관점으로 묘사된다. 법정은 때로 비공식적으로 열린다. 하지만 E의 초점은 E의 최종 단락에서 상세히 기술하게 될 엘리트의 사법권에 머물러 있다. 이 장면 중 몇 곳은 J와 비슷한 단락에 나타난다. 하지만 E는 J와 다르게 사실상 그런 장면에만 국한하여 나타난다. 물론 사회의 모든 집단이 법에 관심을 가지고 있었다. 하지만 E의 주요한 기여는 통치자가 자신이 세운 법과 사법권을 인준하고 확증하며 규범으로 삼을 책임과 특권이 있으며 그 책임을 수행해야 한다는 점을 강조한다는 것이다. 여로보암의 서기관 집단은 농경사회의 관료로서 새로운 백성들이 간직했던 이야기 전승들을 베껴 어느 정도 동질성을 지닌 문화로 만들려는 일에는 관심이 없었다. 그렇게 생긴 문화는 없다. 실제로 여로보암의 서기관들이 그런 것을 만들기 원했더라도 공표할 길이 없었을 것이며 이스라엘에서 수많은 가문, 친족, 마을, 파벌과 지역을 분리시켜온 무수한 문화적, 정치적 장벽을 무너뜨릴 만한 힘도 없

었을 것이다.

E의 목적은 통치자와 백성의 사상적 간격을 좁히려는 데 있지 않다. 문화적 동질감보다는 사상적 차이를 넓히면서 새로운 통치자와 측근의 특권을 진작시키는 데 있었다. E는 민족 전승을 공유하기보다 통치 가문과 교감하여 통치자의 이미지를 견고하게 하려고 했다. E는 세겜에서 팔레스타인의 촌락민에게 보내는 자유방송(미국의 국영방송 – 옮긴이) 대본이 아니었다. 그것은 여로보암과 그의 궁정의 만족을 위해 자신들을 지탱하고 세우려는 거울이었다. 물론 거기에는 촌민의 후원자들을 포함하고 있었다. 왕은 이 거울을 들여다볼 때 자기 외에는 아무도 보지 못했다. E는 J처럼 간접적이지만 주로 E를 후원하는 군주의 생애와 관심사가 나타나 있다.

아이러니하게도 혁명이란 사건 자체는 대본으로 삼은 J에 이미 나타나 있었다. 다윗 왕가의 속박으로부터 이스라엘을 다시 일으킨 일을 설명하기 위해서 J의 내용을 바꿀 것이 거의 없었다는 뜻이다.[1]

J에 근거한 역사

J는 무엇이었는가? 다윗은 예루살렘 통치를 확립한 직후에 이스라엘 역사를 기록하도록 지시했다. 기록 목적은 다윗의 왕권 장악에 기여하고 헤브론 궁전에서 자주 모인 당시의 네게브와 시내 요충지에 사는 지파들의 족장들에게서 지속적인 충성을 이끌어내기 위함이었다. 그들은 이집트와의 국경선을 방어하는 데 필수적인 존재들이었다. 이 역사는 그들이 바로 다윗이 세운 나라의

---

1) 많은 학자들이 이런 표현('다윗 왕가의 속박으로부터 이스라엘을 해방시킨 일')을 사용한다. 이를테면 Baruch Halpern, "Levite Participation in the Reform Cult of Jeroboam," *Journal of Biblical Literature* 95(1976): 31을 보라.

조상들과 같은 존재라고 여기도록 만들려는 의도였다. 초기 이스라엘이 강력한 지파의 우두머리들에 의해 통치되었다는 의미에서 그들은 그렇게 생각했다. 이스라엘의 역사보다는 다윗의 역사를 좀 더 많이 반영하고 있는 J에 따르면, 지파 이스라엘의 명칭의 시조가 된 족장들은 네게브 지역의 유목민 족장들이었고 산지의 촌락민이 아니었다. 이스라엘은 블레셋과 평화롭게 지냈다. 유다와 시므온처럼 예전에 이스라엘과 느슨한 관계를 가진 지파들은 통합되었다. 실제로 남부 지파들은 형제 중 가장 연장자 서열에 속했다. 지파들은 더러 싸우기도 했지만 아브람이 제시한 법적 사례에 따라 차이점들을 조율할 수 있었다. 지파와 반대되는 성격의 성전 제의는 단죄했다. 국가는 들판의 돌로 쌓은 제단 위에서 드리는 소박한 제사만 인정해주었다. 합의가 가장 어려웠던 것은 유다와 이스라엘의 산간지역 중심부 즉 요셉 사이에 이루어졌을 것이다. 그들의 갈등은 다윗의 조상인 유다를 통해 해소되었다.

나라를 만드는 데 일차적으로 중요한 사건은 산간지대의 촌락민보다는 네게브 유목민에게 더욱 심각한 피해를 준 델타 지역의 이집트 강제부역으로부터 탈출한 일이었다. 존경하는 모세의 왕적 통치에 맞서서 일어난 불평과 반역은 무수히 많았으나 모두 불법으로 간주되었다. 악한 제국의 덫에서 구원받은 이 사람들은 모세든 다윗이든 절대적으로 존경하고 복종해야 했다. 어떤 신하가 그런 통치를 거부한다거나 봉신왕(vassal king)들이 인정하고 성스럽게 합법화하여 이룩할 축복을 뒤집으려고 시도한다면 그것은 어떤 행위든 다른 누구보다도 다윗 국가의 신, J가 다윗 '민족'의 신이라고 묘사한 창조의 신 야훼를 격노하게 만든다. 역사가들이 J라고 부르는 이 문서는 다윗의 아들 솔로몬이 간직했고 구약성서의 처음 네 권의 기초가 되었다.[2]

여로보암은 기존 국가 대부분 지역의 왕이 되었고 그래서 솔로몬이 그랬던

---

[2] 상세한 논의를 위해 로버트 쿠트·데이빗 오르드, 『성서의 처음 역사』, 우택주·임상국 옮김(파주: 한울엠플러스, 2017)을 보라.

것처럼 국가에 이미 존재한 역사를 수용했다. 그의 궁정과 국가 제의에 속한 관리들은 다윗 왕가가 기록한 이스라엘 나라의 제의 역사에 아무런 문제점도 느끼지 않았다. 그들은 그것을 왕과 그를 방문한 귀족들에게 읽어주었고 다윗 왕가에 대한 귀족들의 적개심에 공감하고 있음을 보여주었다. 바로와 솔로몬을 비교하는 모습은 두드러진다. 이스라엘 국가의 서기관들도 마찬가지로 이스라엘 지파의 '공식' 역사를 기꺼이 후원했다. 모세가 북부의 영웅이긴 하지만 여로보암의 서기관들은 그의 이야기에 덧붙일 것이 거의 없었다. 그들은 요셉에게 관심을 기울였다. 요셉은 세겜과 이스라엘의 심장부를 대표하였다. 요셉 이야기에 추가된 내용은 J의 유다와 요셉의 역사를 주로 요셉의 역사로 바꾸어 놓았다.

   기존의 역사는 두 가지 방식으로 다루어졌다. 첫째, J 자체를 다윗 왕가의 위선과 불의를 입증해주는 문서로 읽었다. E는 다윗 왕가에 맞서기 위해 다윗 왕가 자신의 말을 기꺼이 활용했다. 그리고 J에 여로보암 왕가의 견해와 제의 그리고 사법권을 반영하는 내용을 덧붙였다. J는 이런 식으로 수용, 개정되었고 세겜과 벧엘에서 읽혔다. 동시에 그것은 예루살렘 궁정에서도 계속 읽혀졌다. 대조적인 관심사는 J와 E 사이에 있지 않고, J의 J와 E의 J, 즉 J와 JE 사이에 있다.

J를 제자리로 돌려놓다

   J에서 다윗왕가는 여로보암의 손에 절호의 선전 무기를 쥐어주었다. 솔로몬이 J에 묘사된 다윗의 선정(善政) 주장을 완전히 위반하였기 때문에 J를 손에 넣어 읽을 수 있는 사람이라면 솔로몬이 다윗 왕이 대변한다고 자처한 모든 것을 파괴한 것으로 보이는데 어째서 다윗이 기록한 이스라엘 역사는 파괴하지 않았는지 의아하게 생각했을 수도 있다. 솔로몬은 강제부역으로부터의 해방이

라고 하는 J의 핵심 내용을 뒤집어버리는 정치를 폈다. 이제 여로보암은 이스라엘을 솔로몬 시대의 강제부역에서 해방시켰다고 주장했다. 바로 이 점을 여로보암은 대대적으로 선전하였다. 사실 그는 강제부역 제도를 폐지하지 않았다. 그것은 그가 과거에 부역 감독관을 역임했던 터라 충분히 예상할 수 있는 일이었다. 그가 J를 개정하여 이해시키려 했던 사람들은 강제부역의 혜택을 입은 사람들이었다. 강제부역으로 고통을 받은 사람들은 그들의 신하, 측근, 농노와 가족들이었다. 게다가 J는 다른 형태의 노동 착취에 대해서 한마디도 하지 않는다. 그래서 E는 채무 제한을 국가 정책으로 확정함으로써 J에 이러한 내용이 누락되었다는 점을 부각시켰다. E는 칠 년 후에 채무 노예를 풀어주라는 내용을 기록하였다.

솔로몬의 행정은 J의 이스라엘 열두 지파 개념 속에 들어 있는 이스라엘 지도자들의 전통적인 정치적 신분을 유린하고 말살하려고 했다. 이와 달리 여로보암은 지파의 정체성을 이론적으로 회복시켰다. 하지만 그는 지파를 강조하지는 않았다. 대신에 소속 지파와 상관없이 지역의 실세들에게 징세권과 사법권을 부여하였다. E에 언급된 성소들은 지파의 영토에 기초한 것이 아니며 행정관의 숫자와 조직 역시 지파에 뿌리내리고 있지 않았다. 하지만 J는 최소한 통치와 사법권을 지방에 분산시켰다. 다윗이 물려준 이것을 솔로몬은 무시했다. E가 이스라엘의 제의 장소가 다수임을 강조한 것은 성전이 J가 허용한 지방분권 정책으로부터의 중대한 이탈임을 분명히 보여주는 것이었다.

J는 유다의 중재를 통해 이스라엘 지파들이 요셉과 화해하는 내용을 서술한다. 하지만 솔로몬이란 인물로 나타난 유다는 나머지 이스라엘을 혹독하게 다루었다. 요셉 역할을 하는 여로보암은 유다를 제외한 모든 이스라엘과 새롭게 화해하려고 준비했다. 지금 유다는 J가 간직한 회유의 특징을 명백히 무시했으므로 이제 고려할 가치도 없었다.

솔로몬은 자신이 이집트와 이례적인 혼인동맹을 맺고 있었음에도 불구하고 북부와 이집트가 맺은 특별한 관계를 배척했다. 여로보암은 에브라임과 므낫세의 어머니가 이집트 사람이라는 사실을 암시하면서 이집트와 요셉이 맺은 '생산적인' 관계를 재차 긍정했다. 실제로 한 그리스어 번역본에 나타난 전승에 따르면 여로보암의 부인은 요셉의 부인처럼 이집트 사람이었다. J에서 이스라엘의 지도자는 여로보암처럼 이집트에서 나왔다. E의 모세처럼 여로보암은 바로의 은혜를 입으면서 바로의 궁전에서 살았다. 여로보암은 요셉과 모세 두 사람을 환생시켜 위대한 행정가와 율법 수여자에 관한 내러티브 유산을 만들었고 그들을 솔로몬이나 르호보암보다 더욱 강조했다. 동시에 솔로몬이 우롱한 J의 가장 기본적인 주장에 나타나듯이 이스라엘을 강제부역에서 해방되지 못하게 막는 이집트 사람은 원수였다. J에서 모세는 이집트 공사 감독관을 죽였다. 강제부역이 몰고 온 고통에 대한 복수였다. 아도람을 돌로 쳐 죽인 사건도 본질적으로 똑같은 상황에서 발생한 것이라고 전파했다. J의 모세는 강제부역에 끌려온 집단의 우두머리였고 자기 백성을 이끌어 국가의 압제에 맞서 일으킨 반란을 성공시킨 사람이었다. 요셉과 모세, 두 사람과 공통점이 많은 여로보암이 직접 J를 기록한다고 하더라도 이보다 잘 표현하지는 못했을 것이다.

    J의 하나님은 가공하지 않은 자연석으로 쌓은 제단보다 더 큰 규모의 제의 구조물을 반대했다. 솔로몬은 거대한 궁전과 성전을 세웠다. 여로보암의 제의 구조물의 성격은 확실치 않지만 솔로몬의 것보다 훨씬 소박했을 것이고 솔로몬 재임 시대의 다윗 왕조보다 J의 의도에 더욱 근접했을 것이다. 국가 제의의 신으로서 J의 야훼는 지파시대의 엘 신이었으며 다윗의 나라와 동화되어 있는 신이었다. 솔로몬 시대의 야훼는 바알과 전혀 구분되지 않는 신이었다. 여로보암의 서기관들은 내용을 추가할 때 엘 신의 특성을 회복시켜 야훼라는 신명 대신에 경의를 표하는 의미의 *엘로힘*(*elohim*)을 사용하였다. 이것은 또 다시 궁정을 선전하는 일이었다. 이스라엘 사람들의 용어집(이름짓는 관습)에서 야훼와 엘 신을 구별했는지는 확증되지 않는다.

    여로보암은 J를 수용함으로써 다윗 왕가를 끌어들여 자기 목적을 달성하는 책략을 썼다. 솔로몬의 정책들은 상당부분 J와 정면으로 충돌했다. 여로보암은 다윗 왕가를 그대로 방치하지 않았다. 그는 자신의 서기관들을 동원하여 J를 제자리로 되돌려놓았다. 그리고 멋지게 주름을 잡아 새로운 모습으로 단장했다. 그것을 성서역사가들은 E라고 부른다.

위험에 빠진 아들들

농경사회였던 이스라엘에서 가족(household)이란 어느 가문(family)과 그들이 소유한 자원 그 이상이었다. 그것은 힘의 일차적 원천이었다. "가족은 실력자가 권위를 행사하는 사회 구조이다. 그는 가족이라는 매개체를 통해 상속받은 지위를 유지했다. 전쟁이 터지거나 민간사회가 혼란스러울 때 그는 가족이라는 도구로 자신을 지키거나 적개심을 표출하였다. 한마디로 그것은 정치적으로, 사회적으로 가장 중요한 제도였다."[1]

통치 계승자들

혁명을 일으키고 E를 작성한 사람은 일찍이 아버지를 여의고 과부가 된 어

---

1) Kate Mertes, *The English Noble Household, 1250~1600*(Oxford: Basil Blackwell, 1988)에 대한 서평, Nigel Saul, *Times*(London) *Literary Supplement*, 2~8 Sept. 1988, 969.

머니를 모시고 살던 사람이었다(왕상 11: 26). 이 연대기에 따르면 팔레스타인에서 살던 여로보암 1세의 맏아들은 죽을병에 걸렸다(왕상 14장). 게다가 여로보암은 관례에 따라 이집트 궁정에 적어도 한 명 내지는 여러 명의 왕자를 볼모로 잡혀두어야 했을 것이다.[2] 여로보암이 이집트에 계속 충성했는지는 알려져 있지 않다. 볼모로 잡힌 왕자 혹은 왕자들은 늘 위험한 처지에 있었고 최악의 경우에는 처형당할 수도 있었다. 사소하지만 일관된 이런 증거를 두고 판단해 본다면 여로보암은 가문의 후원이 미약하였다. 아버지를 잃은 데다 생사가 의심스러운 자식들 때문에 상황은 더욱 악화되었으며 조상들과 아들들에 대한 불안한 마음으로 인생을 소진하며 살았던 사람이다. 그러한 불안은 그와 같은 연령대의 남성에게는 흔한 일이었다. 그러나 그의 경우에는 상황이 복잡했다.[3] 이러한 이유로 E는 아비멜렉의 아들들에게 벌어진 위험으로부터 시작해서 모세라고 부르는 아들에게 벌어진 위험까지 차례대로 사건을 묘사한다. 아들들과 그들을 통해 아버지와 어머니는 심각한 위기에 빠지며 아주 간발의 차이로 겨우 살아남는다.[4]

E는 재산을 물려줄 때 모친의 지위에도 관심을 기울인다. J는 이따금씩 다윗이 지파의 권력구조 속에서 자신과 결혼 관계를 맺은 강력한 가문들에게 양보하는 모습을 반영하여 분명히 모계 계승을 인정했다. J의 이러한 원리는 여로보암이 아마도 이집트 여인과 결혼함으로써 어머니의 형제들인 외삼촌들과 심

---

[2] Othmar Keel, "Kanaanäische Sühneriten auf ägyptischen Tempelreliefs," *Vetus Testamentum* 25(1975): 413~69 참조.

[3] 왕상 14: 10~11; 15: 29에 여로보암 가문에 다른 아들들이 있을 것이라는 암시는 여로보암의 치적을 평가한 후대의 본문이다. John Holder, "The Presuppositions, Accusations, and Threats of 1 Kings 14: 1~18," *Journal of Biblical Literature* 107(1988): 27~38 참조.

[4] 일부 역사가들은 '낯선 불'을 드렸다는 이유로 야훼가 죽인 아론의 두 아들 나답과 아비후(레 10: 1~2)의 이름이 여로보암의 두 아들인 나답과 아비야와 비슷하다고 지적한다. 출 32장의 황금송아지 이야기는 아론이 벧엘 제의와 모종의 연관이 있음을 가리킨다. 하지만 이름들이 지닌 이런 유사성은 공통된 유형을 간직할 수 있기 때문에 우연의 일치로 보인다.

지어 이집트의 통치 계층과 유지해 온 관계를 볼 때 상속의 통로인 여로보암의 지위를 위태롭게 만든다. 그러므로 E는 J의 모계 계승 이야기를 부친의 특권을 강조하는 이야기로 중화시키려고 애써 노력한다.[5] 적어도 이 일에는 왕조의 부계 계승 문제가 걸려 있었다. 거기에 솔로몬이 야기한 혼선을 바로잡고 전통적인 상속 패턴을 회복하는 작업을 추가하였다. 왕 자신은 신성함이 구현된 존재였기 때문에 그는 자신의 왕위 상속을 거룩하게 위임받은 것으로 여겼다.

왕이 자신의 통치를 '사유재산'으로 삼는 능력은 부분적으로 자신의 왕권을 계승할 상속자를 세우는 능력에 달려 있었다. 왕권은 다른 재산처럼 상속될 수 있었다. 경쟁자를 배제하고 가족 안에서 이 사유재산을 지키는 길 중 하나는 상속받을 분명한 가족 구성원을 확보하는 것이었다. 또 그러한 계승을 왕이 섬기는 신이 보호하고 감독한다는 것을 보여주어야 했다. 왕이 아들들에게 관심을 기울이는 것은 해당 사회 구성원 모두의 관심사 중 가장 눈에 잘 띄는 예였다. 가족마다 이런 위기를 겪었다. 이런 생각 속에 통치자의 아들들은 가족의 복지라는 복합적인 네트워크 안에서 최상의 공공복지를 대표하였다.

고대의 사례

왕위 계승자에 대한 관심은 고대의 문헌 여러 곳에 나타나 있다. 국가 제의의 기초를 묘사하는 이야기들 안에서 왕이 될 사람은 전형적으로 무질서한 세력들을 토벌하고 왕궁을 건축하며 왕위 계승자의 아버지가 된다. 하지만 이러한 주제는 이보다 훨씬 광범위하게 퍼져 있다. 시리아 해안지역에 위치한 우가릿 왕실 창고에 보관된 세 개의 긴 내러티브 문헌 가운데 두 개가 이 주제로

---

5)   Nancy Jay, "Sacrifice, Descent and the Patriarchs," *Vetus Testamentum* 38(1988): 52~70.

시작한다.6) 이 세 문헌은 E보다 약 300년 앞서 기록된 것이다. 왕자 아카트의 이름을 따서 부르는 본문을 보면 "엘 신이 판결하다"는 뜻을 지닌 전설의 왕 단-엘(혹은 다넬)은 아들이 없었다. 다넬은 엘 신의 성소로 가서 칠 일 동안 잠을 자는 수면의식을 거행한다. 목적은 엘 신이 주는 꿈을 꾸기 위함이다. 엘 신은 '치유자'라고 불리었다. 왜냐하면 아들이 없는 것은 생식능력이 없거나 질병에 걸린 것으로 생각했기 때문이다(이 점은 "하나님이 아비멜렉과 왕비와 종들을 '치료하자' 그들은 아들들을 낳았다"고 기록하는 E에서 이미 접해본 개념이다). 우가릿 본문의 내용은 다음과 같다.

> 그때 다넬, 치유자의 사람이요
>   영웅이며 하르남 신의 사람인 그는
> 신들이 먹을 제물을 공양하였고
>   거룩한 자들이 마실 것을 봉헌하였다.
> 그리고 그는 매트에 올라가 몸을 눕혔고
>   그 침상 위에서 밤을 지샜다.
> 하루가 지나고 둘째 날에
> 다넬은 신들에게 제물을 드리되
>   신들이 먹을 음식과
>   거룩한 자들이 마실 것을 드렸다.
> 셋째 날이 지나고 넷째 날에
> 다넬은 신들에게 예물을 드리되
>   신들이 먹을 음식과
>   거룩한 자들이 마실 것을 드렸다.

---

6) 아래의 번역은 Michael David Coogan, *Stories from Ancient Canaan*(Philadelphia: Westminster, 1978), 32~35, 58~59를 약간 다듬은 것이다.

다섯째 날이 지나고 여섯째 날에

다넬은 신들에게 예물을 드리되

  신들이 먹을 음식과

  거룩한 자들이 마실 것을 드렸다.

다넬은 매트에 올라갔다

  그는 자기 매트에 올라가 누웠고

  침상 위에서 그 밤을 지냈다.

마침내 왕들의 후원자인 바알 신은 조상들의 후원자인 엘 신에게 중보기도를 드린다.

일곱째 날에

바알은 신들의 회의에 나아가 탄원을 했다.

"치유자의 사람 다넬은 불행합니다.

  영웅이며 하르만 신의 사람인 그가 탄식합니다.

그는 아들이 없는데 그의 형제들에게는 있습니다.

그의 사촌들처럼 그는 후계자가 없습니다.

그럼에도 그는 신들이 먹을 제물과

  거룩한 자들이 마실 제물을 봉헌하였습니다.

그러므로 나의 아버지 황소 엘이시여, 그를 축복해주셔야 하지 않겠습니까?

  만물의 창조자이시여 그에게 당신의 은혜를 베푸셔야 하지 않겠습니까?

그가 집 안에 자식을

  그의 궁전 안에 후손을 갖게 해 주십시오."

엘 신은 다넬의 요청을 수락하고 다넬의 아내가 아들을 가지라는 명령을 내린다.

그녀는 임신할 것이고 아이를 출산할 것이다.
　　그녀는 잉태할 것이다.
그리고 그의 집에 아들이
　　그의 궁전 안에 후계자가 생길 것이다.

다넬은 기쁜 마음으로 잠에서 깼다.

다넬의 얼굴은 기뻤으며
　　그의 이마는 빛났다.
그는 입을 벌려 웃었다.
　　발을 의자 위에 얹고
목소리를 높여 외쳤다.
"이제 나는 뒤로 물러나서 편히 쉴 수 있게 되었다.
　　내 속의 마음이 평안해졌다.
이는 내 형제들처럼 아들이
　　내 사촌들처럼 후계자가 내게서 태어날 것이기 때문이다."

다넬은 자기 아내가 임신하자 왕의 직무로 복귀한다. 아들을 낳고 그래서 정의를 회복한다는 이어지는 이야기는 E의 전체적 순서와 동일하다.

다넬은 일어나 문 입구에
　　타작마당의 곳간 옆에 앉았다.
그는 과부의 송사를 판결했고
　　고아의 청문회를 주관했다.

또 다른 우가릿 내러티브도 이 주제로 시작한다. 키르타 왕은 아들도 아내도 없다. 다넬처럼 그는 해법을 찾기 위해 수면의식을 거행한다. 여로보암과 비교해보면 놀라울 정도로 유사해서 여로보암에 관한 우리의 지식이 사실적이지 않고 전통적으로 전해오는 이야기에 기초한 것이 아닌가 하는 의구심이 들 정도이다. 물론 그렇지는 않겠지만 유사하다는 사실 하나만으로도 여로보암의 처지는 그에게만 벌어진 독특한 일이 아니라는 것을 보여준다. 본문은 다음과 같이 시작한다.

황폐해졌다, 왕가는
 전에는 형제가 일곱이었고
 한 어머니에게서 태어난 아들이 여덟 명이나 되었다.
우리의 족장 키르타는 파멸되었다.
 키르타 왕조는 종식되었다.
그의 합법적인 아내요
 적법한 배우자는 나가버렸다.
그가 결혼한 여인은 그를 떠났다.
그는 후손들이 있지만
 삼분의 일은 유산했고
 사분의 일은 질병으로 죽었다.
 오분의 일은 레셉이 자신에게 불러들였고[7]
 육분의 일은 바다에서 실종되었으며
 칠분의 일은 전쟁터에서 죽었다.[8]
키르타는 자식을 낳았으나
 자식들이 죽는 것을 보았고

---

7) 레셉은 열병의 신이다.
8) 숫자는 비유법이다.

자신의 왕가는 완전히 끝났다.
그의 혈통은 철저히 파괴되었고
   집안에는 후계자가 하나도 없었다.
그는 방으로 들어가 울었다.
   자기 말을 되뇌이며 눈물을 흘렸다.
그의 눈물이 쏟아졌다,
   마치 땅에 세겔(돈)이 떨어지듯이
   자기 침상에 오분지 일 세겔이 떨어지듯이
그는 울다가 잠이 들었다.
   눈물을 흘리다가 꿈을 꾸었다.
잠이 쏟아지자 누웠다.
   하지만 그가 꾼 꿈으로 쉴 수가 없었다.
이는 그의 꿈 속에서 엘 신이
   그의 환상 속에서 인류의 아버지가 강림했기 때문이다.
그가 다가와 키르타에게 물었다.
"키르타여, 너는 어찌하여 울고 있느냐?
   어찌하여 엘 신의 아이요 은혜로운 자가 눈물을 흘리고 있느냐?
그는 아버지 황소 신처럼 통치하기를 원하는가?
   아니면 인류의 아버지 신처럼 권력을 갖고 싶어하는가?"

본문은 짧은 여백에 이어 키르타가 대답하는 말을 듣는다.

"제가 어찌하여 은과 반짝이는 금을,
   광산에서 나오는 지배적인 몫을,
  평생의 종들, 말 세 마리를
   마구간의 전차, 하인들을 원하겠습니까?

제게 아들들을 주시고

제가 후손을 낳게 해 주십시오!"

엘 신은 키르타의 소원을 들어주었다.

성서의 사례

왕실이 아들을 낳으려고 집착하는 모습은 성서 본문에서도 널리 찾아볼 수 있다. J에서 이삭의 출생은 그 이야기의 처음 삼분의 일 분량을 차지하는 주제의 절정을 이루고 있다. 사무엘하 7장에 보존된 기사에서는 다윗이 도성을 예루살렘에 건설했을 때 성자 나단이 그에게 다가와 다음과 같은 야훼의 메시지를 전한다. "너는 내 집(성전)을 짓지 못할 것이나 나는 너를 위해 집(아들과 후계자와 왕조)을 지을 것이다." 솔로몬의 출생은 그의 왕위 계승을 정당화하는 역할을 하는 다윗 궁정 문서를 개정하는 데 결정적인 주제가 되었다.[9] 솔로몬이 지은 시로 알려진 시편 127편의 시인이 관찰한 점도 바로 이 핵심을 잘 포착하고 있다.

야훼께서 '집'을 세우지 아니하시면

세우는 자의 수고가 헛되며 ……

………

자식들은 야훼의 기업이요

태의 열매는 그의 상급이다

---

9) P. Kyle McCarter, "'Plots, True or False': The Succession Narrative as Court Apologetic," *Interpretation* 35(1981): 355~67.

젊은 자의 자식은 장사의 수중의 화살 같으니

이것이 그의 화살통에 가득한 자는 복이 있다.

그들이 성문에서 그들의 원수와 담판할 때 수치를 당하지 않을 것이다.

마찬가지로 이사야의 예언들은 성전 제의와 관계가 있는 다윗의 가문에서 태어날 통치자에게 집중하면서 아들들의 출생 주제를 반복해서 말한다. 그 내용은 다음과 같은 선포에서 절정에 이른다.

이는 한 아기가 우리에게 났고

  한 아들을 우리에게 주신 바 되었는데

그의 어깨에는 정사를 메었고

  그의 이름은

용사이신 엘, 전리품의 아버지, 최고 재판관이라 할 것이며

그가 놀라운 일을 꾸미실 것이라

(『개역개정』, 기묘자라, 모사라, 전능하신 하나님이라, 영존하시는 아버지라

평강의 왕'이라 할 것임이라) (사 9: 6)

이스라엘의 통치자들이 왕조를 세우려는 시도들은 자주 좌절되었다. 여로보암의 아들은 겨우 이 년 만에 전복되었고 그의 왕위를 찬탈한 자의 아들도 동일한 운명을 당했다. 여로보암 사후 반세기가 지나 오므리의 왕가에서만 삼 대에 걸쳐 왕조를 지속할 수 있었다. 그 사건은 이례적이어서 오므리의 나라가 수십 년 동안 '오므리 왕가'로 알려질 정도였다. 오므리는 적들과 싸우기 위해 자신이 살아 있는 동안에 아들을 섭정으로 앉히는 조치를 취했다. 그는 이 아들을 '나의 아버지[오므리]는 나의 형제[공동 통치자]이다'라는 뜻을 지닌 *아흐-아브*(아합)이라고 불렀다. 오므리의 통치기간 중에 빈곤 때문에 이스라엘의 수많은 가정들이 아들들을 잃거나 결코 경험하고 싶지 않은 큰 재난으로 고통을

당했다. 그런 내용이 엘리야와 엘리사의 민간 설화에 기술되어 있다(왕상 17: 17~23; 왕하 4: 1~37; 6: 24~31; 8: 1~6).

여로보암이 직면한 문제들

아들들이 중요하다는 점과 아들들에 대한 불안감이 널리 지배하는 분위기를 고려해 볼 때 다윗의 사유재산을 찬탈하고 도적질한 여로보암이 자기 아들들의 안녕에 깊게 관여하였다는 사실은 놀라운 일이 아니다. 그가 이집트에 인질로 잡혀 있는 아들들을 잃었을 가능성에 대해서는 이미 언급했다. 이스라엘의 전임자들과 동시대의 남유다의 왕위 계승 사례를 보면 사태가 그렇게 낙관적이지 않다. 요나단의 경우 분명 이스라엘의 초대 왕이었던 사울의 왕위를 계승하지 못했다. 사울의 아들 이스바알은 겨우 몇 년 통치하다가 왕국을 빼앗겼다. 르호보암은 상속받은 영토 대부분을 지켜내지 못했다.

이스라엘의 궁중 연대기를 후대의 저자가 개정한 내용 가운데 여로보암의 첫 후계자가 죽었다는 이야기는 디르사에서 벌어진 일이며 그래서 E의 기록보다 나중에 등장한다. 그럼에도 불구하고 그것은 왕의 관심사를 압축적으로 보여준다.10) 여로보암의 아들 아비야는 병이 들었다. 여로보암은 아내를 실로 성소에 있는 하나님의 사람 아히야에게 보냈다. 아히야는 여로보암의 즉위를 선포하였고 그의 왕위 승계를 합법화시켜 준 사람이었다. 아히야는 아비야가 죽을 것이라고 알렸고 아이의 어머니가 집에 돌아오자 이윽고 아들이 죽었다. 바로 이 지점에서 후대의 저자는 회고조로 아히야도 여로보암 가문의 몰락을 선포하였다고 덧붙이고 있다.

---

10) E가 여로보암 통치 초기보다는 후기에 기록되었음을 뜻할 수도 있다. 그렇지만 나는 그 가능성이 적은 것으로 본다.

E의 서두에서 보듯이 자녀 희생제사에 대한 E의 관심사는 여로보암이, 공격자들이 포위를 풀도록 압박하거나 새로운 도시나 성소 건설을 보호하기 위해서 아들 한 명을 희생제사로 드리라는 압력을 받지 않았을까 하는 의구심을 일으킨다. 분명한 대답은 할 수 없다. 아울러 솔로몬의 약탈에 가까운 통치를 겪었던 이스라엘의 수많은 가족들이 여로보암 시대에는 잘 살게 되었는지도 가늠하기 어렵다.

이것이 바로 E에 영감을 불러일으킨 불안한 마음이다. 그것은 E에서 중대한 역할을 한다. 여로보암을 특별히 강조하고 있기 때문이다. E에서 그는 종종 은혜로운 꿈속에서 평안과 안전을 되찾게 될 것이라는 말을 반복한다. 이를 통해 이스라엘 왕과 그의 가문에 언제라도 벌어질 수 있는 지속적인 염려와 악몽에 답변하고 있는 것이다.

E의 아들들

심각한 위험에 처한 아들들에 관한 사건들을 E는 두 파트로 나눈다. 첫 번째 파트는 두 번째 파트보다 훨씬 더 길다. 첫 번째 파트는 절체절명의 순간에 목숨을 건진 사건들을 연속해서 엮어놓고 있다. 그래서 E는 '아들들'을 뜻하는 '집들(출 1: 21; 『개역개정』, 집안; NRSV, 가족들)'이라는 용어의 가치를 강조한다. 두 번째 파트에서는 그러한 사건들이 그치고 호렙산 제의와 절대로 필요한 율법을 세우는 일을 강조한다. 전환점은 호렙산에서 하나님의 이름을 계시한 사건이다. 그때 하나님은 임박한 재난에서 *자신의 아들*(이스라엘)을 구원하기로 결단하신다.

요셉 이전의 이야기

　E는 아브람이 관여된 네 가지의 사건으로 시작한다. 처음 세 가지 사건은 J의 아브람과 이삭의 역사에서 끌어온 요소를 그대로 따른다. 네 가지 사건 모두 아들들이 심각한 위기에 처한다. 아비멜렉과 신하의 아들들, 이스마엘, 이삭이 각각 위험에 처하지만 하나님이 구원해주는 이야기가 빠른 속도로 전개된다. E는 J의 바로와 아브람(창 12: 10~20) 및 아비멜렉과 이삭(창 26: 6~11) 이야기 소재를 하나의 이야기로 만들어 자기 주제로 삼는다. J에서 아브람과 이삭은 자기 아내를 누이라고 부른다. 바로는 사래를 취하고 아비멜렉은 리브가를 취한다. 바로는 자신과 신하들이 재앙으로 고통을 받았을 때 자신의 과실을 깨달으며, 아비멜렉은 이삭과 리브가가 사랑을 나누는 장면을 목도한 후에 자신의 실수를 깨닫는다.

　E는 이러한 소재들을 하나의 이야기 즉 E를 시작하는 사건 중 첫 번째 이야기(창 20: 1~17)로 변형시킨다. 핵심은 아비멜렉의 위험을 다루며 그 자신과 부하들이 아들을 낳을 능력에 위기가 찾아온다는 것이다. '나의 아버지는 왕이다'라는 뜻을 가진 아비멜렉의 이름은 E가 후계자에 대해 관심을 두고 있다는 울림을 주고 있다. 아브람은 단지 아비멜렉 사건을 부각시키는 요소로 작용하며 위기에 처한 사람들이 호소했던 거룩한 사람 실로의 아히야 예언자와 같은 역할을 수행한다. J의 '재앙'은 아비들과 아들들의 죽음으로 바뀐다. 아비멜렉이 사래를 취하자 하나님은 꿈에 나타나 "너는 죽게 된다"라고 선포한다. 하지만 하나님은 아비멜렉이 사래를 취하지 못하게 막는다. 그리고 두려움에 떠는 왕에게 "네가 살고 싶다면" 아브람에게 중재기도를 요청하라고 조언하였다. 그렇지 않으면 "너와 네게 속한 모든 자들이 반드시 죽을" 것이다(창 20: 7). 하나님의 언급은 그들이 곧 죽을 것이라는 뜻이 아니라 자식을 낳을 수 없게 된다는 것이다. 이 점은 이 예화의 결론에서 "하나님이 아비멜렉과 그의 아내와 여종을 치료하사 출산하게 하셨으니"라고 말하는 데서 분명해진다. 또 이후에

E가 사용하는 '죽음'과 '삶'의 용법에서도 알 수 있다.[11] '치유'의 용법은 우가릿 문헌에서 묘사하는 아들 없는 왕의 '치유자'로서의 가부장적인 힘센 '황소' 엘 신을 연상시킨다.

두 번째 사건(창 21: 6, 8~32)은 창세기 16장의 J에서 하갈의 교만과 곤경을 다루는 사건을 바탕으로 편집되었다. J의 사례는 임신한 하갈을 광야로 내쫓는다. 야훼의 천사는 우물곁에 앉아 있는 하갈을 보고 구원해 준다. E의 이야기는 하갈과 아브람의 아들이 겪는 위기를 강조한다. E의 하나님은 또다시 J와 아주 달리 시종 어떻게 하라고 지시한다. 하갈은 아들과 함께 광야로 내쫓긴다. 그녀는 우물을 찾지 못하였고 마실 물도 떨어졌다. 아이는 죽을 수밖에 없었다. 아이의 엄마는 수풀 옆에 그를 내버려두고 멀찌감치 떨어져 아이가 불가피하게 맞이하는 죽음을 바라볼 수밖에 없었다. 어미는 울었다. 하지만 J처럼 하나님은 어미의 울음소리가 아니라 "그 아이의 소리를 들으셨"다. 하나님은 그녀에게 한 우물을 보여주셨고 어미는 아이의 목숨이 끊어지기 직전에 물을 먹여 살린다.

E의 세 번째 사건(창 21: 22~32)은 창세기 26: 12~33의 J의 이삭과 아비멜렉 이야기를 따른다. 우물을 판 이야기가 나온 다음에 '맹세의 우물'이란 뜻의 지명 브엘세바의 유래를 해설한다. 브엘세바는 시므온 영토에 있다. E는 요셉 이야기를 첨가할 때 시므온이 겪은 위험을 설명한다(창 42: 24, 36; 43: 23 참조). 브엘세바는 이스라엘의 중심부와 이집트 영토 사이에 위치하고 있으며 이스라엘 남서부 지역에 속한다. E는 이스라엘의 제의를 포함하는 많은 예화들 중에서 첫 번째 이야기를 서술할 때 제의의 일차적 기능이며 E가 결론을 내리는 주제인, 법적 분쟁의 평화적 해결을 뒷받침할 맹세를 강조한다. 신성한 맹세는 현 세대의 평화를 지켜줄 뿐만 아니라 E가 지속적으로 관심을 쏟고 있는

---

11) 이러한 위협은 다윗의 경우에도 동일하다. 다윗은 간통하고 살인을 저지른 범죄 때문에 밧세바 사이에서 생긴 첫아들을 잃은 것이라고 성서는 기술한다.

'아들과 손자'(창 21: 23)를 지켜준다.

　　E의 네 번째 사건(창 22: 1~13)은 J로부터 자극받은 이야기가 아니며 매우 강렬하고 독특한 주제를 부각시킨다. 하나님은 밤중에 아브람에게 나타난다. 아마도 꿈속에서 생긴 일로 추정된다. 하나님은 그의 아들을 도살해서 제단에 번제물로 바치라고 명령한다. 설화자는 이것이 단지 시험이라고 설명하지만, 아브람은 몰랐을 수 있다. E의 나머지 부분을 읽어볼 때, 하나님은 아브람의 순종 혹은 '경외심'을 시험하신다. 그것이 하나님의 율법을 향한 바른 태도이다. 그것은 E의 끝자락에 나오는 호렙산에서의 백성의 반응에서 완벽하게 보여진다. 아울러 하나님이 위험에 빠진 아버지들, 어머니들, 아들들을 보호하실 것이라는 데 대한 아브람의 신뢰를 시험하는 것이 분명하다. 이 사건은 E의 제단에서 첫 번째 희생제사를 드리는 행위로 끝난다. 희생제사, 경외, 그리고 사법권이란 주제의 결합은 본서의 11장과 12장에서 좀 더 상세히 다룰 것이다. 이전에 "네 자손이 이삭을 통해 무궁할 것이다"라는 말을 들은 아브람은 "내 아들아, 번제할 양은 하나님이 친히 준비하실 것이다"라고 말함으로써 그의 믿음을 분명하게 보여준다. 아브람은 결코 명령대로 이삭을 죽여야 한다고 생각하지 않았을 것이지만, 다른 명령이 떨어지지 않는다면 하나님의 명령을 그대로 실행에 옮길 준비가 되어 있었다. 끔찍한 일이 예상되는 이 무서운 전율은 아브람의 모범적인 순종만으로는 전혀 해소되지 않았다.

　　이어서 E는 이삭의 아들 야곱이 처음으로 위기를 겪는 단락에 일부 내용을 삽입한다. 한 가족에게서 도망쳐 다음 가족에게 가는 길이 한참 남았는데 위험에 처한 이 아들은 벧엘에서 걸음을 멈춘다. 두려움에 떠는 야곱에게 전능하신 하나님이 꿈에 나타나 "네가 어디로 가든지 지켜보며 내가 너를 포기하지 않을 것이다"라는 보장을 한다.

　　E는 북부 산간 지파들의 출생 이야기에서 J의 기사 일부를 자신의 것으로 바꾼다. 라헬은 몸종 빌하와 함께 이스라엘의 주요 지파들의 어머니가 되지만 아직은 아들을 못 낳았기 때문에 아비멜렉과 같은 운명에 직면한다. "내가 자

식을 낳게 해주세요. 그렇지 아니하면 내가 죽은 것이나 다름없습니다"(창 30: 1). 야곱은 "내가 하나님을 대신할 수 있겠소?"라고 하면서 그것은 하나님의 뜻이므로 어쩔 수가 없다고 생각한다. 라헬은 남편에게 자기 몸종을 통해 자녀들을 낳으라고 제안한다. 첫아들은 단이다. 단은 벧엘과 더불어 여로보암이 국가 성소를 세운 땅의 조상이다. 단의 이름은 하나님이 제의의 최고 입법자이며 재판관이라는 뜻이다. 다음에 태어난 아들은 납달리이다. E는 그의 출생 이야기를 J의 위기에 처하거나 갈등을 겪는 아들들의 출생 이야기와 조화시킨다. 마지막으로 하나님은 마음을 바꾸어 라헬이 아들을 낳게 만든다. 라헬은 "하나님이 자식이 없는 내 부끄러움을 씻으셨다"는 말로 하나님이 그녀의 목숨을 구원하셨다는 의미의 이름을 요셉에게 붙인다.[12]

J의 라반은 야곱의 속임수에 똑같은 방식, 즉 부드러운 계략 싸움으로 대응하였다. E는 열렬히 야곱의 편을 들면서 무게 중심을 야곱에게로 기울인다. E에서 묘사한 라반은 사기꾼에 불과하며, 솔로몬의 묵인하에 계급착취를 일삼는 부농과 다를 바가 없는 존재였다. 더구나 그는 이스라엘 사람들의 직접적인 경쟁자인 아람 사람이며 결코 이스라엘 사람이 아니다. 라반이 야곱을 망할 위험에 빠뜨렸을 때 야곱은 "하나님이 그를 막으시고 나에게 해를 가하지 못하게 하셨습니다"(창 31: 7b)라고 말한다. J에서 교활한 야곱은 점박이 양을 낳게 하는 꾀로 자구책을 강구했다. E가 첨가한 내용은 야곱의 구원의 원천을 꿈에 다시 나타난 하나님으로 삼는다. 라헬과 레아는 상속을 받지 못해 고통스러웠으며 그들과 함께 야곱의 아들들도 마찬가지였다. 마침내 그들은 이미

---

12) E는 가장 나이 많은 네 명의 형들, 르우벤, 시므온, 레위 그리고 유다의 이름에 아무것도 덧붙이지 않는다. 유다가 빠진 것은 예상할 수 있다. 르우벤과 시므온은 E의 다른 곳 특히 E가 선호하는 요셉 역사에서 중요한 역할을 한다. 모세의 조상을 제외하면 레위는 E에 전부 빠져 있다. 이것은 E에 관한 최근의 논의와 달리 E가 레위에게 관심이 없다는 표시이다. E는 실로에도 관심을 쏟지 않는데 이 지명 역시 마찬가지로 전혀 다루지 않는다. 필자가 보기에 아론계 제사장 집단에게 반대하는 입장을 보여주는 것으로 거론되는 E의 구절들은 E의 것이 아니다.

얻은 소유와 가문의 드라빔을 취하여 도망한다. 드라빔은 그들이 가진 것을 지킬 권리가 있다는 명백한 증표였다. 라반은 그들의 몫을 파괴할 수 있는 힘을 갖추고 추격한다. 그러나 하나님은 그렇게 하지 못하도록 경고한다. 라반이 드라빔을 훔친 도망자들을 심문할 때 이 사건은 위기의 절정에 이른다. 야곱은 "외삼촌의 신을 누구에게서 찾든지 그는 살지 못할 것"(창 31: 32)이라고 목숨을 건 담판을 시도한다. 라반이 장막들을 수색할 때, E의 청중은 E가 만들어놓은 라헬과 요셉의 직접적인 위기의 국면에서 엄청난 긴장감으로 숨죽인다. 라헬의 핑계로 위기를 모면한 야곱은 용감하게 라반의 행위를 사안별로 적시하면서 그것이 적법한지 여부를 따져 묻는다. 치열한 법적 분쟁을 마감한 뒤 두 사람은 관습에 따라 제의용 비석을 세워서 합의를 표시한다.

    J에서는 이런 위기가 야곱이 에서를 만날 때 되풀이된다. E는 이 위기에 별 관심을 두지 않는다. 여로보암의 이스라엘은 에서로 대표되는 에돔을 직접 다룰 이유가 없었기 때문이다. 하지만 E는 그의 주제를 삽입하고 있다. E가 생각하기에 에서는 위협적인 어조로 야곱의 아들들의 안부를 묻는다. 야곱은 "하나님이 나에게 은혜로 주신 자식들입니다"(33: 5)라고 대답한다. 잠시 후 그는 이 점을 반복함으로써 에서가 손을 대지 않게끔 조치한다(33: 13 이하 참조).

    이스라엘의 아들들은 라헬이 막내아들이며 요셉의 친동생인 베냐민을 낳음으로써 아슬아슬하게 열 두 명의 수를 채운다. J에서도 라헬은 아들을 낳다가 죽기 때문이다. E에서 산파는 "염려하지 말라. 이번에도 아들이니라"(창 35: 17)는 말로 라헬을 안심시킨다.

요셉

    J의 유다와 요셉 역사는 — E가 이것을 여로보암의 조상 요셉만의 이야기로 변형시켰다 — 요셉으로 시작된 아들들의 위기 이야기로 확장시킬 여건을 많이 제

공해준다. 르우벤은 유다 대신에 요셉의 첫 번째 구원자가 된다. 하지만 E는 르우벤의 도박에 강조점을 둔다. 르우벤이 만약 요셉을 구덩이에 빠뜨릴 수 있다면 그는 형제들의 계획을 좌절시킬 수 있을 것이다. 그는 나중에 "요셉을 구출하여 그의 아버지에게 돌려보낼 생각이었기 때문이다"(창 37: 22). 그러므로 E에서는 맏아들이 위험에 처한 아들을 돌보는 아버지 역할을 한다. 형제들은 르우벤의 제안을 따른다. 르우벤이 자리를 비웠다가 잠시 뒤에 돌아와 보니 때마침 지나가는 상인들에게 요셉이 팔렸다는 사실을 알게 된다. 요셉은 전보다 더 큰 위기에 빠진다.

상인들은 요셉을 보디발에게 판다. 보디발은 E가 J에서 언급한 요셉의 장인의 이름(보디베라, 창 41: 45)을 축약한 이름이다. E는 J의 요셉이 이집트의 감옥에서 빠져나오는 짧은 이야기를 꿈을 해석하여 성공을 거두는 긴 이야기로 바꾼다. 그래서 요셉이 투옥된 이야기가 길어진 것이다. 요셉은 통치자가 되어 아내를 얻고 두 아들을 낳는다. 두 아들에게는 "하나님이 내 아버지의 집에서 겪었던 모든 고난"을 잊게 하셨다는 의미의 므낫세와 "하나님이 내가 고난을 겪은 땅에서 번성하"는 행운을 안겨주었다는 의미의 에브라임이란 이름이 지어진다. 두 아들의 이름은 에브라임 출신의 망명자 여로보암의 삶과 완벽하게 일치하는 상징이다.

요셉의 지위가 확고해지자 E는 요셉의 형제들, 즉 야곱의 나머지 아들들의 위기로 초점을 맞춘다.[13] 우리는 요셉의 형제 이야기를 통해 E가 무슨 생각을 하고 있는지 추측할 필요가 없다. 어느 순간 "나는 하나님을 경외합니다"라고 불쑥 선언했던 요셉이 마지막에 가서 복수를 두려워하는 형제들에게 "두려워하지 마십시오! 내가 하나님을 대신하겠습니까? 당신들은 나를 해치려 하였으

---

[13] E는 베냐민이 태어난 후 야곱이 이스라엘로 불리게 된 이야기를 다룰 때 J를 따르지 않는다. 아마도 유다가 원래 이스라엘의 일부였다는 생각을 피하기 위함이었을 것이다. 물론 유다는 요셉이 꾼 첫 번째 꿈에서 암시한 대로 지배당할 운명이었다.

나 하나님은 그것을 선으로 바꾸시고 오늘과 같이 많은 백성(즉, 열두 아들과 그 누이들과 부인들 그리고 장차 낳을 후손)의 생명을 구원하도록 만드셨습니다"(창 50: 19~20)라고 말할 때 그는 E를 대변한다. 이것은 E가 느낀 대로 J의 요셉 이야기를 공정하게 해석한 것이다. E는 아들들의 위기를 조합하여 하나님의 섭리를 강조하는 일만 남아 있다.

첫 번째로, 아들들에게 닥친 위기를 놓고 E는 시므온에게 닥친 위험과 그로 인해 위기가 더욱 고조된다는 내용을 첨가한다. J에서는 처음에 이집트로 내려간 열 명의 형제가 야곱에게 돌아간다. 요셉은 인질을 잡지 않았다. E는 요셉이 시므온을 체포하도록 만든다. 시므온은 그의 아버지에게 완전히 잊혀진 존재이다. 요셉은 "나는 하나님을 경외합니다"라는 말을 불쑥 내뱉으면서 "너희 형제 중 한 사람만 이곳에 가두어두고 나머지는 가도 좋다"(창 42: 18~19)고 말한다. 이 명령은 형제들 가운데 뼈아픈 깨달음을 준다. 그들은 아무도 요셉에게 긍휼을 베풀지 않았다. E는 요셉이 베푼 자비와 대조시킨다. "우리가 우리 동생의 일로 말미암아 범죄하였구나 그가 우리에게 애걸할 때에 그 마음의 괴로움을 보고도 듣지 아니하였으므로 이 괴로움이 우리에게 임한 것이다"(창 42: 21). 르우벤은 "내가 너희에게 그렇게 될 것이라고 말하지 않았느냐?"고 중얼거린다. 요셉은 이 말을 다 듣고 그들이 보는 앞에서 시므온을 결박한다. 그들은 고향으로 돌아가는 길목에서 자신들과 베냐민을 똑같은 위험에 빠지게 하지 않고서는 시므온을 구할 수 없다는 사실을 알았다. E는 그들이 두려워하며 보인 반응을 삽입한다. "그들이 낙담하고 떨면서 서로 돌아보며 말했다. 하나님이 어찌하여 이런 일을 우리에게 행하셨다는 말인가?" 그들이 집으로 돌아오자 야곱은 시므온을 잃어버린 사실에 크게 낙담한다. "너희가 나로 하여금 자식을 잃게 하는구나. 요셉도 없어졌고 시므온도 없어졌는데 이제는 베냐민을 또 데려가려고 하는구나." 야곱의 맏아들인 르우벤은 또 다른 위험을 초래할지도 모를 해결책을 제안한다. "내가 그를 내 아버지께 데리고 오지 않으면 내 두 아들을 죽이십시오." J를 보충한 E의 이 단락에서 형제들이 베냐민과 함께 이집트로 돌아간다면 그들에게 무슨 일이 벌어질지 아무 말도 하지 않기 때문에 시므온과 르우벤의 두 아들이 어떻게 여기에서 살아남게 될지 알기가 어렵다.14)

하지만 E는 뇌물로 목숨을 구하는 방식을 확대 서술한다. 청지기는 뒷돈을 받자 그것이 E의 "여러분의 아버지의 하나님" 덕분이라고 말하면서 시므온을 석방하여 형제들 앞으로 데리고 온다. 요셉은 시므온, 베냐민과 함께 형제들을 두 번째로 집으로 돌려보낸다. 그러나 돌아오는 길에 은잔이 감추어져 있는 것을 발견하고 그들은 곧장 이 이야기 속에서 가장 극단적인 위기를 감지한다. 그들이 요셉에게 되돌아간 때에 E는 "하나님이 당신의 종들이 저지른 죄를 드러내셨습니다"(창 44: 16)라는 고백을 추가한다. 요셉은 그들에게 자기 정체를 밝히고 서둘러 안심시킨다. "하나님이 생명을 구원하시려고 나를 당신들보다 먼저 보내셨습니다. 하나님이 큰 구원으로 당신들의 생명을 보존하고 당신들의 후손을 세상에 두시려고 나를 당신들보다 먼저 보내신 것입니다. 그러므로 나를 이리로 보낸 분은 당신들이 아니요 하나님이십니다. 하나님이 나를 이집트 온 땅의 통치자로 삼으셨습니다"(창 45: 5, 7~8). 야곱은 마침내 자기 아들 및 손자들과 상봉한 뒤에 죽는다. 아들들은 보복을 두려워하나 요셉은 분명한 말로 안심시킨다. 요셉이 처음 꿈을 꾼 뒤로 이 순간까지 전체 과정은 극한의 위기를 맞이한 아들들과 그 가족의 생존을 확실히 지키는 일에 초점이 맞추어져 있다. 그 결과 E가 언급한 것처럼 요셉은 장수하면서 손자들과 손자들의 자식들이 태어나는 것을 본다.

---

14) E는 르우벤의 역할을 이곳과 앞선 곳에서 강조한다. 이유는 그가 '북부인'이기 때문이 아니라 둘째인 시므온의 위기가 보여주듯이 자기 아들들의 위기는 장자의 혈통을 위태롭게 만들기 때문이다. Martin Noth, *A History of Pentateuchal Traditions*, trans. Bernhard W. Anderson [Englewood Cliffs, N.J.: Prentice-Hall, 1972(German orig. 1948)], 230 n. 605의 관찰을 참고하라. E에 반영된 르우벤 지파의 초창기 중요성에 관하여 다음을 참고하라. F. M. Cross, "Reuben, First-born of Jacob," *Zeitschrift für die alttestamentliche Wissenschaft* 100(1988): 46~65.

모세

위기의 주제에 관한 마지막 두 가지 사례는 극적으로 제시된다. J의 '이집트의 새 왕'은 비열한 왕이다. 물론 J는 이스라엘 백성이 처한 위기를 강제부역이라고 묘사한다. 여기에 E는 그들의 자손에게 닥친 위험을 추가한다. 바로는 새로 태어나는 이스라엘의 남자아기를 죽이라고 명령한다. 산파들은 하나님을 경외하여 아기들의 목숨을 구해주고 바로에게는 변명으로 얼버무린다. 이것이 E의 특징적인 문체이다. 히브리 여인들은 "강인하다." 산파들이 하나님을 경외하므로 하나님은 이스라엘 백성에게 이 험악한 상황 속에서도 이전보다 더욱 많은 남자아기들을 주신다.

바로는 이 사안을 그냥 지나치지 않았다. 이제는 신하들에게 새로 태어난 이스라엘의 모든 남자아기들을 나일강에 던지라고 명령한다. 어떤 레위 사람이 모세를 낳았는데 이집트 당국의 눈을 한동안 피했다. 더 이상 숨길 수 없을 상황이 되자 나름의 방안을 세워 아기를 나일강에 띄워 보낸다. 사람의 눈에 띌 정도로 큰 아기 모세는 이제 살아 있을 시간이 얼마 남지 않았다. 그러나 다른 사람도 아닌 바로의 딸이 이 아기를 발견하고 익명의 어머니가 낸 꾀를 받아들여 유모에게 맡긴다. 유모는 다름 아닌 모세를 낳은 어머니이다. 이렇게 E의 특징적인 방식으로 아기 모세는 죽을 위기를 모면하고 바로의 왕궁에 받아들여져서 그의 아들이 된다.

이 마지막 사건은 성서역사가들에게 1901년에 출판된 소위 사르곤 왕의 전설을 연상시켜주었다.

> 나, 사르곤은 전능한 왕이요 아가드의 왕이다.
> 나의 어머니는 [ ]이며 나의 아버지는 모른다.
> 내 아버지의 형제들은 산간지대를 사랑했다.
> 나의 도시는 아주피라누이며 유프라테스강 언덕에 있다.

나의 어머니가 나를 잉태하고 은밀하게 낳았다.

어머니는 나를 갈대 상자에 넣어 뚜껑에 역청을 발랐다.

그녀는 나를 강에 던졌고 강물은 나를 덮치지 못했다.

강은 나를 데려다가 물 긷는 자인 아키에게 인도하였다.

물 긷는 자 아키는 물병을 물에서 꺼낼 때 나를 건져냈다.

물 긷는 자 아키는 나를 아들로 삼아 키웠다.

물 긷는 자, 아키는 나를 정원사로 임명했다.

정원사로 일할 때 이쉬타르는 나에게 그녀의 사랑을 베푸셨다.

사 년 동안 나는 왕권을 행사했다.

나는 백성을 다스렸고 통치했다.15)

E는 모세의 출생 이야기를 기록할 때 다시 한번 전통적으로 회자되던 전승을 사용한 것 같다. 하지만 모세보다는 여로보암 자신과의 비교가 더 이목을 끈다.

E는 사람이 하나님을 두려워하고 그래서 하나님과 여로보암이 세운 사법 제의에 합당한 자세를 보일 때 아들이 구원을 받는다는 사실을 보여준다. 아비멜렉부터 산파들까지 이런 유형의 많은 이야기들이 다함께 E를 공식문서로 사용한 여로보암에게 아들들은 물론이고 아들들과 함께 자신의 목숨마저 잃어버릴지도 모른다는 두려움을 진정시켜준다.

---

15) James B. Pritchard, ed., *Ancient Near Eastern Texts Relating to the Old Testament*(Princeton: Princeton University Press, 1955), 119.

E의 요셉

    요셉의 아들인 에브라임의 후손 여로보암은 '형제'인 솔로몬에게 심각한 위협을 받고 불가피하게 이집트로 피신했다. 거기에서 바로 궁정의 특권을 누리면서 이집트가 장악한 저지대를 포함한 팔레스타인 대부분의 지역을 통치할 왕이 될 준비를 하였다. J가 기술한 요셉 이미지는 E가 여로보암의 처지를 서술할 소재가 되었다. 여로보암도 조상 요셉처럼 바로에게 신세를 졌고 바로의 명령으로 왕실에 발을 디딜 수 있게 되었다. E가 추가한 내용은 요셉을 조상 이야기 가운데 가장 돋보이는 주인공으로 삼는다. 현재의 요셉 이야기(본서 3장)가 그것이다. 요셉과 비교해보면 이스라엘 역사에서 두드러진 주인공이었던 야곱과 모세도 별로 주목을 받지 못한다. 모세의 경우는 오직 호렙산 제의와 율법을 위해 한 역할 정도로만 관심을 둔다.

    E 내러티브 중에서 가장 긴 단락(오직 E의 결론부에 나오는 율법 목록만이 길이가 비슷하다)은 요셉 이야기이다. 그것은 재치와 현명한 판단을 통해 그리고 하나님의 계시를 해석해줌으로써 종살이와 옥살이에서 풀려나와 바로의 명으로 곡식 관리자가 되어 기근 중에 형들과 그 가족을 살리게 된다는 이야기이다.

이것이 요셉 이야기가 반복해서 요약하는 주제이다. 형제들은 악을 도모했으나 하나님은 형제들을 위해 그것을 선하게 바꾸셨다(창 45: 7~8; 50: 20).[1] J가 다윗이 권력을 쥐는 상황을 반영하듯이 E는 여로보암이 이집트를 통해 권력을 쥐는 상황을 반영하고 있다. 여로보암과 흡사한 요셉은 하나님이 총애하는 사람이다. 하나님의 섭리는 그를 통해 성취된다. 요셉의 역사는 이집트의 후원을 받아 요셉 지파들이 부흥하는 과정에 나타난 하나님의 섭리를 강조한다.

핵심적인 사건은 요셉이 감옥에 갇힌 죄수들과 바로의 꿈을 성공적으로 해석한 일이다. 이것은 E의 단일 예화로는 가장 길다. 외국 땅에서 사로잡혀 온 팔레스타인 사람이 성공하게 된 것은 가족의 힘이 아니라 그랄의 아비멜렉처럼 요셉과 함께 '하나님을 경외'하는 외국 왕 때문이다. 이것은 여로보암과 강하게 비교되므로 E에서 가장 긴 예화라는 사실 외에도 J의 단락 가운데 E가 그 자리를 완전히 차지한 유일한 장소이기도 하다.

요셉은 궁정에서 출세한 외국인이다. 요셉의 지혜는 솔로몬의 모습과 비슷하다. E가 여로보암을 빗대어 그것을 상세히 이야기하는 모습은 솔로몬이 통치 초기에 하나님에게 지혜와 올바른 판결을 할 수 있는 분별력을 달라고 기도한 뒤 두 명의 창기가 자신들이 아기의 엄마라고 서로 주장하며 제기한 송사를 해결하여(왕상 3장) 하나님이 그의 기도에 응답했음을 보여주는 이야기의 목적과 똑같다. 요셉의 지혜와 선한 판단력은 여로보암도 이와 비슷하게 각성한 통치자라는 것을 보여준다.

여로보암의 정책들과 개인적 경험까지도 E가 J에 추가한 내용에 나타나 있

---

[1] 숀 맥케브뉴(Sean E. McEvenue)가 계수한 E의 처음 세 가지 이야기의 요약과 비교해보라. 첫째, 하나님은 끔찍한 상황을 일으키는 가르침으로 개입하신다. 둘째, 아브람은 순종한다. 셋째, 위험한 상황이 이어진다. 넷째, 하나님의 개입은 악으로부터 선을 이끌어낸다. "The Elohist at Work," *Zeitschrift für die alttestamentliche Wissenschaft* 96(1984): 317. E의 하나님은 악을 바꾸어 선으로 만드시지만 위험한 상황이 항상 하나님의 지시로 생기는 것은 아니다.

다. 요셉의 꿈을 생각해 보자. 여로보암은 필요하다면 자기가 꾼 꿈과 받은 신탁을 스스로 해석할 수 있다. 아브람이나 아히야 같은 사람들에게 의지할 필요가 없다.[2] "꿈을 해몽하는 일은 하나님"과 하나님에게 다가갈 수 있는 사람 "에게 달려 있다." 열한 개의 별이 요셉에게 절한다. 이 별 중 하나는 시므온이며 그곳은 이스라엘 사람들의 브엘세바 제의와 시내 광야의 호렙 제의로 가는 길목에 위치해 있다. 심지어 유다도 그 별들 중 하나이다. 이것은 여로보암이 여느 군주들처럼 원하기만 한다면 유다도 기꺼이 정복할 것이며 르호보암과 싸우면 이길 것이라는 표시이다. 하지만 첫 번째 꿈에서 가장 중요한 요소는 "네가 참으로 우리의 왕이 될 생각이냐? 네가 참으로 우리를 다스릴 생각이냐?"라는 질문이다. 이 질문들은 이스라엘의 족장들과 실세들이 르호보암의 멍에를 벗어던진 후에 여로보암에게 묻는 질문들이다. 무엇이 그대 여로보암 혹은 그 누구에게든지 다윗 가문으로부터 막 분리하여 나온 우리를 다스릴 권한을 주었느냐?

E의 요셉 이야기 전체의 요지는 여로보암을 위하여 이 질문에 대답한다. 대답은 명확하다. 너희는 그것을 좋아하지 않을 수도 있다("그들이 그를 더욱 미워하였다" "너희는 내게 악한 일을 꾸몄다"). 하지만 하나님은 그렇지 않다("하나님이 그 악을 선으로 바꾸셨다"). 그리고 그것을 바꾸어 너희들의 목숨을 살리셨다("많은 백성의 생명을 구원하시려고"). 그러므로 너희는 그것을 좋아하는 편이 나을 것이다.

E는 요셉을 산 사람이 바로의 친위대장이라고 덧붙인다. 그래야 신하들과 바로가 꾼 (하나님이 주신) 꿈을 요셉이 해석하는 긴 이야기를 전개할 수 있기 때문이다. 바로의 술 맡은 관원장과 떡 굽는 관원장의 꿈들은 바로가 관직을 주기도 하고 박탈할 수도 있는 권한을 지니고 있음을 설명해주는 기능을 한다. 이것이 바로가 여로보암에게 행사하는 권한이다. 여로보암은 팔레스타인

---

[2] 여로보암이 꿈을 해석하는 사람이든 아니든 이 주제는 E의 수면의식 강조를 강화시킨다.

을 다스리려는 희망을 가진 외국인 기회주의자일 뿐이다. 그런데 바로가 지금 그의 아들을 볼모로 잡고 있다.

E는 J의 칠 년 흉년 기사를 바로의 꿈을 요셉이 해석한 이야기로 만든다. 요셉은 결론적으로 "바로께서는 지혜롭고 분별력 있는 사람을 찾아 이집트 땅을 관리하도록 하십시오"(창 41: 33)라고 말한다. 바로는 아비멜렉처럼 하나님의 행하심에 민감하다. "이와 같이 하나님의 영에 감동된 사람을 우리가 어찌 찾을 수 있겠느냐? 하나님이 이 모든 것(기근과 기근대비책)을 네게 보이셨으니 너와 같이 명철하고 지혜 있는 자가 없다"(창 41: 38~39). 요셉과 여로보암은 사명을 받는다. 여로보암의 사명은 이스라엘 지파의 삶을 복원하는 일이다.

형제들이 곡식을 구하려고 왔을 때 "요셉이 그들에 대하여 꾼 꿈을 생각했다"(창 42: 9). 이것은 E의 요셉 이야기의 서두와 끝을 연결시켜준다. 요셉은 하나님이 사람을 시험하듯 형제들을 시험해보기로 결심한다.

J에서는 열 명의 형제가 고향을 출발한다. 그러나 E는 이 기회를 놓치지 않고 여로보암의 마음에 담아두었던 볼모 이야기를 소개한다. E에서 요셉은 시므온을 볼모로 잡는다. 그는 아마 여로보암의 아들과 같은 존재였을 것이다. 그제서야 비로소 형제들은 하나님의 역사를 깨닫는다. "이제 우리는 [요셉의] 핏값을 치르고 있는 것이다. …… 하나님이 어찌 우리에게 이렇게 행하신다는 말인가? …… 하나님이 우리의 잘못을 드러내고 계신다"(창 42: 21~22, 의역).

형제들은 베냐민을 데리고 돌아갔다. 요셉은 베냐민을 축복한다. 그가 요셉과 같은 어머니에게서 태어난 형제라서 그런 것이 아니다(이것은 J에 해당된다). 요셉이 베냐민보다 우월하다는 의미에서 그런 것이다.(즉 여로보암의 지파가 사울의 지파보다 우월하다.) 실제로 여로보암은 다윗과 솔로몬 이전에 사울 가문의 영토였던 곳을 차지한다.

요셉은 자신의 정체를 밝힌 뒤 최종적으로 이렇게 선언한다. "하나님이…… 나를 …… 먼저 보내셨습니다. …… 하나님이 …… 나를 …… 먼저 보내셨습니다. ……나를 이곳으로 보낸 분은 당신들이 아니요 하나님이십니다. 하나님이 나를 …… 이집트 온 땅의 통치자로 삼으셨습니다"(창 45: 5~8). 그 하나님이 주권적으로 여로보암을 온 이스라엘의 주로 삼았다는 뜻을 내포하고 있다는 데 의심의 여지가 없다. "네가 우리의 왕이 될 생각이냐?" 이스라엘의 자손들이 여로보암에게 묻는다. 여로보암은 실제로 "아니다, 하나님이 나를 너희의 왕으로 삼으려고 계획하신 것이다"라고 대답한다. 요셉을 관직에 앉힌 바로가 요셉의 형제들이 와서 평화롭게 상봉했다는 소식을 듣고 기뻐한다는 점을 E는 강조한다. 이로써 이집트 왕은 이스라엘의 분열을 조장하여 분열시키고 통치한다는 우려 — 혹은 소망 — 를 불식시킨다.

야곱은 이집트로 가는 도중에 브엘세바에 머문다. 그곳은 시므온의 영토이며 아브람이 세우고 이삭이 확증해 준(J에서) 성소가 있는 곳이다. 시므온은 사건이 전개되면서 직접 구원받은 아들이며 그래서 온 가족을 대표하는 아들이다. J는 그들이 이집트 사람들이 싫어하는 목자로 살았다는 점을 강조한다. E는 야곱이 고된 인생 여정 끝에 마지막으로 이집트에 내려와 안식과 평안을 누렸음을 강조한다. "저의 나그네 길의 세월이 백삼십 년입니다. 짧고 험악한 세월을 보냈습니다"(창 47: 9). 이제 야곱은 바로를 "축복한다"(창 47: 10). 이것은 인사를 나누고 그 앞을 물러나는 예절이지만 바로에게 감사의 말을 전한 것은 자신과 아들들에게 이집트의 소중한 땅을 수여하여 먹고 살게 해준 조치에 감사하는 것이다.

세월이 흘러 야곱은 병이 들어 임종을 앞두게 된다. E는 이스라엘이 요셉의 두 아들 에브라임과 므낫세를 축복한 J의 이야기 안에 축복의 문장을 삽입한다. J에서 요셉은 이미 진심으로 축복을 받았기 때문에 E의 축복은 요셉 지파에게 행운이 뒤따를 것이라는 내용을 만들어낸다. E에서 야곱은 요셉과 그 가족이 결국에는 팔레스타인으로 되돌아갈 것이라고 기도한다.

E가 마지막으로 추가한 내용은 이 모든 일이 형들의 악행이 아니라 하나님의 선하심 때문에 일어났다는 주제를 반복한다. 또 요셉이 장수했고 자손 삼대를 보는 축복을 받았다고 말한다. E는 요셉이 그의 온 가족이 팔레스타인으

로 돌아갈 때 자기 유골도 함께 가지고 가달라고 부탁하면서 마친다. 나중에 E 는 "모세가 요셉의 유골도 가지고 갔다. 이는 요셉이 이스라엘 자손으로 단단히 맹세를 시키고 '하나님이 반드시 너희를 찾아오시리니 너희는 내 유골을 여기서 너희와 함께 가지고 올라가라'고 말하였기 때문이었다"(출 13: 19)라고 말한다. 요셉의 유골은 야곱이 세운 세겜 성소를 다시 거룩하게 만드는 유물이 되었고 모리야산에서 이삭이 하마터면 제물로 바쳐질 뻔했던 사건을 연상시킨다. 수세기 동안 그리고 적어도 여로보암의 통치 초에 세겜은 산간지대 이스라엘의 정치 중심지였다.3)

E의 요셉 이야기는 J의 조상 이야기를 단순히 E를 후원하는 여로보암의 왕실 이야기로 확대한 것이 아니다. J 내러티브 안에서 E가 다듬은 것은 바로의 하수인이었던 여로보암이 왕이 되어 다윗 왕가 때문에 도탄에 빠진 이스라엘 지파의 삶을 구원해준 하나님의 도구가 되었다는 것을 상세히 설명해 준다. 요셉은 바로 여로보암이다. 요셉의 성소(세겜, 수 24: 32)는 여로보암의 첫 번째 도성이다. 이제 우리는 E의 이스라엘에 관한 성소 이야기와 제의를 알아보려고 한다.

---

3) 요셉 족장과 같은 성자(*wely*, 聖者)의 유골을 강조하는 것은 여로보암이 자신의 대의명분을 위해 성자(聖者) 여호수아와 그의 매장지를 후원한 사실에 기여한다. 13장 각주 12를 보라.

10

국가 제의와 지방 성소들

    E의 세 번째 단락(4장)은 호렙 성소, 성소의 건립, 제의, 그리고 율법을 주제로 삼는다. 이 단락은 이 성소의 창건자인 모세의 출생에 관련된 두 가지 예화로 시작한다. 나머지 E는 호렙 자체에 관심이 있다.
    호렙은 E가 소개하는 여러 성소 중 마지막 성소이다. 다른 성소들은 E의 첫 단락에 등장하고 위험에 빠진 아들들 이야기와 연관되어 있다. J는 시내 광야가 아닌 팔레스타인의 성소에 대해서는 거의 다루지 않는다. 노아의 제단은 어디에 있는지 말하지 않는다. 아브람이 세겜, 벧엘, 헤브론에 세운 성소와 이삭이 브엘세바에 세운 성소는 다윗이 이 성소가 있는 지역을 통치할 권리가 있음을 확립해준다. 하지만 J는 단지 그곳에 제단들이 있다는 것과 그것이 소박함을 강조할 뿐 다른 제단들에 대해서는 언급하지 않는다. 다른 성소로는 브누엘과 시내만 언급한다. 이와 대조적으로 E는 자신이 아는 대로 여러 곳을 추가하여 이스라엘 제의의 특징적인 돌기둥 세우기, 기름 부음, 수면의식을 여러 차례 서술한다.

제의와 사법권

여로보암 1세는 자신을 지지하는 팔레스타인의 올리브 재배 지역의 지주와 유력 인사들에게 의존했다. 이런 인사들이 지배하는 영토는 다양한 제의를 거행했고 그곳은 행정적 기능을 수행하는 지역 실세들의 사법 중심지였다. 팔레스타인의 국가신 외에 그 땅에는 그들과 특별히 연관된 지역의 초자연적 세력과 인물의 형태로 초자연적 힘들이 존재했다. 여로보암의 이스라엘에서는 국가가 이런 것들을 무시할 수 없었다. 대신 다른 방식으로 순화시켜야 했다. 이들은 나무, 언덕, 강, 계곡의 영들, 신들, 악마들, 천사들, 정령들이었다. 그들은 초자연적 힘, 별, 행성, 악한 눈, 마법, 미신, 마술, 표적, 기적과 결부되어 있었다. "셈족 종교가 종종 도덕적 유일신론으로 자연스럽게 바뀌어간 것으로 묘사되는 것은 단지 종교와 왕실이 제휴한 결과일 뿐 그 이상은 아니다."[1]

촌락민들은 팔레스타인의 모든 신들과 여신들 – 엘, 바알, 아스타르, 아스타르트, 아나트, 아세라, 다곤, 레셉, 샤마시, 호론 등등 – 을 알고 있었다. 이들은 영을 부리는 사람들과 마술사들처럼 농사와 자녀 생산에 영향을 미쳤기 때문이다. 그러나 이런 신들은 신비로운 힘을 지닌 여러 부류의 일부일 뿐이고, 촌락민의 관심을 얻기 위해 가정과 밭 또는 우물에 훨씬 더 직접적이고 즉각적으로 영향을 주는 지역의 힘들과 경쟁해야 했다. 촌락민은 여러 신들의 사역을 합리적

---

1) W. Robertson Smith, *The Religion of the Semites: The Fundamental Institutions*(1889; reprint, New York: Schocken, 1972), 74. 이스라엘의 여러 지방 제의 장소에 관하여, Aug. Freiherr von Gall, *Altisraelitische Kultstätten*(Giessen: Töpelmann, 1898)을 보라. 그런 제의에 나타난 신앙심에 관하여, 잠정적으로 Hermann Vorländer, "Aspects of Popular Religion in the Old Testament," in *Popular Religion*, ed. Norbert Greinacher and Norbert Mette(Edinburgh: T. & T. Clark, 1986), 63~70; P. Kyle McCarter, Jr., "Aspects of the Religion of the Israelite Monarchy: Biblical and Epigraphic Data," in *Ancient Israelite Religion*, ed. Patrick D. Miller et al.(Philadelphia: Fortress, 1987), 137~55를 보라. 과거에는 학자들의 견해 상당수가 성서시대의 팔레스타인에서는 이런 차원의 신앙심이 있었음에 동조했었다.

으로 묘사하는 일, 그들의 행위와 영향력에 관한 이론, 그 신들에게 공식적으로 바치는 제의용 기도와 예배, 경전 연구와 더불어 영주들이 아는 신들과 아무런 상관이 없었다. 이 모든 활동들은 엘리트 제의가 후원하였다. 촌락민에게 신과 영들의 세계는 촌락의 세계였다. 변함없이 밭일을 하고, 농작물을 거두거나 잃거나, 사회적 접촉으로 체면을 세우거나 수치를 당하거나, 좀처럼 완화되지 않는 질병과 빚, 변덕스런 편견, 운명론적인 불평과 일처리 등 그 무엇이 되었든 언제나 노동하는 생활과 연결되어 있었다.[2]

라헬이 훔친 드라빔은 가정에서 섬기는 신들과 조상들(양자는 거의 차이가 없다) 제의에 사용하는 인형이었다. 그것을 갖고 있는 것은 가족의 건강과 복지 그리고 재산을 상속할 권리가 있다는 것을 의미했다. 에봇과 함께 이것들은 성소에서 점을 칠 때, 특히 강신술에 사용되었다. E는 그런 인형 사용을 인정한다. 야곱이 그것들을 세겜 성소에 묻은 것은 벧엘의 국가 제의만이 그것들을 배제한다는 것을 의미한다.[3]

지역 행정관이 관할 사법구역의 성소 제의를 어느 정도로 직접 통제했는지는 알려져 있지 않다. 아마 다양하였을 것이다. 하지만 제의는 지역 관습과 실세의 정의의 형태를 재가할 뿐만 아니라 약자의 사법적 주장을 이론상 공정하게 들어주는 장소라는 것이 규범이었다. 행정구획 안에 있는 하나의 정치 조직으로서의 가문은 함께 먹고 예배를 드리면서 수호자를 중심으로 공동의 정체성을 발전시키고 정치적 힘을 증진시켰다. 여기서 지역 제의는 핵심적인 역할을 수행했다.

---

2) Robert B. Coote, *Early Israel: A New Horizon*(Minneapolis: Fortress, 1990), 27~28.
3) H. Rouillard and J. Tropper, "*TRPYM*, rituels de guérison et culte des ancetres d'aprés 1 Samuel XIX 11~17 et les textes parallèles d'Assur et de Nuzi," *Vetus Testamentum* 37(1987): 340~61; Nancy Jay, "Sacrifice, Descent and the Patriarchs," *Vetus Testamentum* 38(1988): 65~66; Karl van der Toorn, "The Nature of the Biblical Teraphim in the Light of the Cuneiform Evidence," *Catholic Biblical Quarterly* 52(1990): 203~22.

지역을 유지하는 데 필요한 일은 왕권을 차지하려는 생각을 가진 사람에게도 똑같이 필요했다. 여로보암의 첫 번째 목적은 자기를 후원해 주는 많은 가문들을 데리고 자기가 세운 나라의 독특한 제의를 거행하게 하는 일이었다. 여로보암의 국가 제의 장소는 벧엘과 단이라는 접경지대의 순례 성소였다. 그러나 E는 단을 성소라고 언급조차 하지 않고, 단이라는 이름으로 부르는 형제가 태어났다고만 말한다. E는 다른 성소들을 많이 인정한다. 이렇게 해서 여로보암은 자기의 행정구역 안에 있는 지방 성소들과 그곳에 결부된 거룩한 사람들과 제사장들도 지지하여 정치적 일관성을 유지하고 그의 영역에서 통일적으로 정의를 시행하려고 애썼다.[4] E의 제의는 주로 사법적 관심사를 표명한다. 솔로몬이 함부로 침해한 지역 실세들의 세습적 사법권을 보장해주려는 것이다.

호렙

호렙은 E에 언급된 성소들 중에서 가장 중요한 장소이다. 벧엘은 크게 차이나지 않는 두 번째 서열에 해당한다. E는 J의 시내를 '불모지, 황무지'란 뜻의 호렙으로 바꾸어 부르고 그곳에서 절정을 이룬다. J의 시내 광야는 남부 시내 광야를 뜻하며 다윗의 군사 접경지대 제의 장소였다. '이스라엘'이 더 이상 시내 광야를 다스리지 않았던 솔로몬 시대에 와서는 시내가 솔로몬 왕조의 새로운 성전 제의 장소인 시온을 은유하는 말이 되었다. 여로보암의 접경지대 제의 장소는 벧엘이었고 솔로몬 성전과 같은 곳은 없었다. 시내 광야의 대용어인 E의 호렙은 이스라엘 제의를 예루살렘과 분리시키는 하나의 방식이었다.

---

4) E가 지방 성소를 섬기는 제사장과 제사장 가문에 비교적 관심이 없는 것은 그런 장소가 많고 지방분산 정책을 폈으며 또 그들의 권력이 약했기 때문일 것이다.

상징적으로 호렙은 다윗 왕가의 영향력에서 벗어나 있지만 계속해서 시내 광야를 일컬었다. 왕정 시대에 이스라엘 사람들은 가끔씩 시내 광야를 순례했을 수도 있다. 이런 일이 여로보암 시대에도 가능했는지는 알려져 있지 않다. 실제로 호렙은 실로 성소(역시 지금은 '황폐해진')를 계승하였고 유례없이 해로운 예루살렘 제의에 대한 이스라엘 사람들의 대답인 벧엘을 암시한다.

호렙이 E에게 중요한 까닭은 E가 역사를 나눌 때 이 장소를 중요하게 생각하기 때문이다. J는 역사를 일곱 세대씩 세 시대로 나누어 자기 세대를 네 번째 시대의 시작으로 보았다. E의 시대 개념은 이와 다르다. J처럼 그는 하나님의 이름 계시 사건을 사용하여 기본 시대를 구분한다. 모세가 호렙에서 성소를 발견했을 때 하나님은 자신의 이름을 야훼로 계시하신다. 그래서 E에는 호렙을 발견하여 하나님의 이름을 알기 이전과 이후라는 두 시기만 존재한다. J에서는 역사 시대가 야훼의 제의 명칭과 관련이 있지만 그것들은 세대별로 정의된다. 대조적으로 E의 두 시기는 전적으로 제의 명칭을 계시한 사건에 의지한다. 그 사건은 E가 모세 이야기에 추가한 내용을 둘로 나눈다. 호렙과 율법을 앞세우는 제의가 근본적이다. J처럼 E의 제의는 기본적으로 권력을 합법화해주는 제도이다.[5]

E의 성소

E의 성소는 등장하는 순서에 따라 다음과 같다.

---

5) E에 관한 이전의 연구는 E가 배교와 혼합주의에 맞서 싸웠다는 내용을 지나치게 강조하는 것 같다. 이것은 분명히 E를 엘리야와 엘리사 이야기 혹은 기원전 9세기나 8세기의 '예언자'와 같은 맥락에 놓기 때문이다. 출 32장을 E로 분류하는 것도 이런 생각 때문일 것이다.

브엘세바

브엘세바는 왕정의 상당기간 동안 이스라엘의 관할 구역으로 남아 있었다. 엘리야 이야기와 아모스서는 브엘세바를 이스라엘의 성소로 언급한다. 브엘세바는 호렙으로 가는 순례여행의 길목에 있었다. E의 추가 단락에서 야곱은 요셉을 만나러 이집트로 가는 도중에 이 성소에 머물며 잠을 잤다.[6] 이스라엘이 단과 브엘세바 성소를 통제하였던 시대가 (다윗 왕실의 초기보다) '단부터 브엘세바까지'라는 표현의 기원이 되었을 것이다.

모리야/세겜

E는 '경외의 땅'이란 뜻으로 '모리야 땅'이라고 말한다. J에서 아브람은 첫 번째 제단을 세겜 땅 모레의 상수리나무 옆에 세웠다(창 12: 6). E는 이 상수리나무를 세겜 제의와 결부된 두 번째 예화에서 언급한다. E가 J에 나오는 이름을 본떠 요셉의 주인의 이름을 지은 것처럼(J에 나오는 요셉의 장인의 이름 보디베라를 줄여서 요셉을 노예로 산 이집트 친위대장 보디발의 이름을 지은 것을 말한다 — 옮긴이), J에서 상수리 나무를 부르는 이름을 본떠 세겜 성소의 이름을 지었을 것이다. '모리야'는 E가 관심을 기울이는 제의적인 '두려움' 혹은 존경을 암시한다. 여로보암의 첫 번째 도성이며 최초의 건축 사업을 벌인 세겜이 E의 이야기에서 두 배 이상 언급되고 있는 것은 놀라운 일이 아니다. 나중에 언급된 세겜 성소는 모리야와 구분해야 할 것이다. 모리야는 분명 그 부근에 있었을 것이다. 야곱은 세겜 밖에서 구입한 밭에 돌기둥을 세웠다. 요셉의 유골을 묻은 곳이 바로 여기이다.

---

[6] E가 J의 제의 단락에 추가할 내용을 아브람이 세겜과 벧엘에 세운 제단 이야기로 시작하지 않은 것은 놀라운 일이다. 명백히 브엘세바 제의가 우선권을 갖고 있었다. 이것이 E와 이집트의 관계 때문인지, 시므온의 위기를 생각해서 그런 것인지, 혹은 또 다른 요인이 있는 것인지는 불확실하다.

벧엘

벧엘은 E가 호렙 이후에 가장 중요하게 여긴 '엘 신의 신전 혹은 성소(*beth-el*)'이다. 그곳은 여로보암의 남부 순례 제의 장소였고 그의 정치적 경쟁자인 르호보암과의 경계선에 있었다.[7] E의 제의 주제는 E가 추가한 벧엘 제의 건립 기사에 집중하고 있다. 돌기둥을 처음으로 언급하는데 그것은 야곱이 베개로 베고 잤던 돌이고 다른 돌기둥은 전부 이런 연관성으로부터 차용한 것이다. 야곱은 잠을 자다가 꿈을 꾸고 하나님께서 "내가 너와 함께 할 것이다"라고 말씀하시는 것을 듣는다. 꿈에서 깨어난 그는 두려워하고 놀란다. 그곳이 '두려운 곳'이기 때문이다. 그는 돌기둥을 세워 그 위에 기름을 붓고 그 성소에 십일조를 드리겠다고 맹세한다.

E의 벧엘은 성소의 모델이다. E가 야곱과 아들들의 이야기를 추가한 내용을 보면 하나님은 야곱에게 가족을 데리고 세겜에서 벧엘로 가라고 명령한다. 이 순례에 참가하는 사람은 모두 갖고 있던 신상들과 여신상들과 귀걸이를 세겜 성소의 상수리나무 아래에 파묻는다(창 35: 1~5). 이런 것들을 보관하는 일은 지방 성소들이 하는 주요기능 중 하나였을 것이다. 순례 여행을 하면서 하나님을 두려워하는 마음이 사방의 마을들에 퍼져 야곱의 무리를 괴롭히지 않도록 해준다. 일행은 벧엘에 도착하여 두 번째로 돌기둥을 세운 뒤 엘 벧엘(벧엘의 엘)이라고 부른다. 그것은 야곱이 처음 그곳에 머물렀을 때 나타난 하나님이란 뜻이다(창 35: 7).

길르앗

E는 단에 있는 성소를 언급하지 않는다. 그래서 벧엘에 훨씬 더 큰 비중을

---

[7] 벧엘을 E를 해석하기 위한 핵심적 장소로 삼은 연구를 위해, Hans Klein, "Ort und Zeit des Elohisten," *Evangelische Theologie* 37(1977): 247~60을 보라. 여기서 클라인은 E가 원래 벧엘 성소로 가는 안내서이며 어떤 이스라엘 여행가가 기록했을 것이라는 의견을 제시하는데 흥미롭지만 개연성이 없다.

둔다. 길르앗에 세운 돌기둥 성소는 라반과 야곱이 언약을 맺은 것을 기념하여 쌓은 돌무덤 이야기를 전하는 J에 E가 추가한 내용에 나온다. 거기서 단 성소는 다메섹과의 군사접경지를 표시한다.

마하나임

마하나임은 길르앗에 있는 이스라엘 사람이 거주하는 다윗 시대의 요새였다. 여로보암이 혁명을 일으킨 뒤에 그곳은 여로보암 수중으로 들어왔다. E는 야곱이 벧엘에서 꾼 꿈에서 본 천사와 똑같은 사자들의 이름을 따라 지은 것이라고 분명히 밝힌다(창 32: 1~2). 종종 지방 성소에 모이는 '하나님의 천사들'과 거룩한 사람들의 무리는 외관상 아무런 차이가 없었을 것이다.

[브누엘]

J는 브누엘에서 야곱이 하나님의 천사와 씨름하는 이야기를 전했다. 신명기 역사가의 연대기에 따르면 여로보암은 브누엘에 기존의 이스라엘 성소를 새롭게 건축하라고 지시했다(왕상 12: 25). 그곳을 건축하기 이전인지 이후인지는 모르지만 E는 브누엘이란 장소에 관심을 갖고 있었고 이 지점에 내용을 추가하려고 했었다. 두 가지 상황이 이것을 막았다. 야곱의 행위에는 제의 장소에 대한 경외심이 표현되지 않았으며 J는 그 사건을 야훼 대신에 '하나님'이 개입한 사건으로 만들어, 브누-엘 즉 '하나님의 얼굴'을 설명하는 이야기로 삼았다. 그러므로 E와 똑같지 않다고 해서 그 사건을 E처럼 보이게 하려고 내용을 변경할 필요가 없었다.

알론바굿(창 35: 8)

알론바굿(곡하는 상수리나무) 성소는 벧엘 남부 즉 유다와의 경계에서 벧엘보다 훨씬 더 가까운 곳에 있었다. 그곳에서는 드보라라고 하는 거룩한 여성을 숭배하였다. 사사기에 언급된 드보라라고 하는 거룩한 여성과 약간의 혼동

이 생긴 것일 수도 있다. 그녀는 종려나무 아래 앉아서 재판을 하였는데, 그곳은 "라마와 벧엘 사이에" 있었다(삿 4: 5). 이처럼 내용이 뒤섞인 모습은 이 성소에서 재판을 했음을 표시해준다. E에서 드보라는 리브가의 유모이다(창 35: 8). 벧엘에서 그리 멀지 않은 곳에 있는 이 종려나무는 E의 성소의 원형으로 취급받고 있다. "야곱은 그 성소에 돌기둥을 세워 그 위에 전제물을 붓고 또 그 위에 기름을 부었다"(창 35: 14).

라헬의 무덤(창 35: 16~20)

J는 라헬의 무덤이 베들레헴 근처에 있다고 말한다. 요셉과 베냐민의 어머니의 성소가 있을 것 같지 않은 장소이다. J가 다윗을 선호하는 역사가라는 사실을 제외한다면 말이다. E가 추가한 내용은 이 성소가 유다의 땅이 아니라 이스라엘 땅에 있다고 말한다. 그곳은 J가 표현하듯이 베들레헴으로 가는 길목에 있었다. 하지만 베들레헴 안이 아니었고, 심지어 꼭 베들레헴 부근인 것도 아니었다.

호렙

설명한 대로 호렙이라는 명칭은 여로보암 시대에 시내 광야로 가는 긴 순례의 길을 암시하며 더 이상 사용하지 않는 실로 성소의 상황을 암시한다. 제의적 관할구역의 전형으로서 그곳은 벧엘을 지칭했다. J의 시내 광야에서의 모세 이야기는 모세가 성소를 발견하는 일에 초점을 두고 있었다. 그곳에서 야훼는 모세에게 '이스라엘'을 이집트에서 데리고 나오라고 분부하시며 '이스라엘'이 거행할 희생제의의 규칙에 관해 말씀하신다. J는 모세가 불타는 가시덤불을 보는 장면으로 시작한다. E는 여기에 하나님이 계시하신 하나님의 이름의 어원을 삽입한다. 하나님은 *에흐예 임막*('ehyeh 'immak)이라는 표현을 사용하여 "내가 너와 함께 있을 것이다"라고 말씀하신다. 모세는 이름을 묻는다. "네가 이집트에서 그 백성을 인도하여 낸 후에 너희 모두가 이 산에서 하나님을 섬기게 될 것이다. 이것이 내가 너를 보냈다는 표적이 될 것이다"(출 3: 12). 하나님은 이어서 말씀하신다. "나는 스스로 있는 자이다(*에흐예*/ehyeh… *에흐예*/ehyeh)." 이 중복어구는 하나님께서 방금 전에 하신 말씀, 즉 "내가 너와 함께 있을 것이다"라는 말씀을 가리킨다. 하나님은 "스스로 있는 자이다('I will be')"라는 반복적 표현에 기초한 이름을 소개한다. "너는 이스라엘 자손에게 이르기를 '스스로 있는 자'가 나를 너희에게 보내셨다고 하라." 그리고는 '스스로 있는 자(*에흐예*/ehyeh)'를 약간 변형하여 이스라엘에서 일상적 신명인 야훼를 사용한다. "그들에게 *야훼*(yahweh)가 너를 보내셨다고 말하라." 이렇게 해서 E는 자신들이 판단할 때 다윗 가문이 하나님 명칭을 상당히 오용했다는 점을 표명한다. 동시에 E는 그 이름에 대해 엘로히스트(신명 '엘로힘'을 사용하는 역사가를 부르는 말 – 옮긴이)만이 할 수 있는 독특한 해석을 한다. 즉, 야훼란 "하나님이 너희와 함께 있을 것이다"라는 뜻이라는 것이다. 그것은 여로보암이 세운 제의가 제공하는 위로, 섭리, 안전의 의미를 담고 있다.

사법관들

J에서는 이 모든 일이 모세가 장인과 같이 살 때 벌어진다. 나중에 모세와 이스라엘 백성이 이집트를 탈출하여 이 지역에 가까이 갈 때 모세의 장인이 그들을 마중하러 온다. 모세는 그에게 그동안 벌어진 일을 설명하고 그의 축복을 받는다. 이것이 J 에피소드의 절정이다. 그리고 이스라엘 백성은 시내 광야로 전진한다. E에서는 이곳이 하나님께서 "너희가 이 산에서 하나님을 섬기게 될 것이다"라고 말씀한 내용이 예상하는 에피소드의 서두이다. 그리고 E의 커다란 종결부이기도 하다. E는 J의 여정을 무시하고 J가 "이스라엘이 시내 광야에 도착하였다"(출 19: 1b)라고 말하기 이전에 '하나님의 산에'라는 표현을 삽입하여(출 18: 5b) 모세가 호렙에서 이드로를 만난 것으로 설정한다. 여기서 E는 중앙의 통제를 받으면서도 여전히 권한이 분산되어 있는 여로보암의 사법관 제도가 이드로의 조언을 따라 모세에 의해 처음 조직된 것이라고 설명한다.

그런 다음에 이스라엘이 하나님의 판결을 얻기 위해 두렵고 떨리는 하나님의 임재 앞으로 다가가는 예식을 거행하고 이어서 사법관들이 지켜야 할 율법을 설명한다. 이 모든 일이 호렙에서 펼쳐진다. E는 이 모든 것이 '하나님을 섬기고' '하나님을 경외하는 일'이라고 말한다. 섭리하시는 야훼 하나님을 제의를 통해 섬기는 일이 여로보암이 일으킨 나라에서 제정한 사법제도의 핵심이다. 그리고 반복해서 말하지만 그것이 E의 세 번째 단락 전부를 차지하고 있다.

성소들은 다메섹에서 단을 우회하여 이집트로 가는 길목에 위치해 있다. 여로보암의 통치영역은 사방에서 침략할 수 있으며 외부의 간섭을 받을 수도 있었다. 하지만 관심사의 초점은 다메섹에서 이집트로 가는 길목에 있었다. 이것은 6장에서 설명한 그대로이다. 그러므로 E가 언급한 성소들은 위협이 가장 적은 북동쪽을 제외하면 사방에 흩어져 있다. 이곳들은 지역 실세의 지원이 가장 큰 전략적 효과를 나타내는 곳들이었다.

11

혁명의 영성

여로보암 1세 시대의 제의와 영성 혹은 경건성의 일부 요소들은 E가 성소의 예식들을 묘사할 때 두드러지게 나타난다. 이미 언급한 대로 이것들은 차례대로 설명하는 것이 도움이 된다. 국가 제의와 지방 제의는 E의 주요 관심사이다. E가 기술하는 모든 주요 사안들은 바로 그 제의에 분명하게 드러나 있다.

엘 신

여로보암 제의에서 섬기는 신은 엘이다. E 시대의 국가 제의는 전형적으로 엘리트가 군사력, 정복, 방어, 식량비축을 위한 행정, 저장시설과 분배하는 일에 집중하고 있다. 바알은 전형적으로 도시 국가를 수호하는 신이며 그런 제의의 초점이었다. 바알은 무력투쟁에 개입하여 원수들을 격파하고 자신의 궁

(성전)을 짓고 아들들을 낳고 땅의 소산을 보장해주고 기성 사회질서를 옹호하고 확립하였다. 그는 왕이나 농사꾼 모두가 선호하는 신이었다. 솔로몬의 야훼는 바알과 구분하기 어려웠다. 이와 대조적으로 엘 신은 팔레스타인 지파들의 최고 우두머리 신이었다. 그는 용사처럼 천막, 산지, 광야, 바다와 해안과 지하(통상적으로 저지대로 생각되는), 지파들이 빈번하게 왕래하는 교역로와 통신로, 그리고 이런 길에서 뚝 떨어져 있어서 지파들이 피신하는 장소에 거주했다. '인류의 아버지'인 엘 신은 경이로운 잉태의 신이었고 가족의 자녀출산을 지켜주는 남성 신이었다. 엘 신의 특성 대부분은 이스라엘의 야훼가 갖고 있었다. 야훼라는 이름은 엘 신의 별칭이었을 것이다.[1]

---

1) 역사적으로 말하면 야훼라는 이름은 야훼-엘(yahwe-el), '엘[또는 신]은 스스로 존재한다'와 같이 완전한 형태를 지닌 이름의 동사부분이거나 서술문장 형태의 별칭이다. 크로스(Frank M. Cross)는 엘 신이 전쟁용사로 존재하였다고 주장했다(*Canaanite Myth and Hebrew Epic*(Cambridge: Harvard University Press, 1973), 60~75]. J. J. M. Roberts, "El," in *Interpreter's Dictionary of the Bible*, supp. vol., ed. Keith Crim,(Nashville: Abingdon, 1976), 255~58 참조. 그러나 크로스 자신이 관찰한 대로(p. 63) 그런 명칭을 입증해주는 사례들은 "엘 신이 아기를 낳게 만들었다" 또는 "엘 신이 아기를 낳게 해주기를 원합니다"처럼 아기의 출생을 말한다. Herbert B. Huffmon, "Yahweh and Mari" in *Near Eastern Studies in Honor of William Foxwell Albright*, ed. Hans Goedicke(Baltimore: Johns Hopkins University Press, 1971), 283~89를 보라. 야훼라는 명칭은 아기 출산에서 파생된 단어로서 엘 신이 자녀출산에 관심을 두고 있음을 묘사한다.
다시 말해서 한편으로 아들들의 출생을 말하면서 다른 한편으로 정치 군사적 힘을 말하는 것은 별개의 사안이 아니다. 이것은 엘과 관련하여 사 9: 4~6에서 충격적으로 표현되어 있다. 그것은 아이 하나의 출생을 이렇게 묘사한다. "이는 그가 국가 강제부역의 멍에와 어깨의 빗장과 노예 감독관의 곤장을 미디안의 날과 같이 꺾으셨음이라. 어지러이 싸우는 군인들의 신발과 피범벅이 된 겉옷은 불에 타는 땔감이 되었도다. 이는 한 아기가 우리를 위해 태어났고 한 아들을 우리에게 주셨기 때문이다. 그의 어깨에는 정의로운 판결이 있고 이 아들의 이름은 전쟁용사 엘, 전리품을 주시는 후원자, 정의의 지휘관이시며 기이한 모략을 주시는 분이시다."
야훼가 여기서 파생했다는 견해를 반대하는 학자는 Tryggve N. D. Mettinger [*In Search of God: The Meaning and Message of the Everlasting Names*(Philadelphia: Fortress, 1988), 31~33]이다. 그의 대안은 설득력은 없지만 흥미롭다. 야훼 이름의 어원에 관한 다른 견해들로 Ernst Axel Knauf [*Midian: Untersuchungen zur Geschichte Palästinas*

엘 신이 이스라엘에서는 야훼로 등장하지만 이와 동시에 엘 신은 자신만의 독특한 정체성을 분명히 간직하고 있었다. 여로보암은 솔로몬이 '야훼'를 부도덕하게 왜곡한 사실을 피하고 '지파' 중심으로 살았던 자신의 이스라엘 신하들의 정체성을 존중한다는 의미에서 엘 신의 독특성 상당부분을 활용했다. 엘 신은 특정한 성소에서 독특한 형태로 자신을 드러냈다. 그래서 브엘세바의 하나님은 엘이라는 이름을 갖고 있다. 벧엘의 하나님은 '벧엘의 엘(엘 벧엘)'이고 (창 35: 7) 세겜의 하나님은 '엘은 이스라엘의 하나님이다(엘 엘로헤 이스라엘)'이다(창 33: 20). 궁정 관료들이 간직한 성소 신들의 목록에 등장하는 이와 같은 독특한 엘 신들은 때로 단순히 제1번 엘, 제2번 엘 등등으로 언급되었다. E는 다른 제의장소에서 섬기는 엘 신들을 그보다 더 많이 만든다. E가 사용하는 용어인 *엘로힘(elohim)* 즉 '하나님'은 엘의 복수형이며 하나님이 나타나심에 합당한 경외감을 표현하는 존칭어이다.

E에서 엘 신의 가장 특징적인 선언은 "내가 너와 함께 있겠다"는 말이다. 그것은 반복해서 등장한다.[2] 이 표현 뒤에는 야곱처럼 성소에 소산의 십일조를 바치는 자에게 하나님께서는 물, 식량, 의복을 주신다는 확신이 놓여 있다. 이 표현은 다윗 가문과 그 제의에 맞서 혁명을 일으키고 얻은 안전을 나타내기도 한다. 그래서 지방 성소는 부흥하고 새로운 합법성을 얻었다.

기름 붓는 돌기둥

여러 제의장소에서 엘 신을 섬길 때는 야곱이 서원한 것처럼 농산물을 바쳤

---

    und Nordarabiens am Ende des 2. Jahrtausends v. Chr. (Wiesbaden: Otto Harrassowitz, 1988), 45)가 제안한 "(엘 혹은 신)이 (폭풍처럼) 분다"와 "(엘 혹은 신)이 (전리품이나 약탈품)을 덮치다"가 있다.

2)   창 20: 22; 28: 15, 20; 31: 3, 5, 42; 41: 38, 39; 48: 21; 출 3: 12; 아울러 3인칭으로 표현한 경우도 많다.

다. 그렇게 해서 지방의 일반 제사장과 거룩한 남녀들(성자들)이 먹고 살았다. 그런데 E의 가장 특징적인 제의 상징은 돌기둥이다.[3] 야곱은 벧엘에 돌기둥을 세우고 거기에 기름을 부었다. 자기 조상이 섬기던 엘 신과의 만남을 표시하기 위해서였다. 그는 길르앗에도 두 번째 돌기둥을 세웠는데 아람 사람과 이스라엘 사람의 영역을 구분하기 위해서였다. 세 번째 돌기둥은 아람에서 돌아올 때 다시 벧엘에 세웠다. 네 번째 돌기둥은 벧엘 부근의 상수리나무 곁에 세웠다. 그것은 드보라의 무덤을 표시했고 역시 기름을 부었다.

이렇게 돌을 세우는 일은 흔한 일이었고 여러 가지 용도로 사용되었다. 어떤 역사가는 네 가지 용도로 구분한다. 추모용, 법률용, 축하용, 제사용이 그것이다.[4] E의 돌기둥은 이 모든 것을 담고 있다. E가 생각한 대로 대다수 돌기둥

---

[3] 돌기둥, 꿈, 자녀희생, 드라빔은 물론이고 여기서 고려하지 않은 다른 제의 요소들에 관하여 Karl Jaroš, *Die Stellung des Elohisten zur kanaanäischen Religion*, 2d. ed.(Göttingen: Vandenhoeck & Ruprecht, 1982)에 수집해 놓은 정보를 살펴보라. 다른 해석자들처럼 야로쉬는 E가 기원전 9세기 후반이나 8세기 초(엘리야와 엘리사 이후와 호세아 이전)에 기록되었으며 종교적 충성과 혼합주의를 다룬다고 믿는다. 그래서 그는 시리아 - 팔레스타인 제의 관행을 '가나안 방식'이라고 부르는 것을 받아들인다. 하지만 가나안 방식이란 말을 쓰면 그것은 '이스라엘 방식'과 대조적이며 상충되는 문화가 공존하는 상황을 전제하게 되고 그래서 인종적 혼합을 주장하지 않을 수 없다. 이러한 (의도치 않은) 관점은 신명기역사가의 수사법을 따르는 것이다. 그러나 '이스라엘'은 '가나안 사람'이었고 그렇게 존속했다는 것을 보여주는 지난 이십여 년 동안 이루어진 수많은 연구 때문에 이러한 입장의 타당성이 상당히 사라져버렸다. Michael David Coogan, "Canaanite Origins and Lineage: Reflections on the Religion of Ancient Israel," in *Ancient Israelite Religion: Essays in Honor of Frank Moore Cross*, ed. Patrick D. Miller, Jr., Paul D. Hanson, and S. Dean McBride(Philadelphia: Fortress, 1987), 115~24; Robert B. Coote, *Early Israel: A New Horizon*(Minneapolis: Fortress, 1990), 특히 177 n. 5를 보라.

[4] Carl F. Graesser, "Standing Stones in Ancient Palestine," *Biblical Archaeologist* 35(1972): 34~63. 성서 팔레스타인의 돌기둥에 관한 현재의 고고학 발굴결과에 대하여, John S. Holladay, Jr., "Religion in Israel and Judah under the Monarchy: An Explicitly Archaeological Approach," in *Ancient Israelite Religion*, ed. Miller, Hanson, and McBride, 249~99; Neil Asher Silberman, "Standing Stones: Masseboth and Stelae," *Biblical Archaeology Review* 15, no. 2(1989): 58~59를 보라.

의 목적은 고인이나 작고한 영웅을 율법에 따른 제의를 통해 추모하는 것이다. 더욱이 E가 가장 큰 관심을 쏟고 있는 돌기둥들은 이스라엘과 유다의 경계선을 표시하며 그래서 여로보암의 아들들에게 물려줄 영역을 표시한다. 우리는 통치자가 아들을 갖기 원하는 모습을 묘사한 우가릿 본문 하나를 다시 살펴봄으로써 E가 돌기둥으로 강조하려는 것이 무엇인지 알아보려고 한다. 그것은 성서본문에서도 찾아볼 수 있다.

다넬('엘*El* 신이 *판결한다*')은 아들이 없어서 엘의 성소로 가서 잠을 자며 기도했다. 거기서 칠 일 동안 신들에게 음식과 마실 것을 바쳤다. 드디어 간구가 응답되었다. 다넬의 기도는 "자기 집에 아들, 자기 궁에 후손"을 가지려는 것이었다. 이전에 인용하지 않은 행에서 다넬의 간구는 다음과 같이 진행된다.

> 조상신[5]을 위해 돌기둥을,
>   성소에 가족 성소를 세우고
> 자기 영을 땅에서 자유롭게 하기 위해
>   자기 발자국이 진흙에 닿지 않으려고
> 자기에게 반역한 자들을 진압하고
>   자기 압제자들을 축출하기 위해
> 자기가 술에 취했을 때 부축해 주고
>   만취했을 때 자신을 붙잡아주기 위해
> 바알(Baal)의 신전에 바친 제물을
>   엘(El)의 신전에서 자기 몫을 먹기 위해[6]

---

5) 다른 말로 하면, 자기 아버지의 혼백이다. 혹은 E에서 야곱이 라반과 언약을 맺으면서 돌기둥을 세울 때 사용한 표현처럼 "자기 아버지가 섬기던 신을 위해"일 것이다.
6) Coogan, *Stories from Ancient Canaan*(Philadelphia: Westminster, 1978), 33. 약간 수정하였음.

E 외의 구약성서에서 돌기둥에 대한 언급은 두 부류로 나뉜다. 대부분의 돌기둥은 제단에서 제사를 드리는 경우에 등장하며 신들이나 작고한 조상과 함께 식사하는 경우를 나타낸다.[7] 두 번째 부류의 돌기둥은 상속자가 있든 없든 한 사람의 '이름'을 경축한다. 이를테면 다윗의 아들 압살롬은 "내 이름을 전할 아들이 내게 없다"고 생각하여 돌기둥(『개역개정』, '비석')을 세웠고 '압살롬의 기념비'라고 불렀다(삼하 18: 18).

이 우가릿 본문과 성서본문은 E의 돌기둥 강조가 아들이 처한 위기 상황을 강조하는 것과 똑같은 신념과 행동에서 우러나온 것임을 분명하게 보여준다. 여로보암은 다수의 지역 성소에서 자기 아버지를 포함하여 작고한 집안의 영웅들을 추모하기 위하여 '바알 신전에서 드리는 제물, 엘 신전에 바치는 분깃'인 공동 제사와 함께 돌기둥 제의를 장려한다. 동시에 자기 집안의 계승이 위태로울까봐 염려하는 마음으로 원수를 성문에서 쫓아내는 일을 포함해서 다넬이 언급한 다른 봉사는 말할 것도 없고 자기처럼 제사를 드려줄 상속자를 갖기를 간절히 염원한다. 여로보암은 자기 나라의 행정관 가족들이 드리는 제사를 지원한다. 그것은 자신의 측근이나 추종자에게 잘 보이려고 하기 때문이다. 그리스의 흉상들처럼 돌기둥은 지역의 존경받는 인물이나 영웅들, 이를테면 실로의 아히야처럼 무덤에 머물면서 그곳에 묶여 있는 존재들을 위한 제의를 표시한다. 지역 실세들은 어떤 행동을 취하기 전에 조언을 얻거나 인정을 받으려 하거나 지원을 받으려는 목적으로 그들을 불러내곤 한다.[8] E는 요셉의 곡식 단이 형제의 곡식 단이 엎드려 절하는 중에 '일어서' 있는 모습을 기술

---

7) 출 24: 4; 신 7: 5; 12: 3; 16: 21~22; 호 3: 4; 10: 1~2; 사 19: 19 등에서 찾아볼 수 있다.

8) 6장 각주 3; Duncan Fishwick, *The Imperial Cult in the Latin West*, vol. 1,1(Leiden: E. J. Brill, 1987), 3~5; Theodore J. Lewis, *Cults of the Dead in Ancient Israel and Ugarit*(Atlanta: Scholars Press, 1989)을 보라. E도 희생제물을 준비하는 제단에 관심을 갖고 있다. 그러나 이것들은 J에 명시되어 있으므로 E는 그것에 대해 더 이상 주목할 필요가 없었다. J는 돌기둥에 대해 전혀 언급하지 않는다. E의 추가본문은 이 점에 집중하고 있다.

할 때 돌기둥이 서 있는 모습을 표현할 때와 똑같은 용어를 사용한다. 이는 여로보암(요셉)이 관할권 분산과 더불어 자기의 권위를 세우고 있는 것이다.

E의 돌기둥 제의는 돌 위에 지역 토산물인 올리브기름을 붓는 예식을 거행하는 것이 특징인데, 지역의 풍경을 이루는 가장 흔한 요소 위에 가장 흔한 생산품을 붓는 것이다. 드보라 성소에서 드리는 예배는 돌에 포도주를 붓는 예식을 포함하는데 아마 다른 돌기둥에도 그렇게 했을 것이다. 기름을 붓는 예식은 고인에게 식사를 대접하고 돌보는 행위를 상징한다. 시신에 기름을 바르는 일과 다르지 않다. 이스라엘의 기름 생산은 솔로몬 시대에 증가하였다. 기름 생산과 수출이 이스라엘 농민을 큰 곤경으로 몰아넣었지만 여로보암은 이러한 경제발전을 후퇴시키는 것을 원하지 않았다. 주요 수혜자는 E가 장려하는 제의를 통제하는 지방의 실세들이었다. E의 특별한 초점은 제의를 통해 기름 생산 증가를 촉진하는 데 있음을 암시한다.[9]

고고학자들은 기원전 1150년경에 세워진 세겜의 성전 요새에서 돌기둥의 받침돌을 발견했다. 여로보암은 이 직립 돌기둥들을 알았을 것이다. 돌기둥은 팔레스타인에 흔한 제의장소였다. 하지만 여로보암의 첫 번째 도성이었던 세겜의 성전 제의장소에 서 있는 돌기둥들이, 기념비적 유물을 남길 정도로, 혁명이 일어나기 바로 전부터 두각을 나타냈다는 점은 주목할 만하다.

제단 도살

E에 반영된 제의의 중요한 구성요소는 제단에서 드리는 희생제사이다. 히

---

[9] William G. Dever, "The Contribution of Archaeology to the Study of Canaanite and Early Israelite Religion," in *Ancient Israelite Religion*, ed. Miller, Hanson, and McBride, 233. "이 새로운 사회와 종교의 농업 기반을 보여주는 증거는 이 이스라엘 성소 여러 곳 주변에서 최근에 발견된 올리브기름을 생산하는 시설들이다."

브리어로 *희생제사*(sacrifice)는 신이나 사람이 혹은 신과 인간이 함께 먹기 위해 짐승을 도살하는 것을 의미한다. 이 '희생제사'는 사회적 지위와 정치적 행동에 필수적인 대가족의 동질성을 강화하는 공동식사로 이루어진다.10) 고기는 성서 팔레스타인의 평균적인 식탁에서는 귀한 음식이었다. 사람들은 일반적으로 특별한 절기나 축하 행사로 제사를 드릴 때 고기를 먹었다. 제단(히브리어: 도살 장소나 도구)과 돌기둥(menhir)은 성서 구절 여러 곳에 나란히 등장한다. 희생제사와 돌기둥을 세우는 일의 관계는 출애굽기 24: 4에 나타난다. 그곳은 E본문이 아니다. "모세가 야훼의 모든 말씀을 기록하고 이른 아침에 일어나 산 아래에 제단을 쌓고 이스라엘 열두 지파대로 열두 기둥을 세웠다."

호렙 성소에서 일어난 것으로 묘사된 E의 결론부 두 곳은 모두 희생제사를 드리고 공동 식사를 한다. 이드로가 광야에서 모세를 만나러 나올 때 그는 "번제물과 희생제물들을 하나님께 가져오매 이스라엘의 모든 족장들이 와서 모세의 장인과 함께 하나님 앞에서 떡을 먹"었다(출 18: 12). 이드로가 모세에게 사법제도의 절차에 관해 조언을 한 뒤 하나님은 무서운 폭풍 속에 나타나셔서 여로보암 나라의 율법을 선포하신다. E의 마지막 장면에서 모세와 이스라엘의 행정관들은 호렙으로 올라가 하나님이 보는 앞에서 먹고 마신다(출 24: 11). 모세가 조금 더 높이 올라가지만 이 주요 행정관들은 마치 야곱이 벧엘에서 본 하나님의 보좌로 가는 계단의 중간까지 올라가는 특권을 누린 것 같다.

---

10) Nancy Jay, "Sacrifice, Descent and the Patriarchs," *Vetus Testamentum* 38(1988): 52~70는 제사는 이스라엘뿐 아니라 다수의 사회에서 아버지와 아들의 연결고리에 따라 정의된 사회질서 수립에 필요하다고 지적한다. "조상 제사는 참여할 권리가 있는 자와 그렇지 못한 자를 제의를 통해 구분하여 부계 계승을 정의한다. 조상 제의는 단순히 죽은 자를 '숭배'하는 것이 아니다. 그것은 산 자의 관계를 조직하는 방식이다." J는 모계 계승을 묵인하는 것처럼 보인다. 제이(Jay)의 분석에서 E는 J의 모호한 계승 라인을 해소하고 제사를 부계 계승을 확인하는 절차로 언급하여 부계계승이 위협당하는 상황을 바로잡는다. 제사에 대한 제이의 통찰은 J의 희생제사를 저평가하고 E의 것을 과장하고 있음에도 불구하고 타당하다. 제이의 분석은 솔로몬의 정책이 부계 결속을 침해하는 반면 여로보암은 이것을 강화시켰을 가능성을 지지한다.

자녀 희생제사 폐지

E는 특이한 형태의 희생제사 한 가지를 폐지한다. 그것은 아들이나 딸을 희생제사로 드리는 일이다. 성서세계에서 이 가공할 관습은 실제로 팔레스타인과 다른 지역 사람들에 의해 실시되었다. 물론 그것은 많은 사람들이 우리만큼이나 혐오스럽게 생각하였을 수도 있는 관습이었다. 유아 희생제사는 야만적인 의식일 뿐 아니라 조상 제의에서의 희생 제사와 E가 후손을 강조하는 목적, 즉 가족의 유대를 확인하고 강화하고자 하는 목적에 어긋나 보인다. E는 아브람이 이삭을 희생제사로 드리려고 했던 사건을 자신이 추가한 내용의 초반에 둠으로써 이 모순을 언급하여 E문서 전체에서 아들에게 닥친 가장 고통스런 위기 사건으로 삼는다.

자녀 희생제사는 성에 대한 포위 공격을 막거나 이에 맞서 더욱 강력한 성벽이나 성문을 세우는 일처럼 방어전을 치르는 위기의 순간에 거행되었다. 가장 빠른 사례는 E보다 300년 전쯤인 우가릿 본문에 나타난다.

> 적군이 너희의 성문을 공격하고
> > 침략자가 너희의 성벽을 공격하면
> 너희는 눈을 들어 바알을 향하고 이렇게 기도하라.
> "오, 바알이여
> 우리의 성문에 들이닥친 원수를
> > 침략자를 우리의 성벽에서 쫓아내소서.
> 우리가 오, 바알이여, 당신에게 희생제사를 드리겠습니다.
> > 서원한 제사를 시행하겠습니다. 즉,
> 장자를 오, 바알이여, 우리가 희생제사로 드리겠습니다.
> > 아이를 우리가 드리겠습니다.
> > 재산의 십분의 일을 우리가 십일조로 드리겠습니다.

바알 성전에 우리가 올라가겠습니다.

바알 신전의 앞길에 우리가 걷겠습니다."

그렇게 하면 바알이 너희의 기도를 들을 것이다.

그가 너희의 성문에서 원수를

침략자를 너희의 성벽에서 쫓아내실 것이다. 11)

성서에서 이것을 정확하게 언급한 곳은 열왕기하 3: 25~27이다. 모압의 도성은 포위공격을 받았다. "모압 왕이 전세가 극렬하여 당하기 어려움을 보고 칼 찬 군사 칠백 명을 거느리고 돌파하려고 했다. 이에 실패하자 자기를 이어 왕이 될 맏아들을 데려와 성 위에서 번제를 드렸다." 공격하는 자들에게 격노함이 크게 임하여 그들은 진을 파하고 물러갔다.12) E보다 수십 년 뒤에 벌어진 열왕기상 16: 34의 연대기에 따르면 벧엘의 군주는 여리고 성을 다시 쌓으면서 성벽의 기초를 다지는 작업을 할 때 자기 맏아들을 희생제사로 바쳤고 성문 보강공사를 할 때는 막내아들을 희생제사로 바쳤다. 자녀 희생제사의 목적 중 하나는 도시를 요새로 만들어 방벽을 튼튼히 세우는 일이었다. 아들을 낳으려는 중요한 이유 중 하나가 바로 그것이었다.

---

11) 번역은 Baruch Margalit, "Why King Mesha of Moab Sacrificed His Oldest Son," *Biblical Archaeology Review* 12, no. 6(1986): 62~63의 것이다. 또한 A. Herdner, "Nouveaux textes alphabetiques de Ras Shamra," *Ugaritica VII*(Paris: 1978), 31~8과 "Une prière á Baal des ugaritains en danger," *Proceeding of the French Academy of Inscriptions and Belles Lettres*(CRAIBL) 1972, 694를 보라. 이 본문에 대한 마갈릿의 이해에 대하여 Jack M. Sasson의 *Biblical Archaeology Review* 13, no. 2(1987): 60의 비평적 해설을 보라. 마갈릿의 번역의 정확성은 자녀 희생제사에 관한 광범위한 증거에 달려 있다. 그러나 새슨은 이것을 상당한 의구심을 갖고 본다.

12) 격노함을 보통 도성의 수호신의 진노라고 생각한다. 마갈릿은 공격하는 자들이 심리적 혐오감을 느낀 것이라고 본다. Sasson의 *Biblical Archaeology Review*, 12~15, 60과 Bradley Aaronson의 *Biblical Archaeology Review* 16, no. 3(1990): 62, 67의 비평적 해설을 보라.

그러나 자녀 희생제사를 드리지 않을 수 없는 위기 상황과 예방조치는 예외적이었다. 페니키아의 식민지였던 카르타고에서는 약 600년 동안 수만 명의 자녀들을 희생제사로 바쳤다. 그들의 유골은 지금까지 알려진 가장 거대한 희생자의 공동묘지를 이루고 있다.13) 거기서는 불태운 자녀의 재를 담은 수백 개의 납골 단지가 발굴되었다. 더러는 양이나 염소의 뼈를 담은 단지도 발견되었다. 때로는 E의 경우처럼 자녀를 대신하여 제사를 드린 결과였을 것이다.14) 엘리트의 자녀와 평민의 자녀를 희생제사로 바친 경우는 용어가 서로 달랐다. 엘리트가 드린 희생제사가 그들의 수효에 비추어볼 때 압도적으로 많았다. 희생제사를 드리는 가장 흔한 이유는 신에게 서원한 것을 이행하는 일이었다. 그리스의 고전 자료에 의하면 이러한 희생제사는 자녀임신을 관장하는 신으로서 페니키아와 팔레스타인의 엘 신에 해당하는 크로노스나 새턴(로마의 농업 신)에게 드렸음을 보여준다.15) 돌기둥은 종종 자녀를 추모하려고 세운 것이었다. 팔레스타인에서 자녀 희생제사는 예루살렘(왕하 16: 3)뿐 아니라 지방 성소(사 57: 1~10)에서도 거행되었다.16) 보통 맏아들을 희생제사로 바쳤지만 항상 그런 것은 아니었다. 카르타고의 증거 일부는 제의에서 유아를 살

---

13) Lawrence E. Stager and Samuel R. Wolff, "Child Sacrifice at Carthage: Religious Rite or Population Control?" *Biblical Archaeology Review* 10, no. 1(1984): 30~51을 보라.
14) 기원전 7세기 카르타고에서는 희생제사의 삼분의 일이 짐승이었다. 후대인 기원전 4세기에 이 비율은 십분의 일로 줄어들었다.
15) "크로노스는 치명적인 역병이 발생하자 독생자를 자기 아버지 우라노스에게 희생제사로 바치고 자신에게는 할례를 베풀었으며 자기와 함께 한 동맹들에게도 자기와 똑같이 하도록 시켰다." "전쟁이 온 땅에 일어나자 크로노스는 자기 아들에게 왕복을 입히고 제단을 준비한 뒤 희생제사로 바쳤다"는 페니키아 역사가 산쿠니아톤(Sanchuniathon)의 언급과 비교해보라. Harold W. Attridge and Robert A. Oden, Jr., *Philo of Byblos, The Phoenician History: Introduction, Critical Text, Translation, Notes*(Washington, D.C.: The Catholic Biblical Association of America, 1981), 57, 63. 성서에 보존된 유일한 장면으로 세겜과 그의 친족이 강제로 할례를 받았다는 사건(창 34장)과 우연히도 일치하는데 그것은 E의 모리야가 세겜 근처라는 추측을 지지해준다.
16) 왕하 17: 16~17; 23: 10; 렘 7: 30~32; 미 6: 6을 보라.

해하는 일이 인구조절을 위해 이용되었음을 보여준다. 그것이 유아살해의 보편적인 기능이었다(낙태보다 선호하는 방식이었다).17) 보다 일반적으로 유아살해 의식은 유아살해의 필요성을 묵인하는 방편이기도 했다. 엘리트 사이에서는 이 예식이 상속자의 수를 제한하여 가족의 재산을 지키는 일에도 작은 기여를 했을 것이다.18)

엘 신이 아브람에게 이삭을 제물로 바치라고 명령한 E 기사는 완전히 꾸며낸 이야기가 아니었을 것이 분명하다. E는 자기 나라 실세들의 가정에서 벌어진 상황과 그것을 양으로 대체하여 진정시키는 모습을 묘사한다. 벌어진 상황과 그것을 진정시키는 일 모두 전례(前例)에 기초했다. E가 자녀에게 닥친 위험을 혐오하는 모습은 자녀 희생제사를 불법으로 규정하지는 않더라도 그에 반대하는 것으로 나아간다.19) 여로보암 자신이 세겜이나 브누엘을 요새로 재건축하기 위해서 혹은 포위공격에 맞서 자기 아들을 희생제사로 드리라는 사회적 압박을 받았을 수 있다. 엘 신이 사회적, 정치적 안녕을 준다는 E의 사상은 솔로몬이 촉발시킨 비정하고 잔인한 관행을 다른 것으로 대체할 필요성이

---

17) 낙태는 심리적 충격이 컸고 위험했다. 그것은 또 희생자의 성별을 선택하지 못하게 막았다. 대다수 본문은 아들을 제사로 바치지만 사실은 딸을 더 자주 바쳤을 것이다.
18) 자녀 희생제사에 관하여, A. R. W. Green, *The Role of Human Sacrifice in the Ancient Near East*(Cambridge: American Schools of Oriental Research, 1976); Jo Ann Hackett, "Religious Traditions in Israelite Transjordan: Child Sacrifice," in *Ancient Israelite Religion*, ed. Miller, Hanson, and McBride, 131~33; Mordechai Cogan and Hayim Tadmor, *2 Kings*(New York: Doubleday, 1988), 266~67; Mark S. Smith, *The Early History of God: Yahweh and the Other Deities in Ancient Israel*(San Francisco: Harper & Row, 1990), 132~38; Shelby Brown, *Late Cartheginian Child Sacrifice and Sacrificial Monuments in Their Mediterranean Context*(Sheffield: Sheffield Academic Press, 1990); Patrick Tierney, *The Highest Altar: The Story of Human Sacrifice*(New York: Viking, 1990)을 보라. 창 22장에 관하여 Philip R. Davies and Bruce D. Chilton, "The Aqedah: A Revised Tradition History," *Catholic Biblical Quarterly* 40(1978): 514~46을 보라.
19) 되풀이해서 말하지만 '외국' 제의관행을 '이스라엘'식 해법으로 반대하는 것은 E의 요점이 아니다.

있었음을 보여준다.

순례

군사접경지역에 설치한 제의 장소로 순례하는 일은 언제나 등장하는 팔레스타인 영성의 특징이다. 그것은 여로보암의 혁명을 유지하는 데 중요한 역할을 했다. J가 묘사한 주요 순례 제의 장소는 시내 성소였다. E는 그것을 호렙으로 변경하여 제의 관할권의 기준으로 삼았다. E에게 중요한 순례 장소는 벧엘과 단이었다. 두 곳은 예루살렘과 다메섹 제의에 대한 여로보암의 대응장소였다. 그러나 우리는 이미 E가 벧엘은 많이 언급하면서도 단은 거의 다루지 않는다는 사실을 지적했다. E는 여로보암 왕가의 공식 제의에는 별 관심이 없고 여로보암의 지지자들에게 후원을 받는 다양한 제의에 더욱 많은 관심을 쏟는다.

수면의식

E의 여러 꿈 이야기는 E의 수면의식(incubation)에 대한 관심에서 나온 것이다. 수면의식은 잠을 자는 일을 말하며 거룩한 성소에서 거행하는 제의 절차의 하나이다. 그것은 이집트, 메소포타미아, 그리스, 시리아, 팔레스타인 등의 고대 세계에 흔한 관행이었다. 그리스 관행은 주목할 만하다. 팔레스타인처럼 지역 영웅이나 거룩한 남녀를 기리는 성소와 연관되어 있기 때문이다.[20] 그리

---

20) E의 사상 속에서는 아브람이 바로 지역의 그런 거룩한 인물이다. 첫 번째 E 이야기는 아브람을 히브리어의 *나비/nabi',* '거룩한 사람, 선지자'라고 부른다. E. R. Dodds, *The Greeks and the Irrational*(Berkeley: University of California Press, 1951), 107~16, 203 n. 83; Walter Burkert, *Greek Religion*(Cambridge: Harvard University Press, 1985), 190~215

스 성소를 방문하는 두 가지 주요 목적은 예언적 꿈을 꾸고 치료를 받는 일이었다.21) 이와 동일한 목적을 팔레스타인의 경우에서도 찾아볼 수 있다. 위험에 빠진 아들들을 논의할 때 소개한 두 가지 수면 사례에서 그것을 볼 수 있다. 다넬과 키르타는 꿈에서 아들에 관한 이야기를 듣기 위해 수면상태에 빠진다. 아들이 없는 것은 신체적 결함이라고 보기 때문이었다. 다음 표현들을 보라. "다넬 치료자 엘의 사람", "키르타는 …… 파멸했다. 그에게는 아들이 있었다. 하지만 …… 사분의 일은 질병으로 죽었고 오분의 일은 레셉(고대 가나안 지역의 재앙과 지하 세계를 담당하는 신 — 옮긴이)이 데려가 버렸다." "아브람, 미래의 성소에서 기려질 영웅은 하나님에게 중보기도를 했고 하나님은 아비멜렉과 그의 아내와 종들을 치료했고, 그들은 자녀를 낳았다."22)

구약성서에서 수면의식과 관련하여 가장 잘 알려진 사례는 솔로몬이 기브온에서 꾼 꿈 이야기이다(왕상 3: 4~15). 솔로몬은 기브온 성소를 찾아갔다. 거기서 그는 다넬처럼 제사를 드리고 밤에 잠을 자면서 꿈을 꾸었다. 꿈에서 하나님은 솔로몬을 찾아와 무엇을 원하는지 말하라고 하셨다. 솔로몬이 올바른 재판을 할 수 있는 재능을 주실 것을 청하자, 하나님은 그의 선택을 기뻐하시며 요청한 것을 들어주셨다. 신명기역사가는 이 사건을 솔로몬이 성전이 아닌 성소에 의지한 모습을 반대하려는 목적으로 소개했다(왕상 3: 2~3). 야훼 제의를 오직 한 장소 즉 예루살렘 성전 제의로 집중시키기 위해(신 12: 2~14) 신명기역사가는 다른 제의장소를 비판한다. 특히 사람을 꿈꾸게 만들거나 다른 사

를 보라.
21) 의술을 강조하는 경우를 위해, Dodds, *Greeks and the Irrational*, 115~16; Burkert, *Greek Religion*, 214~15를 보라.
22) 다넬이 실제로 잠을 자거나 꿈을 꾸지 않았다는 최근의 주장은 평행하는 기사를 볼 때 개연성이 없어 보인다. 이 주장을 위해, Simon B. Parker, "Death and Devotion: The Composition and Theme of *AQHT*," in *Love and Death in the Ancient Near East: Essays in Honor of Marvin H. Pope*, ed. John H. Marks and Robert M. Good(Guilford, Conn.: Four Quarters, 1987), 73 n. 5을 보라.

람의 꿈 이야기를 들려주는 제의장소들을 비판했다. "너희 중에 지역 영웅 혹은 거룩한 남녀(『개역개정』, 선지자나 꿈꾸는 자)가 일어나서 이적과 기사를 네게 보이고 그가 네게 말한 그 이적과 기사가 이루어지고 너희가 알지 못하던 다른 신들을 우리가 따라 섬기자고 말할지라도 너는 그 지역 영웅이나 꿈꾸는 자의 말을 청종하지 말라"(신 13: 1~3).[23] 이 예루살렘 궁정 작가의 생각에는 성전이 아닌 성소에서 꾼 꿈에 나타난 하나님은 '다른 신'이다. 동일한 역사가는 벧엘의 신들도 같은 부류의 신이라고 생각한다.

그러나 팔레스타인 백성은 지역 간 관계에 대한 승인을 얻으려고 하거나 지역에서 벌어진 다툼의 정당한 판결을 얻으려면 자신들이 사는 지역 성소에 가야했다. 남자든 여자든 지역 성소에서 꿈을 꾸려고 잠을 잤고 그래서 정당한 보상을 얻으려고 했다. 이런 관행을 가장 잘 보여준 사례를 시편에서 찾아볼 수 있다. 몇 개의 시편은 이런 상황에서 탄원하는 기도를 한다. 이런 내용은 RSV와 같은 표준 영어번역 성경에서도 알아볼 수 있다.

> 야훼여 나의 대적이 어찌 그리 많은지요!
>   일어나 나를 치는 자가 많습니다
>   많은 사람이 나를 대적하여 말하기를
>   그는 하나님께 구원을 받지 못한다고 말합니다
> 야훼여 주는 나의 방패시요
>   나의 영광이시요 나의 머리를 드시는 자이십니다
> 내가 나의 목소리로 야훼께 부르짖으니
>   그의 성산에서 응답하십니다
> 내가 누워 자고
>   깨었으니 야훼께서 나를 붙드십니다

---

23) '꿈꾸는 자'란 표현은 E가 요셉을 지칭하여 쓴 말이다.

천만인이 나를 에워싸 진 친다 하여도
　　나는 두려워하지 않을 것입니다
야훼여 일어나십시오
　　나의 하나님이여 나를 구원해 주십시오
주께서 나의 모든 원수의 뺨을 치시며
　　악인의 이를 꺾으셨습니다(시 3편)

시편 4, 6, 17, 139편도 모두 비슷한 의미를 표현한다.[24] 시편 기자가 "밤마다 눈물로 내 침상을 띄우며 내 요를 적십니다"(시 6: 6)라고 노래할 때 우가릿의 키르타가 똑같은 역경에 처해서 "땅에 떨어지는 세겔처럼, 침대에 떨어지는 다섯 번째 세겔처럼" 눈물을 흘리는 모습이 떠오른다.

E는 꿈 이야기를 많이 한다. E는 첫 번째 장면부터 가장 긴 이야기를 전하는 장면까지 꿈 이야기를 열네 번 한다.[25] J는 기껏해야 한두 번 언급한다. E의 꿈 대다수는 성소에서 꾸는 것이 아니고 그래서 수면의식을 언급하지 않는다. 그럼에도 불구하고 원형적인 꿈은 벧엘에서의 야곱의 꿈인데, 그것은 결코 우연한 일이 아니다.[26] 수면의식은 E에서 꿈을 통한 계시의 전형이다. 꿈의 "해석은 하나님으로 말미암는다." E에 등장하는 많은 꿈은 지방 성소의 수면의식을 인정하는 역할을 한다. 신명기사가가 돌기둥, 성소와 꿈을 단호하게 불법

---

24) Robert B. Coote, "Psalm 139 as Juridical Complaint," in *The Bible and the Politics of Exegesis: Essays in Honor of Norman K. Gottwald*, ed. David Jobling, Peggy Day, and Gerald T. Sheppard(New York: Pilgrim Press, 1991)을 보라.
25) 결론부 꿈은 야곱이 브엘세바에서 잠을 자는 동안 꾼 꿈이다.
26) Klein이 벧엘에서 꾼 꿈 이야기를 강조하는 것은 적절하다("Ort und Zeit des Elohisten," *Evangelische Theologie* 37(1977): 248~51]. 그러나 벧엘이 E가 꿈 이야기를 전하는 유일한 성소인 것으로 보이지는 않는다(p. 251). 아브람과 야곱 모두 브엘세바에서 꿈을 꾼다. 그곳은 E가 창 22: 1~2(뒤에 '아침에 일찍 일어나'란 표현이 나온다; 20: 8; 21: 14; 28: 18 참조)와 46: 1~4에서 묘사한 첫 번째 성소이다.

으로 규정하는 것(신 12~13장)과는 분명하게 대조적이다. E와 신명기사가가 다함께 강조하고 있는 것은 지방 제의의 권위 문제이다. 이것은 지방 제의가 왕에게 아주 중요한 의미를 지닌다는 표시이다.

E의 또 다른 특성은 수면의식과 더불어 나타난다. 그것은 꿈 이야기의 절반 정도에만 등장할 뿐이다. 어느 날 어린 사무엘이 실로 성소에서 잠을 자는 동안 하나님이 그를 불렀다. "사무엘아!" 혹은 "사무엘아, 사무엘아!" 사무엘은 제사장 멘토인 엘리에게 대답했다. "예? 여기 있습니다!"(삼상 3: 2~9).27) 이렇게 대화를 주고받는 모습은 일반적으로 상관이 부하에게 말할 때 나타나지만 구약에서 그것을 가장 잘 보여주는 장면은 특별히 수면의식과 연관이 있다. E에서 그런 용법에 대한 관심을 보여준 곳은 모세가 호렙산을 처음 찾아갔을 때이다. 거기서 이 모습은 별도의 장면으로 묘사된다. "하나님이 가시덤불(『개역개정』, 떨기나무) 가운데서 모세를 불러 이르시되 '모세야, 모세야!' 하시매 그가 이르되 '예? 내가 여기 있습니다'"(출 3: 4). 하나님은 계속해서 말씀하신다. "네 발에서 신을 벗어라 네가 선 곳은 미래의 호렙 성소이다"(출 3: 5). 이런 식으로 대화를 주고받는 장면은 E에서 벌써 네 번이나 등장했다. 브엘세바에서 아브람에게(창 22: 1), 모리야에서 아브람에게(창 22: 11), 아람에서 꿈으로 야곱에게(창 31: 11), 브엘세바에서 야곱에게(창 46: 2). E의 성소에서 꾸는 꿈 세 번 중에 두 번이 포함되어 있다(장차 사본을 발굴하면 창 28: 13에서도 이런 장면이 나올지 가장 기대가 되는 부분이다).

경외/두려움

E의 수면의식은 보호해주시지만 두려운 하나님 엘(El)에게 다가갈 수 있게

---

27) *NRSV*는 "여기 제가 있습니다" 혹은 "제가 여기 있습니다"로 번역한다.

해 준다. J의 야훼와 달리 자기 이름을 지키는 이 하나님은 E의 주인공들에게 친숙하지 않다. 그분은 무시무시하고 겁나며 가까이 할 수 없는 주권자이시다. 한마디로 *두려운* 존재이다.[28] 하나님에게 접근하는 일은 직접적이지 않고 간접적 – 꿈을 통해서처럼 – 이며 항상 '하늘에서 온다.' 하나님은 J의 야훼가 보여주는 것처럼 격식을 차리지 않는 천사도 아니고 이웃사람처럼 나란히 얼굴을 마주하지도 않는다. 하나님은 꿈을 제외하고, 때로는 그 꿈에서도, 야곱이 하나님의 궁전에 계단으로 오르내리는 모습을 보았던 엘리트 사자들을 통해 말씀하신다. J는 여러 차례 야훼를 사람 곁에 서 있는 분으로 묘사하지만 E는 벧엘의 하나님을 꿈에서 본 천상의 보좌로 바꾸어 말한다(창 28: 10~17).[29] 다시 말하지만 이것은 우연한 일이 아니다. E는 그것을 국가 성소에서 가장 두드러진 장면으로 삼아 J와 신학적으로 다르다는 사실을 강조한다. E에서 유일하게 하나님과 일대일로 대면하여 만나는 장면은 호렙의 최종 장면에서 나타난다. 모세와 장로들만 호렙산, 즉 하나님의 궁전에서 하나님을 쳐다본다. 일반인들은 없다. 같은 장소의 산 아래에서 모세는 일찍이 "하나님 보기가 두려워서 얼굴을 가렸다." E에서 백성은 솔로몬이 아니라 왕이신 하나님의 권위에 응답해야 한다. 그러나 E의 하나님 개념은 여로보암이 이스라엘에서 다윗 가문의 권위를 더 높은 권위로 상쇄시켜야 할 심각한 필요성과 자기를 후원하는 우두머리들과 행정관, 그리고 공동의 율법에 대한 경건한 존경심을 복원하려는 욕구를 나타낸다.

E는 하나님과 지역영웅들은 돌기둥 부근에서 거행하는 전통적인 수면의식을 통해 만날 수 있는데 하나님을 두려워하는 마음 즉 '경외'하는 자세를 가져

---

28) E의 경외/두려움 주제에 관하여, Hans Walter Wolff, "The Elohistic Fragments in the Pentateuch," in *The Vitality of Old Testament Traditions*, 2d. ed., ed. Walter Brueggemann and Hans Walter Wolff [Atlanta: John Knox, 1982(German orig. 1969)], 67~82; Jaroš, *Die Stellung des Elohisten*, 45~49.
29) 1장에서 설명한 내용과 같다.

야 한다고 본다. E는 하나님 '경외'를 거의 십여 차례 언급하거나 암시한다. 그리고 하나님은 신앙심이 약해졌는지를 끊임없이 시험하신다.[30] 아브람은 아비멜렉과 그 신하들이 하나님을 두려워하지 않을 것이라고 생각했지만 그들은 하나님을 두려워했다. 아브람은 두려움/경외(모리야)라고 불리는 곳에서 이삭을 희생제사로 바칠 준비를 한다. 그러나 그가 하나님을 경외하는 것이 명백해지자 그렇게 하지 않아도 되었다. 야곱은 두려움에 잠에서 깨어 벧엘이란 장소에서 느낀 두려움을 인정한다. 라반은 하나님을 두려워하여 야곱에게 해를 끼칠 생각을 버린다. 야곱은 엘(하나님)을 '이삭의 두려운 하나님'이라고 말한다. 하나님 경외는 세겜에서 벧엘로 이어지는 산간지대를 통과할 때 야곱과 그의 일행에게 미칠 위험을 막아준다. 요셉은 자신을 위험에 빠뜨린 형들에게 자신은 하나님을 두려워하므로 자기 말은 믿어도 된다고 안심시킨다.

  E의 세 번째 부분은 사법적 판단을 내릴 때의 두려운 마음과 진실된 자세를 강조한다. 산파들은 바로의 지시가 아니라 하나님을 경외한다. 모세는 바로가 하나님을 두려워하지 않을 것이라고 단언한다. 이스라엘의 사법행정관들은 하나님을 두려워한다. 그들은 부자이면서도 경건치 않은 이스라엘의 실세들을 두려워하지 않는다. 또 여로보암 치하의 실세들에게 뇌물을 주고 매수하려는 다윗 가문도 두려워하지 않는다. 이스라엘 백성은 이스라엘에게 율법을 주시고 시행하시는 하나님을 두려워한다. E의 지배적인 두려움 모티프는 이집트나 솔로몬의 불법을 따르거나 복종하는 것이 아니라 하나님의 율법을 존중하며 사법행정관이 이스라엘의 제의를 지키고 가혹한 시련 속에서도 하나님을 두려워하는 자세를 간직해야 함을 나타낸다. "야훼를 경외하며 그의 계명을 크게 즐거워하는 자는 복이 있습니다"(시 112: 1).[31]

---

30) E의 이 모티프는 히브리어로 동사 어근 경외하다, 두려워하다는 뜻의 yr뿐 아니라 공포심에 낙담하다, 떨다, 전율하다는 의미를 지닌 phd, htt, bhl, hrd와 같은 동사 어근으로도 표현한다.
31) E의 하나님 경외는 잠언서의 하나님 경외와 동떨어진 것이 아니다.

12

사법권과 율법

백성들은 여로보암 시대에 아들 이상의 것을 얻기 위해 기도했다. 성서의 시편이 보여주는 것처럼 제의를 통해 인정받은 공통 사례법(case law)[1]이 암시하는 정의로운 질서가 세워지기를 위해 기도했다. 물론 사회질서가 반드시 법률만으로 유지되는 것은 아니다. 백성들은 이스라엘의 여러 성소들에서 모든 사회의 신성한 기반인 율법과 질서를 추구했다. 새롭게 작성한 법률 선포는 새로운 사법 질서의 가장 확실한 표지였다.[2] 여로보암이 누렸던 인기의 한 측

---

1) 어떤 사례를 제시하고 그것을 사법적으로 어떻게 처리할 것인가를 규정한 법률을 말한다. '만약 ~하면, ~하다(if ~, then ~)'라는 형식을 취하기 때문에 가언법(假言法, casuistic law)이라고도 한다. 절대적 명령의 형식을 취하는 정언법(定言法, apodictic law)과 대비되는 개념인데, 정언법의 대표적인 예는 십계명이다. 도덕 규범처럼 절대적 성격의 정언법은 불변하는 규범인 반면, 사례법은 시대 상황에 따라서 변화할 수 있는 규범이다. 고대 이스라엘에서의 정언법과 사례법의 관계에 대하여 먼저 정언법이 성립한 다음에 사례법이 생겼다고 보는 입장과 처음부터 동시에 존재했다고 보는 입장이 있다. — 옮긴이
2) Marvin L. Chaney, "Debt Easement in Old Testament History and Tradition," in *The Bible and the Politics of Exegesis: Essays in Honor of Norman K. Gottwald*, ed. David Jobling, Peggy Day, and Gerald T. Sheppard(New York: Pilgrim Press, 1991)을

면은 E와 같은 법률이 촌락민과 노동자에게 부유한 지주들이 자의적으로 행사하는 권력에 대하여 제한을 둔다는 가정에 근거하고 있다.

사법 질서

사법 질서와 아들들은 별개의 관심사가 아니다. 법과 질서는 E를 통틀어 아들들을 얻고 싶은 마음, 돌기둥, 하나님 경외 모두가 가리키고 기대하는 것이다. 그것은 새로운 사법 질서이자 혁명적 질서인 것이다. 그것은 E의 결론부에 등장하는 사례법(case law) 모음집이 제공하는 완벽하고 정확한 정의를 필요로 한다.3) 새로운 국가 제의에는 새로운 사법 질서가 필요하다. 돌기둥 제의와 사법 질서가 연결되어 있다는 것을 보여주는 하나의 측면은 이미 E의 라반과 야곱이 언약을 체결한 장면에 등장한다. 두 사람의 언약은 돌기둥 제단과 라헬과 요셉에게 닥친 위기의 해결을 강조한다. 두 번째 측면은 이미 인용한 JE를 해석적으로 보충한 내용으로 나중에 나온다. "모세가 야훼의 모든 말씀을 기록하고 이른 아침에 일어나 산 아래에 제단을 쌓고 이스라엘의 열두 지파 — 지파 명칭이 된 조상들의 수효 — 대로 열두 기둥을 세웠다"(출 24: 4). 세 번째 측면은 혈통에 직접적으로 관심을 둔다. 아들을 달라는 기도에 대한 응답 방식을 따라 전해지고 있는 아래 예언자(거룩한 사람)의 신탁은 한 싹의 탄생과

보라. 그리스 역사에서 E의 율법과 관계되는 평행기사에 관한 연구를 위해, Michael Gagarin, *Early Greek Law*(Berkeley: University of California Press, 1986), 특히 6장, "The Emergence of Written Law"를 보라. 가가린(Gagarin)은 고대 근동과 그리스의 대조점을 과장한다. 그가 새롭게 제정한 법을 공식적으로 출판할 때의 글의 역할을 강조한 것은 약간의 수정을 전제로 E에 적용된다.

3) 중세와 현대 서양사에서 법과 혁명의 연관성을 위해, Harold J. Berman, *Law and Revolution: The Formation of the Western Legal Tradition*(Cambridge: Harvard University Press, 1983)을 보라.

사법 질서가 연결되어 있음을 표현한다. 그것이 수면의식의 기본 전제이다.

> 이새의 줄기에서 한 싹이 나며
>   그 뿌리에서 한 가지가 나서 결실할 것이요
> 그의 위에 야훼의 영 곧
>   지혜와 총명의 영이요
>   모략과 재능의 영이요
>   지식과 **야훼를 경외하는** 영이 강림하시리니
>   그가 **야훼를 경외함으로** 즐거움을 삼을 것이며
> 그의 눈에 보이는 대로 심판하지 아니하며
>   그의 귀에 들리는 대로 판단하지 아니하며
> 공의로 가난한 자를 심판하며
>   정직으로 세상의 겸손한 자를 판단하며
>   ………
> 공의로 그의 허리띠를 삼으며
>   성실로 그의 몸의 띠를 삼을 것이다(사 11: 1~5)

그로 인해 나타나는 사회질서는

> 그때에 이리가 어린 양과 함께 살며
>   표범이 어린 염소와 함께 누우며
>   ………
> 내 거룩한 산 모든 관할구역(『개역개정』, 곳)에서
> 해 됨도 없고 상함도 없을 것이니(사 11: 6~9)

살펴본 대로 그런 아들은 자기 조상을 위해 돌기둥 제단을 세우거나 그것을

후원할 것이다. 압살롬처럼 아들이 없지만 야심 있는 통치자는 이런 사역을 스스로 준비해야 한다.

솔로몬의 통치를 묘사하는 본문의 현재 배열에 따르면 그는 즉위할 때 수면 의식을 거행했고 올바른 판결을 내릴 수 있기를 기도했다. 솔로몬 시대 초기의 편집자는 시편 중 하나를 이때 드린 기도로 보았다.

> 솔로몬의 시:
> 하나님이여 주의 판단력을 [새] 왕에게 주시고
>   주의 공의를 [선]왕의 아들에게 주소서
> 그가 주의 백성을 공의로 재판하며
>   주의 가난한 자를 정의로 재판하리니
> 공의로 말미암아 산들이 백성에게 평강을 주며
>   작은 산들도 그리 하리로다
> 그가 가난한 백성의 억울함을 풀어주며
>   궁핍한 자의 자손을 구원하며
>   압박하는 자를 꺾으리로다(시 72: 1~4).

키르타가 그토록 열렬히 기도해서 얻은 아들 중 하나는 나중에 키르타가 정의를 소홀히 했다고 비난한다. 아들은 아버지보다 더 좋은 판결을 할 수 있을 것이라고 반박하며 다음과 같은 불만을 털어놓는다.

> 당신의 손에 나약함이 머물러 있습니다
> 당신은 과부의 송사를 판결하지 않습니다
>   당신은 압제받는 자의 하소연을 관장하지 않습니다
> 당신은 가난한 자를 약탈하는 자들을 내쫓지 않습니다
>   당신은 당신 앞에 있는 고아와

당신 뒤에 있는 과부에게 먹을 것을 주지 않습니다
병든 자는 당신의 형제가 되었고
손을 펴는 자는 당신의 친구가 되었습니다
왕위에서 내려오십시오 – 제가 왕이 되겠습니다.
당신의 권력으로 – 나를 보좌에 앉혀 주십시오.[4]

행정관의 아들이 아버지가 정의롭게 치리하는 모습을 계승하거나 아버지의 불의를 바로잡는다는 가정은 E가 갖고 있는 사회질서의 근본원리이다.

제의와 사법권

E의 경우, 아들들을 구원하는 하나님 경외는 사법 정신을 담고 있다. E의 사법 질서와 사법권의 기초는 여로보암이 조직하고 지방에 분산시킨 사법권의 중심에 있는 국가 제의와 지방 제의의 보통법이었다. E는 북부 도시와 마을에 공통적이었던 이 법률로 그의 마지막 예화를 전개한다. 그것이 E의 모든 내용이 지향하는 목표이다.

E의 통치개념은 폭군의 통치에 저항하는 모습을 갖고 있다. E는 마치 초기의 존 로크 사상처럼 사람이 아니라 법으로 다스리는 모습을 보여준다. 그는 로크와 같은 상황에 있지 않았지만 E는 분명히 왕의 이익을 견제하는 지주 계층의 허용을 구상하고 있다. 6장에서 가리킨 대로 E는 이스라엘 산지와 예루살렘 산지에서 통용되는 사법 구조가 사회 구조의 차이 때문에 다르다는 것을

---

4) Michael David Coogan, *Stories from Ancient Canaan*(Philadelphia: Westminster, 1978), 73~74. 쿠간(Coogan)은 삼하 15장에서 압살롬이 아버지 다윗에게 도전하는 내용과 유사한 점을 주목한다(pp. 54~55).

보여준다. 유다에서는 예루살렘 안에 적용하는 법과 도성 밖에 적용하는 법이 다르다. 압살롬이 예루살렘 성문에 법정을 열어 J의 사례법이 없는 경우 시골 사람들에 유효한 규정으로 송사를 해결해준 사례에서 그것을 볼 수 있다(삼하 15: 2~6). 이스라엘에서는 하나의 법을 세겜(혹은 이후의 도성)과 지방에 똑같이 적용한다. 이런 사례는 아합 왕이 나봇이 제기한 토지소유권 양도불가의 원칙을 어쩔 수 없이 수용하는 데서 볼 수 있다(왕상 21: 1~4).

이스라엘 왕은 통상적으로 자신을 국가법에 복종하는 자로 간주했다. E의 목적은 이런 관계를 확립하려는 것이 아니라 그것을 기정사실로 통합시키는 데 있다. 이런 사법적 관계는 E가 이스라엘의 실세들과 행정관들에게 가족의 수장이자 사법처리의 중재자로서의 역할을 폭넓게 인정하고 또 이스라엘의 제의를 이러한 역할을 수행하는 장소로 인정하는 모습과 잘 어울린다. 그들은 모두 여로보암이라는 사람이 왕이 된 혁명을 지지하는 자들이다. 여로보암에게 이스라엘의 법은 대중이 법을 무시하는 솔로몬 왕을 거부하는 것 그 이상을 대변한다. 여로보암의 이스라엘에서 국가법의 시행은 실세들이 쥔 권력의 주춧돌이었다. 이것이 E가 법률을 강조하는 이유이다.[5]

사법권 내에서 제의가 하는 역할 – 미국처럼 교회와 국가가 분리되어 있다는 생각을 가진 사회에서는 파악하기 어려운 개념이다 – 은 시편 15편에 가장 잘 나타나 있다. 그 시편은 성소와 연관된 궁극적 가치 즉 법정 증언의 진실성에 집중적으로 관심을 쏟고 있다.[6] 풀어서 읽으면 다음과 같다.

---

[5] 어떤 이는 오므리 이전의 이스라엘이 국가(state)가 아니라 족장사회(chiefdom)였다고 주장한다. 이 시기의 이스라엘과 유다의 정치조직의 차이가 각자 지녀왔던 사회적 법률적 구조에 기초를 두고 있는지 아니면 정치적으로 진화한 것인지는 더 연구를 해야 결정할 수 있다.

[6] 이 주제는 성서의 모든 곳에서 분명히 드러나며 Robert B. Coote and Mary P. Coote, *Power, Politics, and the Making of the Bible*(Minneapolis: Fortress, 1990), "Jurisdiction" 항목의 중요한 주제이다. 하지만 이 주제는 따로 추가해서 상세히 다룰 필요가 있다.

하나님이여, 주의 장막에 머무를 자가 누구입니까? 주의 성산에 사는 자가 누구입니까? 솔직한 진실로 소송을 제기하며 정의를 실천하며 마음으로 진실을 말하며 그의 혀로 남을 허물하지 않으며 그의 이웃에게 거짓말로 비방하지 아니하며 그의 눈은 망령된 자를 멸시하며 하나님을 두려워하는 자를 존대하며 그의 마음에 맹세한 것은 해로울지라도 변하지 아니하며 과도한 이자를 받으려고 돈을 꾸어주지 아니하며 뇌물을 받고 무죄한 자를 해하지 아니하는 자이니 이런 일을 행하는 자는 하나님의 성소에서 흔들리지 않을 것입니다.

지방 성소는 "주인은 그를 데리고 하나님께 나아가야 한다,"[7] "내가 그가 피할 성소를 일러줄 것이다," "집 주인을 하나님께 데려와야 한다," "양측이 하나님 앞에 송사해야 한다"는 구절처럼 E의 율법 모음집 여러 곳에 등장한다.

많은 이들이 주목하듯이 E는 사건의 세세한 부분을 자세히 다룬다. J보다 훨씬 빈번하게 언급하는 E의 '죄'는 보통 법을 어긴 것을 의미한다. 아비멜렉이 (남의) 아내를 훔치는 죄를 지었는가? 아브람은 속이는 죄를 지었는가? 아비멜렉은 타인의 우물을 함부로 사용한 죄가 있는가? 젊은 야곱은 라반의 재산 일부를 가질 권리가 있는가? 야곱은 도둑질한 죄가 있는가? 요셉은 강간한 죄가 있는가? 요셉의 형들은 납치의 죄가 있는가? 모세는 자기 백성을 이집트에서 이끌고 나올 권리가 있는가? E는 이런 질문에 대답할 증거에 대하여 자세히 말한다. 그가 특별한 역사관이나 인간관을 갖고 있다거나 훌륭한 이야기는 어떤 것인가에 대한 특별한 생각을 가지고 있어서가 아니라 전체 내러티브가 사례법을 적용하는 일을 가리키며 그래서 사건의 자세한 상황에 그러한 관심을 기울이는 것이다.

---

7) '하나님께'라는 히브리어 구문이 법정을 의미한다는 것은 E가 출 18: 19에서 사용한 표현법을 보면 분명히 알 수 있다.

E의 법

적어도 이론상 E의 법은 지주인 행정 계층이 제정한 법의 적용을 반대함으로써 그들의 법률 제정권을 제한한다. 또한 그것은 힘 있는 행정 계층에게 그런 권한을 줄 필요가 없는 통치자의 불의를 개선해준다. E의 사례법은 여로보암이 회복시키려고 하는 지파와 유사한 정치조직을 반영한다. E의 법은 훨씬 강력하고 자율적인 궁정에서 유래한 설형문자법(고대 메소포타미아 법 — 옮긴이)과 대조적으로 우연한 살인과 고의적 살인을 구분한다. 또 재산권 침해 사실 하나만으로는 사형을 선고하지 않는다. 상해에 대한 보복은 동등한 상해로 제한하며 그래서 과잉적인 그리고 남을 대신하여 받는 처벌을 배제한다(동해보복법 혹은 복수제한법). 또 형벌을 내릴 때 계층 간의 차이를 인정하지 않는다.[8] 그럼에도 불구하고 E가 생각하는 위계적인 사법 구조는 마치 군사 조직과 같다.[9] 사법행정관들은 열 가정, 오십 가정, 백 가정, 일천 가정의 중첩적인

---

[8] Moshe Greenberg, "Crimes and Punishments," in *Interpreter's Dictionary of the Bible*, ed. George Arthur Buttrick et al.(Nashville: Abingdon, 1962), 1: 735. E의 법률에 관한 최근 연구를 위해, Shalom M. Paul, *Studies in the Book of the Covenant in the Light of Cuneiform and Biblical Law*(Leiden: E. J. Brill, 1970); Hans Jochen Boecker, *Law and the Administration of Justice in the Old Testament and Ancient Near East*(Minneapolis: Augsburg, 1980); Dale Patrick, *Old Testament Law*(Atlanta: John Knox, 1985), 63~96; Frank Crüsemann, "Das Bundesbuch-historischer Ort und institutioneler Hintergrund," in *Congress Volume: Jerusalem, 1988*, supp. to *Vetus Testamentum* 40, ed. J. A. Emerton(Leiden: E. J. Brill, 1988); Raymond Westbrook, *Property and the Family in Biblical Law*(Sheffield: Sheffield University Press, 1990); Meir Malul, *The Comparative Method in Ancient Near Eastern and Biblical Legal Studies*(Neukirchen-Vluyn: Neukirchner Verlag/Kevelaer: Butzon and Bercker, 1990)을 보라.

[9] E의 사법적 계층구조는 강제부역(여로보암이 한때 책임자였던)과 군대를 징발하는 조직처럼 보인다. Keith W. Whitelam, *The Just King: Monarchical Judicial Authority in Ancient Israel*(Sheffield: JSOT Press, 1979), 193~94; Robert R. Wilson, "Israel's Judicial System in the Preexilic Period," *The Jewish Quarterly Review* 74(1983): 229~48을

단위로 임명되었다. 이렇게 촘촘하게 배치된 조직은 혁명 정신을 일관성 있게 진작시킬 수 있었다.10)

E를 마무리하는 법률 모음집은 여로보암과 그의 측근들이 다스리는 사회에서 일어날 수 있는 상황 전체를 합리적이고 체계적으로 다룬 '법전'은 아니다. 그러나 고대 근동법의 전통적인 범주에 따라 느슨하게 율법들을 모아놓았다. 율법 모음이 법전이 아니라면 그것은 무엇인가? 고대 근동에서는 왕이 종종 법률을 선포하여 정의가 침식되는 것을 막으려는 통치자의 의도를 공개하면서 공평한 판결의 표준이 되는 사례들을 제시하는 전통이 있었다.11) E의 법률집은 개개의 법들이 E의 내러티브에 제시된 모든 상황을 다루는 것을 넘어서서 실제상황 전부를 다루지는 않는다. 하지만 다룬 적이 없는 상황이 벌어질 때 올바른 판결을 내리는 방법을 알려주기에는 충분할 것으로 상정되었다.

여로보암의 사법행정관들이 이 율법 모음집을 입수했는지의 문제는 별도의 사안이다. 설형문자 법률집과 동 시대의 수천 가지 법률문서는 그런 법률집을

보라.
10) 필자는 Boikanyo C. Maaga 덕분에 이런 생각을 하게 되었다. Rolf Knierim ["Exodus 18 und die Neuordnung der mosaischen Gerichtbarkeit," *Zeitschrift für die alttestamentliche Wissenschaft* 73(1961): 146~71]은 현재 형태의 출 18장이 대하 19: 4~11에 기술된 여호사밧의 개혁을 설명해준다고 주장한다. 물론 신명기사가는 E에 기록된 관할권 체계를 많이 간직하면서(신 1: 9~18; 16: 18~20; 17: 8~13) 동시에 제의용 돌기둥은 배척한다: "자기를 위해 돌기둥(『개역개정』, 주상)을 세우지 말라 네 하나님 야훼께서 미워하신다"(신 16: 22). 신명기사가는 중앙화를 극단적으로 주장한다. 여로보암은 이 정책을 추진할 수 없었다. E는 모세 – 북부 족장들의 우두머리였을 것이다 – 를 왕이 아니라 율법 전달자로 삼은 J를 따르고 있다.
11) 이 중요한 주제에 대해서는 지속적으로 연구되고 있다. 최근의 성과를 요약한 연구는 Niels P. Lemche, "Andurarum and Misarum: Comments on the Problem of Social Edicts and Their Application in the Ancient Near East," *Journal of Near Eastern Studies* 38(1979): 11~22; F. R. Kraus, *Königliche Verfügungen in altbabylonischer Zeit*(Leiden: E. J. Brill, 1984); Raymond Westbrook, "Biblical and Cuneiform Law Codes," *Revue Biblique* 92(1985): 247~64 등이 있다. 특히, Chaney, "Debt Easement in Old Testament History"를 보라.

언급하지 않으며 내용도 종종 다르다. 실제로 "법을 선포한 왕들조차 역사기록에서 그것들을 특별히 언급하지 않는다."12) 설형문자 법률집은 재판관이나 관리를 위한 것이 아니라 신들이나 후손들이 읽고 통치자가 얼마나 정의로웠는지 인지시키려는 목적으로 기록했다. 이 점이 우리를 숙고하게 만든다. 하지만 E의 법률은 설형문자 법률의 패턴을 따르지 않은 것으로 보인다. E의 법들은 E의 나머지 이야기와 함께 여로보암의 궁전을 방문하는 실세들에게 읽어줄 수 있었을 것이다. 짧은 법들은 제의 장소에 전시 목적으로 돌이나 돌 위에 바른 회반죽에 기록했다. 그것들은 국가 질서의 법적 기초를 예시해주고 어떤 문제에 대한 왕실 판례나 경향에 친숙치 않은 재판관이 비교할 목적으로 사용할 수도 있었다. 조약문서의 법 조항과 모든 내용은 이런 식으로 전시되었던 것으로 알려진다. 적어도 E의 법률모음집 일부는 E에서 언급한 성소의 돌판에 기록하여 전시하거나 양피지 두루마리에 기록하여 보관하였을 것이다.

  E의 법률모음집은 실질적으로 다른 고대 근동 법률집과 똑같은 분류체계를 따르고 있다. 여기에 증거법, 재산법(도둑, 권리이전, 손해, 보관 등등), 결혼과 가족법 그리고 신체 상해 관련법이 해당된다. E에서 가장 독특한 법률은 무엇보다도 채무노예와 관련된 법이다. 그것은 우리가 연한을 정한 계약 노동으로 알고 있는 것과 비슷하다.13) 한 가지 종류 이상의 노예가 존재했던 고대 근동의 법률에서 노예 문제를 전체적으로 다루는 정식의 항목은 없었던 것으로 보인다. 노예법은 가족법, 절도법, 신체 상해법, 그리고 잡다한 사항이 들어 있는 부록에 포함되었다. 현존하는 고대 법률집에서 그것은 후반부나 끝부분에 여기저기 실리는 경향이 있다.14)

---

12) Samuel Greengus, "Law in the OT," in *Interpreter's Dictionary of the Bible*, supp. vol., ed. Keith Crim(Nashville: Abingdon, 1976), 534.
13) Dale Patrick, *Old Testament Law*(Atlanta: John Knox, 1985), 70.
14) Stephen A. Kaufman, "The Second Table of the Decalogue and the Implicit Categories of Ancient Near Eastern Law," in *Love and Death in the Ancient Near East: Essays in*

E가 법률집 서두에 노예법을 수록한 것은 특이한 사례이다. 그 이유가 무엇일까? E가 노예법을 서두에 언급한 까닭은 아마도 선례를 따른 것이겠지만 노예를 육년 동안만 부리고 칠 년째에 풀어주도록 제한하기 때문에 솔로몬의 정책으로 오랫동안 자유로운 삶을 위협받아온 백성들에게 인기가 있었기 때문일 것이다. 하지만 이 법전의 주요 청중은 노예보다는 노예소유주이었을 것이다. 이 법의 내용을 보면 그렇게 배치한 이유를 다르게 추측할 수 있다. 노예법은 아버지가 자녀를 상실할 위기를 다룬다. 이것은 E가 집념을 갖고 다루는 사안이다. 아버지들은 자녀를 노예로 빼앗길 수 있었고 노예들은 자기 자녀를 빼앗길 수 있었다. 자기 아내와 자녀를 지키고 싶은 노예는 지방 성소에서 거행하는 의식을 통해 영구적으로 노예가 되겠다는 서약을 할 수 있었다. 이 법은 노예가족과 노예소유주를 모두 지원하며 그래서 여로보암 궁정의 법적 관심사에 합당할 뿐 아니라 상징적인 정책이었다.15)

하나님 경외와 채무노예 사용기간을 제한하는 법의 관계는 느헤미야가 유다인이 채무 때문에 유다인을 노예로 삼는 관행을 규제한 조치에서 알 수 있다 (느 5장). "우리는 밭과 포도원과 집이라도 저당 잡히고 이 흉년에 곡식을 얻자 하고" 어떤 사람들은 말하기를 "우리는 밭과 포도원으로 돈을 빚내서 왕에게 세금을 바쳤다.…… 이제 우리 자녀를 종으로 판다. 그런데 이제 다른 사람이 우리의 밭과 포도원을 가지고 있으니 우리에게는 아무 힘도 없다 하더라"(느 5: 3~5). 느헤미야는 유다인 부농들에게 이렇게 말했다. "너희의 소행이 좋지 못

Honor of Marvin H. Pope, ed. John H. Marks and Robert M. Good(Guilford, Conn.: Four Quarters, 1987), 111~16을 보라. 다수의 성서역사가가 출 20: 2~17의 십계명이 E의 것이라고 생각하지만, 필자는 그렇지 않다고 생각한다. 십계명은 E의 특징이 없고 E에 분명히 드러난 구조적 목적에 아무런 기여도 하지 않기 때문이다.

15) Niels P. Lemche, "'The Hebrew Slave': Comments on the Salve Law Ex. 21:2~11," *Vetus Testamentum* 25(1975): 129~44; Timothy John Turnbaum, "Male and Female Salves in the Sabbath Year Laws of Exodus 21: 1~11," *Society of Biblical Literature 1987 Seminar Papers*(Atlanta: Scholars Press, 1987), 545~49를 보라.

하다.…… 우리 하나님을 *敬畏*하는 가운데 행해야 하는 것 아니냐.…… 그런즉 너희는 즉시 그들에게 그들의 밭과 포도원과 감람원과 집이며 너희가 그들에게 받아내고 있는 돈이나 양식이나 새 포도주나 기름을 돌려보내라"(느 5: 9~11). 더욱이 느헤미야는 "나보다 먼저 있었던 총독들은 백성에게 무거운 짐을 지웠고 양식과 포도주와 은 사십 세겔을 그들에게서 빼앗았지만 나는 하나님을 *敬畏*하므로 그같이 행하지 아니하"였다(느 5: 15)고 주장했다.

이 법은 '히브리인' 노예에 관하여 말한다. '히브리인'이란 말은 최근의 연구 결과에도 불구하고 계속 오해되고 있다. 그것은 이스라엘 백성이나 단일한 인종집단의 일원을 말하는 것이 아니다. '히브리인'으로 번역된 말은 삶의 근거지가 없거나 이주해서 팔레스타인에 사는 사람을 일컫는다.[16] 이 말은 일꾼들이 다윗과 솔로몬 그리고 이스라엘의 오므리 왕조 치하에서 벌어진 격동하는 사회 속에서 삶의 기반을 잃어버렸기 때문에 기원전 10세기와 그 이후로 팔레스타인의 이스라엘 사람들에게 지속적으로 사용되었다. 채무노예란 삶의 근거를 잃은 일꾼들로 정의할 수 있다. 야곱이 엄밀히 말해서 채무노예는 아니지만 라반을 위해 일하는 사람이라는 신분을 지닌 것과 비슷하다. 그래서 E는 야곱이 경험한 변덕스럽게 바뀌는 노동 조건과 주인이 긍휼을 베풀지 않고 지배하는 상황을 길게 전개한다.

E는 J와 E가 모두 근본적인 사항으로 여기지만 J가 비교적 잘 다루지 않는 곳에서 J를 광범위하게 보충한다. 그것은 제의적 상황에서 율법을 공포하는 장면이다. J는 제의법(제의를 지내는 법)을 제시했다. E는 제의의 법(제의가 인준하는 모든 법)을 제시한다. 제의의 법이란 주제는 상세히 설명하려고 하면 끝이 없다. 그것은 사경의 이 단락을 후대에 엄청나게 확장시키는 모습을 보면 알 수 있다.

---

16) Nadav Na'aman, "Habiru and Hebrews: The Transfer of a Social Term to the Literary Sphere," *Journal of Near Eastern Studies* 45(1986): 271~88.

기원전 8세기 후반에 다윗 왕실의 히스기야 왕이 JE에 추가한 내용 대부분은 바로 이곳에 있다. 신명기역사가는 전체 신명기역사의 서두로 E가 사법관 할권에 관해 기술한 단락(출 18장)을 채택하였다(신 1: 9~18). 그런 다음 그는 요시야의 국가 제의에 관한 규범적 칙령과 사례법을 이 역사서를 시작하는 두루마리(즉, 신명기)에 배치하고 이 법들 — 모세의 법적 지시사항(NRSV와 『개역개정』, '율법책')을 담고 있지만 잘못 배치된 중요한 형태의 문서 — 을 전체 역사의 지배적인 주제로 삼았다. 사경의 제사장 편집자들은 E가 J에 추가한 제의와 법을 20배 이상 확대하여 문학적 구상과 무게만으로 그것을 그 어느 때보다도 분명하게 보편적 역사의 목표로 만들었다. 여로보암의 제의의 법을 담은 E는 이스라엘의 공식적 역사에 자신이 기여한 내용을 극적으로 마무리 지었고, 200년이 지난 후 히스기야는 이것을 다시 공개하였다.

13

히스기야의 JE

    J, E 그리고 P를 기술하게 만든 상황은 기본적으로 단순하였다. 그러나 최종 형태의 사경을 기록하는 과정에서 벌어진 기록의 축적, 결합, 그리고 단층(斷層)을 만들어가는 과정은 실로 복잡하였다. J, E, P에 속하지 않은 추가 본문의 역사적 맥락을 확실하게 결정하는 작업은 항상 가능하지는 않다. 그러한 본문은 특히 출애굽기와 민수기에서 많이 발견된다. 역사적인 관점에서의 십계명에 관한 연구들이 많이 존재하지만, 십계명이 정확히 어떻게 그리고 무슨 이유에서 사경 속에 존재하게 되었는지에 관해서는 알려져 있지 않다.[1] 마찬가지로 출애굽 19: 3~8과 24: 3~8이 한 짝으로 이어지는 흥미로운 경우 역시 역사적으로 그 내력을 설정하기가 어렵다. 기원이 분명한 것으로 보이는 일련의 본문은 J와 신명기역사의 특징을 함께 갖고 있다. 그것은 이 본문들이 J와 신명기 역사 사이에 존재했을 가능성을 시사한다. 이 본문들은 거의 모두 E에 추가된 것으로 보이며 학자들은 이것들을 종종 E 단락 목록에 포함시키기도 한

---

1) 12장 각주 14를 보라.

다. 그러므로 이런 본문은 간단히 검토할 필요가 있다.

앗수르의 지배

지금 고찰하려는 본문들은 예루살렘에서 유래한 것으로서 J와 신명기역사 전승 양자가 지닌 문체의 흔적을 갖고 있으며 그들의 관점을 고쳐시키고 있다. 그것들은 기원전 6세기 말경이나 5세기 즈음에 신명기역사에 결합된 이후 사경에 추가되었을 것이다. 혹은 신명기역사가의 선구자에 의해 추가되었을 수도 있다. 그것들이 J와 신명기역사가의 중간 단계 특징을 지닌 것을 보면 후자의 입장이 더욱 개연성 있게 보인다. 히스기야가 요시야의 신명기적 개혁에 앞서서 먼저 개혁을 추진했음을 시사하는 증거가 있다.[2] 히스기야는 문헌 편찬 작업을 열정적으로 후원했다. 그는 북왕국 이스라엘 사람들에게 호소하였다. 그래서 그에게는 J의 예루살렘 버전을 이것과 대척선상에 있는 북왕국 버전인 JE로 대체할 만한 분명한 이유를 갖고 있었다. 따라서 우리가 살피려는 본문들은 아마도 히스기야의 궁정에서 JE에 추가되었을 것이다. 그것을 원(原)-신명기적 본문으로 간주할 수 있을 것이다.

기원전 722년 사마리아가 함락됨으로써 600년 동안 지파동맹 체제와 국가 체제로 유지되었던 북왕국 이스라엘의 역사는 끝났다. 이스라엘 백성은 여전히 그 땅에 남아 있었으나 지배계층에 속한 사람들은 대다수가 앗수르 제국의 다른 지역으로 이주되었다. 지배계층이 없어지자 이스라엘이라는 '민족적' 정체성도 사라지게 되었다. 이스라엘을 지배하던 사람들은 앗수르 제국의 다른

---

2) 이 문제는 여전히 논의 중이다. 여기서 취한 입장을 보여주는 가장 좋은 사례는 Jonathan Rosenbaum, "Hezekiah's Reform and the Deuteronomistic Tradition," *Harvard Theological Review* 72(1979): 23~43이 주장한 것이다.

지역에서 이주해 온 사람들과 가족들로 교체되었다. 요새 상태를 유지한 것으로 알려진 도시는 사마리아와 므깃도뿐이었다. 다른 도시 지역에서는 담이 없고 규모가 작아진 거주지에 타지 사람들이 집을 짓고 살았다. 하솔에서는 버려진 성채 위에 앗수르 사람들이 요새 형태의 궁전을 건설했다. 이 성채의 북동쪽에는 기원전 7세기가 되면서 새로운 마을이 들어섰다. 대형건물들은 시리아와 앗수르의 궁전 모양으로 지어졌다. 거기에는 앗수르에서 수입한 토기와 모방품이 흔해졌다. 석조 조각품과 금속제품은 앗수르식을 따라 제조된 것들이었다.

앗수르의 통치를 받게 된 팔레스타인의 이스라엘 촌락민은 이전처럼 건재했다. 전통적인 기둥이 있는 가옥은 점차 앗수르 형태의 가옥으로 바뀌었다. 그것은 마당을 가운데 두고 사방으로 방을 지은 형태였다. 앗수르 행정부는 야훼 제의와 더불어 교체된 엘리트들의 남신과 여신 제의를 후원했다. 팔레스타인의 중부와 북부에서 야훼 제의를 고집하는 사람들은 여전히 자신들을 이스라엘 사람이라고 불렀다. 예상대로 세겜은 다시 중심지가 되었다. 물론 주민들은 영토 전체에 흩어져서 살았다. 앗수르 총독은 여로보암 1세 시대처럼 벧엘을 국경 제의로 유지했다. 하지만 다윗 왕가는 이스라엘에 대한 본래의 통치권을 다시 주장했다. 그들이 보기에 여로보암 1세는 불법적으로 그 통치권을 찬탈한 자였다. 그 와중에도 다윗 왕조는 앗수르의 봉신으로 머물러 있었다.

사마리아가 함락된 이후 앗수르 제국은 한 세기 동안 번영을 누렸다. 앗수르 왕국은 단 하나의 왕조가 지배하였다. 사르곤, 산헤립, 에살하돈, 앗수르바니팔은 저 유명한 사르곤 2세 가문의 왕들이었다. 유다에서는 다윗 가문의 왕 히스기야(715~687)와 그의 아들 므낫세(696~642) 두 명이 장기간 통치하였다. 이 시대의 대부분에 다윗 가문은 앗수르의 봉신이었다. 앗수르 치하에 있던 다윗 왕조의 이 두 왕이 장기통치한 것은 자신들의 능력, 건강, 운만큼이나 앗수르의 책략과 깊은 상관이 있었다. 다윗 가문은 그저 이름만 독립 왕조였다.

히스기야는 기원전 715년에 아하스를 계승하였고 아버지가 맺은 조약에 따라 사르곤과 평화를 유지하였다.3) 사르곤(기원전 722~705)은 이집트와 무역을 했고 팔레스타인 전 지역에 걸쳐 새로운 정착지로 집단 이주를 주도하였고 오랫동안 존속해온 사회적 관계를 무시하면서까지 상업을 촉진시켰다. 아스돗과 같은 해안 도시들은 규모도 커지고 번창했다. 팔레스타인 지파와 북부 아라비아 지파들도 수중에 들어왔다. "내가 광야에 멀리 떨어져 살면서 감독도 관리도 모르고 왕에게 공물을 바치지 않은 아랍 족속들인 타무드, 이바디디, 마르시마누, 하야파 지파들을 분쇄했다. 나는 생존자들을 이끌어 사마리나[이스라엘]에 정착시켰다." 사르곤은 남부 육로를 장악하면서 히자스와 남부 아라비아의 군주들로부터 충성과 예물을 함께 받았다. 앗수르의 헤게모니가 확장됨에 따라 그 나라들도 성장하였던 것이다. 동부 지중해 연안 지역을 장악하려는 앗수르의 숙원 과제는 달성되었다. 키프로스의 왕들은 기원전 709년부터 앗수르에게 조공을 바치기 시작했다. 해안 지역에는 수입된 그리스 토기가 점차 흔한 물건이 되었다.

히스기야의 저항과 개혁

사르곤의 팔레스타인 해안지역 통치는 강력한 앗수르 군대가 주둔하였음에도 불구하고 저항을 받았다. 아스돗 왕 아주리는 기원전 713년에 반란을 일으

---

3) 최근에 독자적으로 이루어진 두 연구는 히스기야의 즉위가 기원전 727년에 있었다고 주장한다. Mordechai Cogan and Hayim Tadmor, *2 Kings: A New Translation with Introduction and Commentary*(New York: Doubleday, 1988); John H. Hayes and Paul K. Hooker, *A New Chronology for the Kings of Israel and Judah and Its Implications for Biblical History and Literature*(Atlanta: John Knox, 1988). 지금으로서는 통상적으로 사용하던 연대가 더 개연성이 있어 보인다.

커 가드와 아스두딤무의 해안 성읍들을 되찾았다. 이집트를 가담시키려는 시도도 있었다. 바로가 시내 반도로 반(反)앗수르 탐색전을 감행했기 때문이다. 사르곤은 아스돗 왕을 아주리의 동생으로 교체하였다. 반란을 일으킨 파벌이 앗수르의 꼭두각시를 폐위시키고 에게해 출신의 강력한 지도자를 왕으로 세웠다. 기원전 712년 사르곤은 이러한 불복종에 진노하여 궁전수비대를 데리고 아스돗까지 진군하여 반란을 일으킨 도시들을 포위하고 함락시켰다. 그는 에게해 출신 왕의 가족들을 도륙한 다음, 이 도시들의 행정을 재정비하여 새롭고 더 강력한 앗수르 관리에게 맡겼다. 다른 해안 성읍들은 유다, 에돔, 모압과 함께 조공을 바치면서 앗수르의 국가 신 앗수르(Ashur)에게 다시금 충성을 맹세했다. 에게해 출신 왕은 이집트로 도망갔다. 그러나 결과가 분명해지자 바로는 그를 사르곤에게 내주었다. 히스기야는 이 반란 과정을 한발 떨어져 지켜보았다.

사르곤은 기원전 705년 제국을 방어하기 위해 북동부 소아시아 부족들의 공격을 막는 중에 사망했다. 그의 아들 산헤립(기원전 705~681)이 왕위를 계승하여 아버지가 쌓아올린 제국의 권력과 영광을 이어갔다. 산헤립은 사르곤의 새 도성 두르-사루킨(코르사밧)을 단순한 요새로 남겨두고 고대 도시 니느웨를 거대한 규모로 재건축하여 도성으로 삼았다. 머지않아 산헤립은 바벨론의 므로닥발라단이 바벨론 사람과 아람 사람 그리고 엘람 사람과 공모해서 일으킨 대규모 반란을 진압해야 했다. 므로닥발라단은 서쪽으로 사절단을 파견하여 히스기야와 두로, 암몬, 모압과 에돔을 포함하여 해안지역 왕들의 지지를 얻어냈다. 이 왕들은 강력한 앗수르 군주를 이보다 상대적으로 약한 바벨론 군주로 바꿀 수 있는 기회라고 생각했거나 쌍방의 전쟁으로 둘 다 국력이 약해지기를 원했다. 세비트쿠가 다스리던 이집트도 같은 입장이었다.

히스기야는 앗수르와 싸울 힘을 비축하였다. 행정 혁신과 전쟁 준비를 하면서 왕실의 성전 개혁도 병행하였다. 성전 개혁은 군주의 권위를 확립하고 재천명하기 위한 고대 사회의 일반적 조치였다. 히스기야는 솔로몬 성전을 보수했다. 앗수르는 유다의 내부 정치 지형을 흔들어 다윗 왕가를 무너뜨리지 않으면서도 현저히 약화시키려고 했다. 사르곤은 유다가 해안 지역에 간섭하지 못하도록 하기 위해 히스기야만 상대하지는 않았다. 앗수르가 유다의 실세들을 매수하여 충성을 이끌어내자 히스기야는 이제까지 다윗 왕가가 무시해 온 지방의 거룩한 남녀(즉, 남녀 예언자)의 지원이 절실해졌다. 아하스의 고문이었던 이사야는 나이가 지긋하고 존경받는 예루살렘 사람이었다. 그는 왕에게 개혁을 당부했고 위기의 결과로서 성전 문서들에 기록된 정의로운 통치가 이루어질 것을 기대했다. 히스기야는 이것으로 충분했다. 그는 이사야를 선호하면서 상대적으로 다른 지역 영웅들은 무시했다.

히스기야는 행정은 물론이고 국가 제의를 중앙에 집중시켜 온 땅의 지지를 얻으려고 했다. 그는 북부 지역 사람들에게 예루살렘의 국가 제의에 참여하라고 호소하여 다윗 가문의 이스라엘 통치를 주장했다. 그는 맏아들의 이름을 므낫세라고 지어 이스라엘에 대한 견고한 믿음을 갖고 있음을 보여주었고 유월절 순례절기를 유다의 달력보다 한 달 늦춰줌으로써 이스라엘의 농사력을 수용하였다.

중앙 제의는 중앙 사법권을 수반했다. 선포된 법은 예루살렘의 특권을 강화하는 것이었다. "너희는 인증받지 않은 거룩한 남녀(『개역개정』, 무당)를 살려두지 말라.…… [예루살렘의]야훼가 아닌 다른 신에게 제사를 드리는 자는 죽음을 면치 못할 것이다." 앗수르의 영향과 질서 속에 유다의 주민들은 그 구성이 매우 다양해졌고 가능한 모든 지원이 절실했다. 그러므로 "너희는 이방인에게 잘못 대하거나 압제하지 말라"고 말한다. 히스기야는 촌락민이 왕정을 지지하고 외국인의 뇌물에 매수되기 쉬운 지역 영주들에게 맞서기를 바랬다. 그러므로 "네가 가난한 자에게 돈을 꾸어주면 이자를 받지 말라"고 말한다. 히스기야가 통제하지 못하는 지역 관할권을 승인하는 지방 제의는 불법으로 규정되었다. 유다 남부에 위치한 아랏을 발굴한 결과는 그곳의 성소가 바로 이 시기에 파괴되었음을 보여준다.

히스기야는 해안 지역에 자리잡은 친앗수르 세력을 약화시키는 데 일조했다. 두로를 포함하여 시돈부터 악고까지 다스린 시돈의 왕 룰리는 반란을 일으켰다. 시드기야는 욥바 항구까지 장악했던 아스글론의 왕위를 찬탈하고 반란을 일으켰다. 에그론의 귀족들은 앗수르가 세운 왕 파디를 타도하고 그를 히스기야에게 넘겨주어 하옥시켰다. 이런 움직임은 히스기야의 해안 지역에 대한 소유권 주장을 강화시켜주었다. 이런 상황을 바탕으로 히스기야는 반란 가담을 반대해온 가사와 그곳 왕 실리벨을 공격했다. 가드는 히스기야의 수중으로 떨어졌다.

히스기야가 앗수르의 포위공격에 대비한 조치들은 팔레스타인에서 앗수르의 세력이 고조되는 동안 왕실의 유다 지배력을 크게 강화해주었다. 히스기야는 유다 산지와 구릉 지대의 성읍 몇 곳을 골라 요새지를 강화하여 증강된 수비대를 주둔시키고 여분의 무기와 식량을 저장하였다. 왕실 인장과 *lmlk*('라멜렉'으로 읽으며, 왕실 소유라는 뜻 – 옮긴이)라는 표시 및 네 도시 중 하나의 이름이 찍힌 품질 좋은 항아리들은 구릉 지대의 한 중심지에서 생산되어 전 영토에 배포되었다. 그 안에 모든 분야에 종사하는 주민이 보낸 농산물을 넣어 요새화한 성읍들로 보냈다. 공격은 북쪽과 서쪽에서 시작될 것으로 예상되었다. 방어체계를 구축한 지역은 네 곳, 즉 구릉 지대, 남부, 중부, 북부 산지였다. 저장용 항아리에 새겨진 네 성읍 중 한 곳은 방어체계의 중심지인 헤브론이었다(다른 성읍 세 곳의 목적은 알려져 있지 않다).[4]

이미 요새화가 잘된 예루살렘은 특별히 관리하였다. 도시 성벽은 보강되었다. 기원전 9세기에 주요 이스라엘 도시들은 우물로 연결된 거대한 터널을 설치했다. 그러나 예루살렘의 주요 우물은 여전히 동쪽 성벽 외곽에 위치해 있었다. 히스기야는 도시 아래의 견고한 암반을 뚫어 남쪽 끝 성벽 안에 있는 저

---

4) Nadav Na'aman, "Hezekiah's Fortified Cities and the *LMLK* Stamps," *Bulletin of the American Schools of Oriental Research* 261(1986): 5~21.

수 탱크까지 도달하는 터널 공사를 지시하였다. 터널공사를 신속히 마치기 위해서 양쪽에서 동시에 파들어갔다. 양쪽 터널이 중간에서 조우한 이례적인 사건은 일류급의 기술공학적 업적이었다. 이를 경축하는 내용이 터널 남쪽 끝에서 안으로 10미터 지점의 벽면에 새겨져 있었다. 그것은 이제까지 알려진 것으로는 가장 긴 초기 히브리어 비문이다.

히스기야의 '승리'

히스기야의 방어체계는 앗수르의 공격에 맥없이 무너졌다. 이집트의 원정 부대도 패했다. 산헤립의 석공들은 니느웨 궁전 벽에 양각으로 라기스 함락사건을 유다 정복의 핵심으로 새겨놓았다. 라기스는 약 200년 전 르호보암 시대에 재건되었다. 이 성읍은 거대한 성벽과 육중한 성문을 지녔고, 공성무기를 저지할 목적으로 돌을 섞어 만든 옹벽으로 둘러쌌다. 성벽 안에는 요새화된 궁전이 있었다. 그것은 팔레스타인의 왕정시대 전체를 통틀어 이제껏 발견된 가장 거대한 건물이었다. 라기스의 히스기야 부하들은 사로잡혀 참수되거나 산 채로 살가죽이 벗겨졌다. 도시 주민들은 강제로 니느웨로 연행되었다. 거기서 신분이 낮은 사람들은 산헤립의 궁전을 짓는 건축노예가 되고, 전사들은 유다인 복장을 한 유다인 부대로 편입되어 궁정 친위대가 되었다.

일단 라기스가 함락되자 나머지 땅은 정복하기 쉬웠다. 산헤립의 연대기는 이 사건을 자랑스럽게 기록하였다. "46개의 강한 도시들과 성벽이 있는 요새들 그리고 주변의 헤아릴 수 없이 많은 작은 마을들을 공격했다. [나는] 잘 만들어진 경사로를 이용하여 공성퇴(攻城槌)를 성벽 가까이 접근시켰고, 땅굴과 도르래를 이용하는 보병의 공격 및 공병들의 작업을 결합하여 거기를 정복하였다. [나는] 남녀노소 20만 150명과 말, 노새, 나귀, 낙타, 양, 염소와 헤아릴 수 없이 많은 소 떼를 전리품으로 끌고 왔다."[5]

산헤립의 설명은 예루살렘에 대한 포위공격으로 끝난다. "나는 히스기야를 그가 사는 예루살렘에 마치 새장의 새처럼 가두었다. 나는 그를 포위하고 토루를 쌓아 성문을 떠나려는 자들을 괴롭혔다."6) 히스기야는 도성이 함락되기 전에 산헤립에게 돈을 바치고 살아남았다. 산헤립이 라기스 사령부에서 예루살렘 포위공격을 지휘하고 있을 때 히스기야는 항복의 의사를 표했다.

산헤립은 함락시킨 성읍과 촌락의 땅을 아스돗, 에그론, 가사의 왕에게 주어 이집트와 접경한 블레셋 평야의 봉신국 영토를 넓혀놓았다. 여기서 식량을 조달했던 예루살렘의 히스기야 군대는 그를 버리고 새로운 주인을 맞이하였다. 산헤립은 "그래서 나는 그의 땅을 축소시켰으나 매년 바칠 조공과 예물은 처음 조공보다 훨씬 많이 요구했다."7) 첫 조공은 엄청난 양이었다. 금 30 달란트와 은 800 달란트 외에 보석, 안티몬, 귀금속, 상아 장식이 달린 침대와 의자, 코끼리 가죽과 엄니, 단풍나무, 회양목, 모직과 세마포 의류, 염색한 양털, 구리와 철과 청동과 납으로 만든 그릇, 전차, 방패, 긴 창, 갑옷, 쇠로 만든 검, 활과 화살, 단창 등이었다. 히스기야는 또 공주들과 궁정 시녀들과 음악가들을 내놓아야 했다. 그가 뛰어난 것으로 만들려 했던 제의는 크게 약화되었다. 유다는 앗수르의 지배를 받았고 이후 70년 동안 앗수르의 그늘 아래 살았다.

산헤립은 함락시킨 다른 도시들에서 1만 개의 활과 1만 개의 방패를 전리품으로 빼앗아 병기 창고에 간직했다. 수천 명에 달하는 포로는 군대 지휘관들과 제국의 다른 유력인사들에게 노예로 나누어주었다.

산헤립이 퇴각할 때 구릉지대와 예루살렘 북서부 지역의 요새화된 성읍들은 황폐해졌다. 그러나 헤브론과 유다 고지대는 함락당하지 않았다. 이곳들이 껍데기만 남은 다윗 왕가가 간직한 곳이었다. 예루살렘에서 차지하던 이 가문

---

5) James B. Pritchard, *Ancient Near Eastern Texts Relating to the Old Testament*(Princeton: Princeton University Press, 1955), 288.
6) 같은 책
7) 같은 책

의 전통적 권위를 고려하면 이미 고분고분해진 히스기야는 앗수르의 입장에서 유다 산간지역의 안정적 통치를 위해 가장 적임자였다. 유다의 대부분 지역은 앗수르의 봉신인 그의 수중에 남아 있었다. 예루살렘은 확장되었다. 히스기야는 성벽을 확장하여 서쪽으로 두 구역을 새로 포함시켰다. 이 지역은 이스라엘에서 피난 온 주민 때문이라기보다는 앗수르 시대가 최고조에 이르던 시기에 유다의 인구가 증가했기 때문이었다.

히스기야는 다윗 가문이 장악했던 엘랏에서 가사로 가는 교역로 통제권을 상실하였다. 거기서 앗수르 사람들은 아랍 부족과 더 우호적인 동맹을 맺었다. 이들은 앗수르의 교역으로 혜택을 보았고 히스기야의 아들 므낫세가 다스리던 시기에 이집트에 대항하여 앗수르를 지원했다.

성서 개정

히스기야는 자신의 시련과 돈으로 예루살렘이 구원받게 된 일을 (야훼의) 승리로 바꾸어 선전하였다. 예루살렘은 위험에 처해 사마리아처럼 될 뻔한 운명이었지만 구원받았다. 히스기야와 그의 궁정이 제시한 대로 이 사건은 다윗 왕가의 의로움을 확증해주었다. 사마리아의 함락은 예루살렘 신전 체제의 합법성의 표지이자 인증이 되었다. 이스라엘과 유다를 하나의 국가로 통일하려는 다윗 왕조의 계획은 히스기야가 표방한 정책의 핵심이었다. 히스기야 궁정은 북쪽에서 다윗의 J를 보충한 문서를 다시 취하여 조금 개정한 버전을 만들었다. 이 문서에는 예루살렘 사람의 문체와 전통적인 이스라엘 관용구 그리고 성서 역사가들이 신명기적이라고 부르는 당대 서기관의 어투가 섞여 있다.

E의 범위 안에 포함된 이 개정 본문들은 아래에 고딕체로 표기하였다.[8]

---

8) 이 책의 끝에 첨부한 본문 목록을 보라.

야훼께서 이왕에 아브람의 아내 사래의 일로 아비멜렉의 집의 모든 태를 닫으셨음이더라 …… (창 20: 18).

아브람은 브엘세바에 에셀 나무를 심고 거기에서 영원하신 엘(『개역개정』, 여호와) 하나님의 이름을 불렀으며 …… (창 21: 33)

아브람이 그 성소의 이름을 "야훼가 보신다(『개역개정』, 여호와 이레)"라고 하였으므로 오늘날까지 "야훼의 산에서 그가 나타날 것이다"[9]라고 말하였다. 야훼의 사자가 하늘에서부터 두 번째로 아브람을 불러 말했다. "야훼께서 말씀하시기를 '내가 나를 가리켜 맹세하노니 네가 이같이 행하여 네 아들 네 독자도 아끼지 아니하였으므로 내가 네게 큰 복을 주고 네 씨가 크게 번성하여 하늘의 별과 같고 바닷가의 모래와 같게 할 것이다. 네 씨가 그 대적의 성문을 차지할 것이다. 또 네 씨로 말미암아 천하 만민이 복을 받을 것이다. 이는 네가 나의 말을 준행하였기 때문이다' 하셨다"라고 말씀하였다. 아브람이 그의 종들에게로 돌아가서 함께 떠나 브엘세바에 이르러 거기 거주하였다 …… (창 22: 14~19).

야훼께서 나의 하나님이 되실 것이요 …… (창 28: 21b)

내가 내 시녀를 내 남편에게 주었으므로 …… (창 30: 18aβ)

[너희가] 야훼 [하나님]을 [아직도] 두려워하지 아니할 줄을 …… (출 9: 30, '야훼')

그때에 아말렉이 와서 이스라엘과 르비딤에서 싸웠다. 모세가 여호수아에게 말하였다. "우리를 위하여 사람들을 택하여 나가서 아말렉과 싸우라 내일 내가 하나님의 지팡이를 손에 잡고 산꼭대기에 설 것이다." 여호수아가 모세의 말대로 행하여 아말렉과 싸우고 모세와 아론과 훌은 산꼭대기에 올라갔다. 모세가 손을 들면 이스라엘이 이기고 손을 내리면 아말렉이 이겼다. 모세의 팔이 피곤해지자 그들이 돌을 가져다가 모세의 아

---

9) 혹은 "준비되리라"(『개역개정』).

래에 놓아 그가 돌 위에 앉게 하고 아론과 훌이 한 사람은 이쪽에서, 한 사람은 저쪽에서 모세의 손을 붙들어 올렸다. 그 손이 해가 지도록 내려오지 아니하였다. 여호수아가 칼날로 아말렉과 그 백성을 쳐서 무찔렀다. 야훼께서 모세에게 말씀하였다. "이것을 책에 기록하여 기념하게 하고 여호수아의 귀에 외워 들려주어라. 내가 아말렉을 없이하여 천하에서 기억도 못하게 할 것이다." 모세가 제단을 쌓고 그 이름을 '야훼는 나의 깃발(『개역개정』, 닛시)이라'라고 불렀다. 그가 "[ ] 야훼가 아말렉과 더불어 대대로 싸울 것이다" 라고 말했다 …… (출 17: 8~16)

히스기야의 법률

"너는 인가받지 않은 거룩한 여인(『개역개정』,무당)을 살려두지 말라. 짐승과 행음하는 자는 반드시 죽여야 한다. [예루살렘의] 야훼 외에 다른 신에게 제사를 드리는 자는 멸해야 한다.

"너는 (거류하는) 이방 나그네를 압제하지 말며 그들을 학대하지 말라. 너희도 이집트 땅에서 이방 나그네였기 때문이다. 너는 과부나 고아를 해롭게 하지 말라. 네가 만일 그들을 해롭게 하여 그들이 내게 부르짖으면 내가 반드시 그 부르짖음을 들을 것이다. 나의 노가 맹렬하여 내가 칼로 너희를 죽일 것이므로 너희의 아내는 과부가 되고 너희 자녀는 고아가 될 것이다.

"네가 만일 너와 함께 한 내 백성 중에서 가난한 자에게 돈을 꾸어주면 너는 그에게 채권자같이 하지 말라. 이자를 받지 말라. 네가 만일 이웃의 옷을 전당 잡거든 해가 지기 전에 그에게 돌려주어라. 그것이 유일한 옷이기 때문이다. 그것은 그의 알몸을 가릴 옷이다. 그가 무엇을 입고 자겠느냐? 그가 내게 부르짖으면 내가 들을 것이다. 나는 자비로운 자이기 때문이다.

"너는 하나님(『개역개정』, 재판장)을 모독하지 말며 [야훼 제의를 시행하는] 백성의 지도자를 저주하지 말아야 한다. 너는 네가 추수한 것과 네가 짜낸 [포도와 올리브] 즙을 토대로 바칠 것을 산정하라. 네 처음 난 아들들을 내게 바쳐야 하며 네 소와 양도 그와 같이 하라. 이레 동안 어미와 함께 있게 하다가 여드레 만에 내게 바쳐야 한다.

"너희는 나에게 거룩한 사람이 되어야 한다. 들에서 짐승에게 찢긴 동물의 고기를 먹지 말라. 그것을 개에게 던져주어라.(출 22: 17~30;『개역개정』, 22: 18~31)

"너는 법정에서 거짓된 풍설을 퍼뜨리지 말라. 악인과 연합하여 위증하는 증인이 되지 말라. 다수를 따라 정의를 왜곡하지 말라. [   ]하지 말며 가난한 자의 송사라고 해서 [   ](『개역개정』, 편벽되이 두둔)하지 말아야 한다.

"네가 만일 네 원수의 길 잃은 소나 나귀를 보거든 반드시 그 사람에게 돌려주어라. 네가 만일 누군가의 나귀[가 짐을 싣고서 엎드러짐]를 보거든 [   ]하라(『개역개정』, 그것을 도와 짐을 부릴지니라).

"너는 가난한 자의 송사라고 정의를 굽게 하지 말라. 거짓 증언(『개역개정』, 일)을 멀리하라. 무죄한 자와 의로운 자의 죽음에 책임질 일을 하지 말라(『개역개정』, 죽이지 말라). 나는 악인을 의롭다 하지 않을 것이다. 너는 뇌물을 받지 말라. 뇌물은 밝은 자의 눈을 어둡게 하고 의로운 자의 증언(『개역개정』, 말)을 굽게 하기 때문이다.

"너는 이방 나그네를 압제하지 말라. 너희가 이집트 땅에서 이방 나그네로 살았으므로 이방 나그네의 사정을 안다.

"너는 여섯 해 동안은 너의 땅에 파종하여 그 소산을 거두라. 일곱째 해에는 갈지 말고 묵혀두어서 네 백성의 가난한 자들이 먹게 하라. 그 남은 것은 들짐승이 먹으리라. 네 포도원과 감람원도 그렇게 하라.

"너는 엿새 동안 네 일을 하라. 일곱째 날에는 쉬어라. 네 소와 나귀가 쉴 것이며 네 여종의 자식과 이방 나그네가 숨을 돌릴 것이다.

"내가 네게 이른 모든 일을 삼가 지키라.

"다른 신들의 이름은 부르지도 말며 네 입에서 들리게도 하지 말라. 너는 매년 세 번 내 성소로(『개역개정』, 내게) 순례하라. 너는 무교병의 순례절(『개역개정』, 무교절)을 지켜라. 내가 네게 명령한 대로 아빕월의 정한 때에 이레 동안 무교병을 먹어야 한다. 이는 그 달에 네가 이집트에서 나왔기 때문이다. 빈손으로 내 앞에 나오지 말라. 밀을 추수하는 순례절(『개역개정』, 맥추절)을 지켜라. 이는 네가 수고하여 밭에 뿌린 것의 첫 열매를 거두었기 때문이다. 과일과 감람열매와 땅콩을 수확하는 순례절(『개역개정』, 수장절)을 지켜라. 이는 네가 수고하여 이룬 것을 연말에 밭에서부터 거두어 저장하기 때문이다.

"네 모든 남자는 매년 세 번씩 주 야훼의 성소에(『개역개정』, 야훼께) 나와야 한다. 네 제물의 피를 유교병과 함께 드리지 말고 내 순례절기에 바친 제물의 기름을 아침까지 남겨두지 말라. 네 토지에서 처음 거둔 열매의 가장 좋은 것을 가져다가 너의 하나님 야훼의 전에 드려야 한다.

"너는 염소 새끼를 그 어미의 젖으로 삶지 말라(23: 1~19).

법정 경고

"내가 수호천사(『개역개정』, 사자)를 네 앞서 보내어 길에서 너를 보호하여 너를 내가 세운 성소(『개역개정』, 예비한 곳)로 안전하게 이르게 할 것이다. 너희는 삼가 그의 목소리를 청종하라. 그에게 반역하지 말라. 그가 너희가 불순종하는 것을 용서하지 않을 것이다. 이는 내 [법정의] 이름이 그에게 있기 때문이다. 네가 그의 목소리를 잘 청종하고 내 모든 말대로 행하면 네 원수는 나의 원수가 되고 네 대적은 나의 대적이 될 것이다.

"내 사자가 네 앞서 가서 너를 아모리 사람과 헷 사람과 브리스 사람과 가나안 사람과 히위 사람과 여부스 사람에게로 인도할 것이다. 나는 그들을 끊을 것이다. 너는 그들의 신을 경배하지 말며 섬기지 말며 그들의 행위를 본받지 말라. 그것들을 깨뜨리며 그들의 돌기둥(『개역개정』, 주상)을 부수라. 네 하나님 야훼를 섬기라. 그리하면 야훼가 너희의 양식과 물에 복을 내리고 너희 중에서 병을 제할 것이다. 네 땅(『개역개정』, 나라)에 유산하는 자가 없고 임신하지 못하는 자가 없고 모두 자기 날수를 채우며 살 수 있을 것이다.

"내가 두려움(『개역개정』, 내 위엄)을 네 앞서 보내어 네가 이를 곳의 모든 백성을 혼란에 빠지게 하고 네 모든 원수들이 네 발 앞에 목을 내밀게 할 것이다.(『개역개정』, 네게 등을 돌려 도망하게 할 것이다) 내가 왕벌을 네 앞서 보낼 것이다. 히위 족속과 가나안 족속과 헷 족속이 네 앞에서 도망할 것이다. 그 땅이 황폐하게 됨으로 들짐승이 번성하여 너희를 해할까 하여 일 년 안에는 그들을 네 앞서 쫓아내지 아니할 것이다. 네가 번성하여 그 땅을 기업으로 얻을 때까지 내가 그들을 네 앞서 조금씩 쫓아낼 것이다. 내가 네 경계를 숩 바다(『개역개정』, 홍해)에서부터 블레셋 바다까지, 광야에서 유브라데강(『개역개정』, 강)까지 확대할 것이다. 내가 그 땅의 강한 자들을 네 손에 넘겨 네가 그들을 네 앞에서 쫓아낼 것이기 때문이다. 너는 그들과 그들의 신들과 언약하지 말라. 그들이 너를 내게 죄를 짓게 하지 않도록 네 땅에 머무르는 일을 허용하지 말라. 실수하지 말라. 네가 그 신들을 섬기거나 위해서 일하면 그것이 너의 올무가 될 것이다"(출 23: 20~33).

[모세가] 그의 부하 여호수아와 함께 [일어나 하나님의 산으로 올라갔다.] 족장들에게 이르되 "너희는 여기서 우리가 너희에게로 돌아오기까지 기다리라. 아론과 훌이 너희와 함께 할 것이다. 무릇 너희가 다룰 수 없는 송

사가 생기면(『개역개정』, 무릇 일이 있는 자는) 그들에게 말하라(『개역개정』, 나아가야 한다)"(출 24: 13aβ, 14).[10]

히스기야의 JE

히스기야가 J 대신에 JE를 채택한 것은 자기 왕실의 관심사를 반영한다. 그것은 JE에서 이집트로 상징된 앗수르에 대한 저항 세력을 규합함과 동시에 팔레스타인의 종주권을 갖고 이집트로 진출하려는 앗수르의 후원을 얻으려는 목적을 지녔다. 히스기야의 원-신명기역사가는(훗날 요시야의 신명기역사가는 훨씬 더) 이스라엘 사람들의 통일법 개념을 취하여 그것을 이론상 유다와 이스라엘에 적용되는 예루살렘의 법으로 만들었다. 그것은 허약해진 다윗 왕가의 권력을 크게 확장시키기 위함이었다. 히스기야는 이것을 기초로 JE를 자유롭게 개정하였다. 왜냐하면 실제로 그는 예루살렘 이외에서는 앗수르가 그에게 허용한 지역 외에는 전혀 또는 거의 통제권을 행사하지 못했기 때문이다.

히스기야의 본문에는 야훼가 다시 등장한다. J에 자주 나오는 봄(seeing)이라는 모티프도 다시 등장한다. 야훼의 축복과 아브람의 후손들을 통해 민족들이 복을 받는다는 말씀도 J를 본뜬 것이다. 아브람의 자손들이 원수의 성문을 얻을 것이라는 내용은 E의 의미 중 하나를 간결하게 포착하고 있다. 여호수아와 아말렉 족속의 싸움 이야기에서 하나님의 지팡이는 J에서, 아말렉은 J와 신명기적 전승에서, 그리고 여호수아는 신명기적 전승에서 각각 빌려온 것이다.[11] (JE가 이 전투를 왜 기록했는지 그 이유는 분명치 않다.)

---

10) 출 32~34장과 민수기 일부는 히스기야의 궁정에서 기록되었을 수도 있다. 여기서는 이것들을 다루지 않았다. E의 범주에서 벗어나기 때문이다.

11) 이후의 내용은 모세의 지팡이를 많이 추가한다. 그것은 P와 다른 저자들의 작업이다. 그것은 E의 주제와 관련이 없으므로 E의 모티프가 아니다. 그것의 기원은 히스기야의 원-신명

원-신명기역사가의 법들은 E의 경우보다 훨씬 산만하다. 정의에 대한 관심사는 비슷하게 언급되어 있으나 E와는 큰 차이를 보인다. 이 추가법은 자녀 희생제사를 요구한다. 돌기둥 제의는 금지된다. 자녀 희생제사가 히스기야의 제한된 영토 안에서라도 계속 시행되었는지는 의문이다. 하지만 이것은 히스기야가 앗수르에게 반란을 도모하여 온 나라를 위기로 몰아넣은 상황과 잘 어울린다. 이 법의 마지막 단락은 이미 J에 포함되어 있는 원칙을 되풀이한다. 마치 히스기야가 야훼 제의를 예루살렘 한 곳에서만 정기적으로 드려야 한다는 사실을 강조하기 원하는 것 같다. 히스기야의 추가법 마지막 문단은 히스기야의 추종자들에게 당대의 앗수르, 그리고 나중의 이집트에 대항하는 싸움에 자신감을 가지고 영웅적인 에브라임의 족장 여호수아와 함께 나설 것을 권면한다. 여호수아는 훗날 신명기역사가의 팔레스타인 정복 기사의 주인공이다.[12]

히스기야의 JE는 그 뒤의 몇 세기 동안 더욱 개정되었다. 요시야의 선전자들은 그것을 거의 변경시키지 않았다. 그들이 보기에 그것은 현재의 신명기부터 열왕기하까지의 성서에 담겨 있는 예루살렘 성전 국가의 위대한 역사의 머

기역사가가 사용하는 방식과 잘 어울린다. 출 17장과 모세의 지팡이의 관계에 대한 연구를 위해, Erich Zenger, *Israel am Sinai: Analysen und Interpretationen zu Exodus 17-34*(Altenburg: CIS, 1982), 56~113을 보라. 히스기야의 개정본은 히스기야가 모세의 놋뱀을 폐기한 사건(왕하 18: 4)을 보상하기 위해 모세의 지팡이에 관심을 갖도록 유도하는 것은 아닐까?

12) 여호수아는 에브라임 지역 영웅(*wely*)이며 수호자였다. 8세기에 그는 지역 수호성인들의 상징적 존재가 되어 그의 무덤에서 경배되었다. 여호수아의 무덤으로 가장 널리 선호되는 장소는 정확하지는 않지만 딤나-헤레스이며 여로보암의 고향인 스레다(왕상 11: 26)에서 겨우 4킬로미터 떨어진 곳이다. 어쨌든 두 곳은 에브라임 지역 안에서 서로 멀리 떨어져 있지 않았다. 나는 여호수아라는 인물이 여로보암 1세와 연관이 있기 때문에 히스기야 시대에 문학적으로 활용되었을 것이라는 마빈 체이니(Marvin Chaney)의 흥미로운 제안을 받아들인다. 여호수아는 E에서 아무 역할도 하지 않는다. 그럼에도 불구하고 역사적으로 여로보암은 살아 있는 아히야 외에도 여호수아의 영혼이 후원한다고 주장하면서 여호수아를 이스라엘의 넓은 정치판에 소개했을 것이다. 여호수아는 요시야가 이스라엘을 다시 정복하려는 계획 속에 등장할 때까지 이스라엘에서 점점 강력한 상징으로 변모했다.

리말 기능을 했다. 이 역사는 E의 사법권 정의(定義)로 시작한다. 하지만 곧장 자신들의 주제를 서술한다. 그 중 일부는 이제껏 논한 JE의 기원전 8세기 추가 부분에 처음 표현되었던 히스기야의 전승들을 계승한 것이다.

JE가 우리가 사경이라고 알고 있는 긴 본문으로 바뀌려면 페르시아 시대 초기에 제사장이 주관하는 제국의 속주 유다가 등장할 때까지 기다려야 한다. 사경을 구성하는 커다란 세 층 가운데 마지막인 P 층에 기록된 전승은 다윗 왕조 시대 예루살렘 제사장들이 성전을 섬기던 시기로 소급되는 내용을 많이 포함하고 있다. 그러나 현재 형태의 P는 **바벨론** 통치와 유배 시기의 예루살렘 제사장 계층이 권력을 빼앗긴 상황을 반영하고 있다. 사경의 최종 형태가 제사장 문서가 된 것은 두세 세대가 지난 후, 고레스와 특히 다리우스 시대에 이 제사장 계층이 권력을 다시 확립하면서부터이다. 이 제사장들은 다윗 왕조의 성전을 복구하고 다윗의 이름으로만 다스렸다. 그러나 다윗 왕조가 사라지자 더 이상 그에 반대하는 세력도 없어졌다. E의 다윗 왕조를 반대하는 목소리도 성서가 발전하는 가운데 감추어진 채로 남게 되었다.

14

경외, 권력 그리고 신앙

여로보암 1세에게 다윗 왕조에 대항하여 일어난 이스라엘의 혁명은 해방된 국가의 새로운 구현으로서의 자신으로 시작하여 자신으로 끝났다. 수많은 전사와 파벌들이 이 반란에 가담했고 수천 명이 여로보암의 기백에 의기투합하였다. 그의 사회 변혁 개념은 자신의 상상력뿐 아니라 팔레스타인 사회의 가능성과 한계 때문에 생긴 것이다. 그러나 일단 여로보암이 이스라엘의 왕권을 장악하자 혁명의 운명은 그와 그의 가문에 좌우되었다. E가 기록을 통해 옹호하려고 했던 것이 바로 이 혁명 정신이었다.

하지만 이것이 혁명이 지닌 정치적 성격을 바꾸지는 못했다. 여로보암은 사회적으로 불안정한 움직임 속에서 권좌에 올랐다. 사회적 연대도 견고하지 못했고 동맹관계도 흔들렸으며 충성심도 확실하지 않았다. E는 J의 확신과 달리 불확실성과 억제의 정신이 묻어있는 불안의 문학이다. E에서는 매 순간 위기가 닥친다. 다행스러운 것은 하나님이 그 위기와 해법을 주도하신다는 것이다. 하지만 E는 이 확신을 반복하기를 원하며 실제로 거듭해서 말하고 기술하다가 — 저자나 후원자의 불안한 심리를 진정시켜주지 못한 채 — 마침내 군주와 실세들이 통제할 수 있는 해결책, 즉 혁명의 사법권과 법률로 마무리한다. 그에 의하여 무질서가 질서로 변화하는 것이다. 이제 저자는 더 이상 자신의 경외심을 역설할 필요가 없다. 그것은 내내 순종의 본을 통해 잘 드러났기 때문이다.

E의 분노의 정치조차 그들의 적수인 다윗 왕가의 악행에도 불구하고 들을 수가 없고, 정치적 불만을 가라앉히려고 사용하는 이 상습적인 수법은 억제되었다. E에서는 아마도 평민이었을 여로보암의 염려가 당시의 이스라엘 왕실이 처한 상황 때문에 변덕스런 위안으로 해소되지 않았음을 보여준다. 이것은 두 세대 전, 고뇌하는 여로보암의 전임자였던 사울이 족장으로 통치할 때에 겪었던 곤란한 상황을 생각나게 한다. E는 놀라운 솜씨를 발휘하여 여로보암의 내면에 들어있는 두려움을 밖으로 표출하여 그것을 사회 규범으로 만든다. 바로 이 두려움이 지금 최상의 가치로 변모해 있다. 아마도 사울이 승리했다면 그는 서기관에게 여로보암과 똑같이 기록하라고 지시했을 것이다.

훌륭하게도 여로보암은 가문의 안녕 그리고 통치자의 안녕까지도 사회 질서로 인해서 생긴다는 원리를 믿었다. 그 당시의 통치자들은 아마 정반대로, 즉 왕궁이 사회질서를 유지한다고 생각했을 것이다. E의 관점으로 판단하면, 여로보암의 통치 비전은 이러한 유형의 귀족 정치적인 사고를 넘어선 것이었다. 통치 변화를 포함하여 삶이란 변덕스럽지 않다. 삶은 순종 여부에 달려 있고 하나님은 순종을 시험하신다. 순종의 척도는 사회 전체에 적용된다. 이것은 여러 파벌을 신뢰해야 하지만 실제로는 오직 한 분이신 자신의 하나님을 신뢰한 한 사람의 정신에서 나온 놀라운 고백이다. E의 최종적인 선언은 혁명이 여로보암이 아닌 다른 곳에 기초를 두고 있어야만 한다는 것이다. 이스라엘의 정치 형태는 아직 솔로몬이나 아합과 같은 무법자의 교만을 부추길 정도로 손상되지 않았다. 여로보암의 혁명의 전제는 솔로몬이 삶이라고 부른 것을 죽음이라고 부르는 일이었으며, 여로보암은 솔로몬의 전제정치를 자신의 전제정치로 대체할 의사가 없었다.

사회질서는 경멸하거나 사소한 것으로 여겨서는 안 될 신성한 가치이다. 하지만 그것은 포착하기 어렵다. 플라톤과 아리스토텔레스, 홉스(사회계약론을 주장한 영국 철학자 – 옮긴이), 로크(국민의 주권에 기초를 둔 국가관을 제시한 사회계약론을 주장한 영국 계몽주의 사상가 – 옮긴이), 몽테스키외(삼권분립을 주장한 프랑스 계몽 사상가 – 옮긴이), 해밀턴(초기 미국의 연방주의자 – 옮긴이) 그리고 매디슨과 제퍼슨(초기 미국의 공화주의자 – 옮긴이)이 자기 시대의 사회적 혼란의 와중에서 그리고 수많은 인사들이 좀더 최근의 시기에 정의하려고 했던 것을 여로보암은 이들보다 훨씬 일찍이 실행하려고 했다.

E는 J가 묘사한 이스라엘의 권력역사에 두려움(E는 하나님 경외사상을 강조한다)과 사회질서(E의 절정 단락에 등장하는 사례법이 예증하는 질서)를 강조하는 역사를 덧붙이고 있다. E는 통치자가 절대 권력을 휘두르는 것을 부정한다. 그보다 작은 권력은 하나님의 판단에 부합하는지를 놓고 인간이 판단할 문제이다. 우리가 생각하기에 권력은 두려움을 제거해준다. 권력을 언급하는 판단들을 정치라고 부른다면 그에 수반되는 억압을 사회적으로 관리하는 일과 같다고 생각할 수 있다. 무엇보다 여기에 항상 포함되어야 하는 것은 하나님의 판단이다. 다시 말해서 정의로운 정치란 "두려워하지 말라. 내가 너와 함께 할 것이다"라는 하나님의 궁극적인 훈계를 완전히 적용해야 한다. 종교적 제의, 제의와 연관된 사례법을 포함하여 E에 반영되어 있는 하나님을 "예배하는 일"은 다른 무엇보다도 바로 그런 정치를 상징하며 "하나님 경외"를 실행하고 구체화하고 실천하는 수단이다.

신학은 체계적 사고방식으로서 그런 상징들을 합리화하는 작업이다. 하지만 E는 그런 합리화 작업에 관심이 없다. 신앙은 그런 상징을 이상적인 것으로 생각하도록 만든다. E는 이것에 큰 관심을 보인다. 다만 "믿다, 신뢰하다, 확신하다"와 같은 단어를 사용하지 않을 뿐이다. E가 주문처럼 강조하는 하나님 경외와 공권력이 일으키는 두려움을 하나님이 진정시킨 사건, 즉 바로의 압제에서 이스라엘을 구원한 사건이 교차하는 곳에서 E는 절정에 도달한다. 그러므로 두려움은 하나님 경외가 보다 정의로운 정치 상황으로 발전하는 지점에서 신앙에 기여한다. 그것이 E라고 부르는 내러티브에 구현된 이스라엘의 혁명이다.*

---

* 이 마지막 단락은 저자가 한국어판 출간에 맞추어 명료한 의미 전달을 위해 개정한 내용을 옮긴 것이다 — 옮긴이.

E 본문(히브리어 장절 구분을 따름)

창세기

20: 1~17

21: 6, 8~32

22: 1~13

28: 11aβ, 12, 15, 16aα, 17a, 18, 20, 21a, 22

30: 1~3, 6, 8, 17a, 18aα, 18b, 20aα, 22~23

31: 3b, 5~16, 19b, 20aβ*, 24, 29, 30b, 32~35, 37~41aα, 41b~42, 45, 50b, 51bα*, 52aβ, 52bβ*, 53b

32: 2~3

33: 5aβb, 11aβ*, 19~20

35: 1~5, 7~8, 14aα, 14b, 17b, 20

37: 5~11, 18a, 19~22, 24, 28aα, 29~30, 34aα, 36

39: 1bα, 9bβ

40: 1~23

41: 1~33, 38~39, 50~52

42: 1~4, 9a, 18b, 19aβ, 21~24, 28b, 29a*, 33bα, 34bα, 35~37

43: 23aα*, 23b, 29b

44: 16bα

45: 2~3, 5b~8, 9aβ, 15~16, 25~27

46: 1b~6aα

47: 7~11a

48: 1~2a, 15~16, 21b~22a

50: 15~26

출애굽기

1: 15~22

2: 1~10

3: 1a*, 1bβ, 4b, 6b, 9~15

4: 18, 20a

9: 28aβ*, 30('야훼' 제외)

13: 17~19

14: 19a

18: 1aα*, 1aβ, 2aα*, 5aα*, 5bβ*, 6aβ*, 9aα*, 10aα*, 12~26

19: 3a, 16aβb, 17, 19

20: 18~21

21: 1~37[개역개정, 21: 1~21: 36, 22: 1]

22: 1~16[개역개정, 22: 2~17]

24: 11bα, 13aα, 13b

(*) 표시는 그 절의 사분의 일도 안 되거나 단지 하나의 구(句)만을 언급한 경우이다.

E의 범위 안에 있는 '원-신명기역사가'의 본문

창세기

    20: 18

    21: 33

    22: 14~19

    28: 21b

    30: 18aβ

출애굽기

    9: 30('야훼')

    17: 8~16

    22: 17~30

    23: 1~33

    24: 13aβ, 14

더 읽을 글들

이 책의 주제에 관한 영어권 서적을 읽기 원하는 분들을 위해 아래의 목록을 추천한다. 독자들은 이 책이 특히 1장에서 '서로 다른 기초들'이라는 제목으로 다룬 사안들과는 다른 견해를 제시하고 있음을 주지하기 바란다.*

Baden, Joel S. *J, E, and the Redaction of the Pentateuch*(Tübingen: Mohr Siebeck, 2009).
Baden, Joel S. *The Composition of the Pentateuch: Renewing the Documentary Hypothesis*(New Haven: Yale University Press, 2012).
Burnett, Joel S. *A Reassessment of Biblical Elohim*(Atlanta: SBL, 2001), chap. 4.
Gnuse, Robert K. "Redefining the Elohist," *Journal of Biblical Literature* 119(2000): 201~20.
Jenks, Alan W. *The Elohist and North Israelite Tradition*(Missoula: Scholars Press, 1977).
Jenks, Alan W. "Elohist," in *The Anchor Bible Dictionary, Vol. 2*, ed. David Noel Freedman(New York: Doubleday, 1992), 478~82.
McEvenue, Sean. "The Elohist at Work," *Zeitschrift für die alttestamentliche Wissenschaft* 96(1984) 315~32.
Schmidt, Ludwig. "Weisheit und Geschichte beim Elohisten," in *"Jedes Ding hat seine Zeit…": Studien zur israelitischen und altorientalischen Weisheit. Diethelm Michel zum 65. Geburtstag,* ed. Anja A. Diesel, Reinhard G. Lehmann, and Eckart Otto(Berlin: Walter de Gruyter, 1996), 209~25.
Wolff, Hans Walter. "Zur Thematik der elohistischen Fragmente im Pentateuch," *Evangelische Theologie* 29(1969) 59~72; reprinted in H. W. Wolff, *Gesammelte Studien zum Alten Testament*(2nd ed., München: Kaiser, 1973), 402~17; English translation: "The Elohistic Fragments in the Pentateuch," *Interpretation* 26(1972) 158~73; reprinted in Walter Brueggemann and H. W. Wolff, *The Vitality of Old Testament Traditions,* 2nd ed.(Atlanta:

---

* 원서의 더 읽을 글들 목록은 1990년 이전의 것들이므로 삭제하고 저자가 마련한 최근(2012년)까지의 관련 글 목록으로 교체하여 소개한다. ― 옮긴이

1982), 67~82.

Zimmer, Frank. *Der Elohist als weisheitlich-prophetische Redaktionsschicht: Eine literarische and theologiegeschichtliche Untersuchung der sogenannten elohistischen Texte im Pentateuch*(Frankfurt am Main: Peter Lang, 1999).

찾아보기(저자)

【A】

Aaronson, B. 170
Alter. R. 29
Anderson, B. W. 29, 39, 140
Attridge, H. W. 171

【B】

Berman, H. J. 181
Boecker, H. J. 187
Boling, R. G. 106
Boorer, S. 29
Brown, S. 172
Brueggemann, W. 29, 177
Burkert, W. 173

【C】

Campbell, E. F. 106
Chaney, M. L. 180, 188, 209
Chilton, B. D. 172
Clastres, P. 26
Clements, R. E. 22
Clines, D. J. A. 29, 71
Cogan, M. 172, 196
Coogan, M. D. 124, 164, 165, 184
Coote, M. P. 22, 24, 104, 185
Coote, R. B. 22, 24, 40, 93, 99, 104, 106, 117, 152, 164, 175, 185
Craghan, J. F. 47
Crim, K. 47, 162
Cross, F. M. 41, 141, 162
Crüsemann, F. 29, 187

【D】

Davies, P. R. 172
Dever, W. G. 167
De Wette, W. M. L. 31
Dodds, E. R. 173

【E】

Eagleton, T. 26, 29
Evans, C. D. 107

【F】

Fishwick, D. 166
Fokkelmann, J. P. 28
Fretheim, T. E. 47
Friedman, R. E. 37, 43

【G】

Gagarin, M. 180
Gottwald, N. K. 43

Graesser, C. F. 164
Green, A. R. W. 172
Greenberg, M. 187
Greengus, S. 188

【 H 】

Hackett, J. A. 172
Halpern, B. 116
Hauer, C. 89
Hayes, J. H. 85, 105, 196
Herdner, A. 170
Hill, S. D. 104
Hoexter, M. 103
Holder, J. 107, 123
Holladay, J. S. 164
Hooker, P. K. 196
Huffmon, H. B. 162
Hupfeld, H. 31

【 I 】

Ilgen, K. D. 21

【 J 】

Jaroš, K. 32, 164, 177
Jay, N. 124, 152, 167, 168
Jenks, A. W. 32, 39, 43

【 K 】

Kaufman, S. A. 189
Keel, O. 123
Kermode, F. 29

Klein, H. 156, 176
Knauf, E. A. 162
Knierim, R. 187
Knight, D. A. 32
Kraus, F. R. 188

【 L 】

Lemche, N. P. 188, 190
Lewis, T. J. 166

【 M 】

Maaga, B. C. 187
Malul, M. 187
Mann, T. W. 29
Margalit, B. 170
McCarter, P. K. 87, 130, 151
McEvenue, S. E. 29, 39, 145
McKnight, E. V. 29
Mettinger, T. N. D. 162
Meyer, E. 39
Miller, J. M. 85
Mowinckel, S. 38

【 N 】

Na'aman, N. 191, 199
Noth, M. 39, 140

【 O 】

Oden, R. A. 171
Ord, D. R. 22, 24, 40, 117

【P】

Parker, S. B.　174
Patrick, D.　187, 189
Paul, S. M.　187
Peterson, D. L.　29
Pope, M.　53
Portnoy, S.　29
Pritchard, J. B.　143, 200

【R】

Reeves, E. B.　104
Rendsburg, G. A.　25
Roberts, J. J. M.　162
Rosenbaum, J.　194
Rouillard, H.　152
Rudolph, W.　32, 38

【S】

Sarna, N. M.　29
Sasson, J. M.　170
Saul, N.　122
Schenker, A.　81
Schulte, H.　38
Scott, J. C.　101
Shakespeare, W.　27, 28
Silberman, N. A.　164
Smend, R.　38
Smith, M. S.　172
Smith, W. R.　151
Stager, L. E.　170

【T】

Tadmor, H.　172, 196
Tennenhouse, L.　28
Tierney, P.　172
Tropper, J.　152
Tucker, G. M.　32
Turnbaum, T. J.　190

【V】

Van der Toorn, K.　152
Vawter, B.　29
Volz, P.　32, 38
Von Gall, A.　151
Vorländer, H.　151
Vriezen, T. H. C.　38

【W】

Wenham, J. G.　29
Westbrook, R.　187, 188
Whitelam, K. W.　22, 187
Whybray, R. N.　38
Wilson, R. R.　187
Winnett, F. V.　39
Wolff, H. W.　39, 177
Wolff, S. R.　170

【Z】

Zenger, E.　208

찾아보기(사항)

【ㄱ】

가나안 35, 66~71, 94, 164, 174, 206, 207
가드 196, 199
가사 199, 201, 202
갈릴리 94
갓월드(Gottwald, N. K.) 43
강신술 152
강제부역 89, 93, 106, 109~112, 117~120, 141, 162, 187
거룩한 남녀 104, 163, 173, 174, 198
　☞ 웰리(wely)도 참조
게셀 88, 89, 99, 107, 108
경외 26, 47, 52, 53, 57, 66, 73, 78, 80, 136, 139~145, 155, 157, 160, 163, 177~184, 190, 191, 211~214
　☞ 두려움도 참조
고레스 210
기름 33, 35, 54, 55, 59, 81, 86, 89, 93, 94, 111, 112, 150, 156, 158, 163~167, 190, 206
　기름붓기 33, 35, 54, 55, 59, 86, 150, 156, 158, 163~167
기브온 174
꿈 33, 35, 36, 44~66, 125, 129, 133~141, 145~147, 156, 157, 164, 173~178
　☞ 수면의식도 참조

【ㄴ】

나단 86, 92, 93, 130

나답(아론의 아들) 123
나답(여로보암의 아들) 113
나봇 185
낙태 56, 81, 171
납달리 54, 136
노아 150
노트(Noth, M.) 39~41
느헤미야 190
니느웨 197, 200

【ㄷ】

다곤 151
다넬 125~127, 165, 166, 173, 174
다리우스 210
다말 62, 89
다메섹 100, 106, 110, 112, 157, 160, 173
다윗 22~26, 44, 85~102, 105~112, 115~120, 123, 130~134, 145~166, 178, 179, 184, 191, 195~212
　다윗 왕조(왕가) 24, 25, 44, 85, 97~120, 149, 153, 195~202, 208, 212
단 54, 110, 111, 136, 153, 155, 157, 160, 173
대토지화 112
도르 94
독자 28~31
돌기둥 207, 209
동해보복법 187
두려움 17, 26, 33, 59, 134, 136, 143, 155,

177~179, 207, 212~214
두로 94, 95, 106, 197, 198
두르-사루킨 197
드라빔 56 137, 152, 164
드보라(거룩한 여인) 158, 166
드보라(리브가의 유모) 45, 59, 158, 164
디르사 106, 111, 112, 132
딤나-헤레스 209

【ㄹ】

라기스 89, 200, 201
라마 158
Lmlk(라멜렉) 인장 199
라반 45, 55~57, 137, 138, 157, 165, 178, 181, 186, 191
라헬 33, 45, 54~59, 136~138, 152, 158, 181
람세스 6세 107
레바논 90
레셉 128, 151, 174
레아 54~56, 137
레위 74, 137
　레위기 21
　레위인 43, 111, 142
로크(Locke, J.) 184, 213
룰리 198
르손 100
르우벤 45, 61, 67, 137~140
르호보암 9, 23, 27, 93, 105~111, 120, 132, 146, 156, 200
리브가 59, 134, 158

【ㅁ】

마하나임 45, 57, 112, 157

매디슨 213
모계 계승 123, 124, 168
모리아(모리야) 52, 149, 155, 171, 177, 178
모세 150, 154, 158~160, 168, 176~181, 186~191, 203~208
모압 96, 170, 197
몽테스키외(Montesquieu, C.) 213
므깃도 89, 112, 114, 195
므낫세 44, 65, 70, 71, 106, 119, 139, 148, 198
므낫세(왕) 195, 202
므로닥발라단 197
미가 111

【ㅂ】

바아나 94
바아사 112
바알 120, 126, 151, 161, 162, 165, 166, 169
바알랏 89, 108
발람 34, 47, 84
밧세바 86, 87, 134
베냐민 45, 59, 66~69, 102, 109, 138~141, 147, 158
베들레헴 59, 102, 158
벧 세메스 89
벧엘 23, 35, 40, 45, 53~59, 94, 110~118, 123, 136, 150~158, 163~178, 195
벧 호른 89, 108
보디발 62, 139, 155
볼프(Wolff, H. W.) 39, 41
브나야 86, 87, 92~94
브누엘 58, 112, 150, 157, 172
브엘세바 44, 51, 52, 69, 135, 146, 148, 150, 154, 155, 163, 176, 177, 203
블레셋 52, 77, 88, 107, 117, 201, 207

비블로스 94
빌하 45, 136

【ㅅ】

사경(四經) 21~24, 28, 34, 39, 191~193, 209, 210
   사경 분석 38
사독 86, 92~94
사래 44, 49~51, 134, 135, 202
사르곤(1세) 142, 195
사르곤 2세 195~197
사르데냐 95
사마리아 26, 195, 202
   사마리아의 멸망 36, 42, 194, 195, 202
   사마리아 오경 53
사무엘 176
   사무엘상 96
   사무엘하 130
사법권과 제의 24, 110, 115, 118, 119, 136, 151, 153, 180, 184, 185, 198, 209, 212
   ☞ 성소; 율법(들)도 참조
사울 25, 87, 106, 132, 212
   사울 가문 22, 101, 108, 147
   사울의 지파 147
산쿠니아톤 171
산파 40, 46, 59, 73, 138, 142, 143, 179
산헤립 195, 197, 200, 201
   아들 산헤립 197
새턴(로마의 농업신) 171
샤마시 151
서사시(epic) 41
설형문자법과 대조되는 율법 188
성소 33, 35, 47, 59, 80, 81, 110, 111, 115, 119, 150, 156, 163

가족 성소 165
국가 성소 27, 136, 178
그리스 성소 173
기브온 성소 174
다윗 왕가의 성소 111
단 성소 157
돌기둥 성소 157
돌로 쌓은 성소 33
드보라 성소 166
브엘세바 성소 148, 155
세겜 성소 149, 152, 155, 156
순례 성소 153
시내 성소 17
실로 성소 110, 132, 154, 158, 176
알론바굿 성소 158
엘 신의 성소 125, 165
요셉의 성소 149
지성소 91
지역 성소 110, 166, 175
지파 성소 110
호렙 성소 27, 168, 177
   ☞ 사법권과 제의도 참조
성자 104, 110, 149
   지역 성자 104, 108, 163
   ☞ 웰리(Wely)도 참조
성전 89~99, 119, 130, 161, 167, 210
   성전 개혁 197
   성전 건축 90
   성전 국가 209
   성전 도살 111
   성전 문서 99, 198
   성전 제의 117, 131, 153
   다윗 왕조의 성전 210
   바알 성전 169
   솔로몬 성전 97, 98, 120, 153, 197

예루살렘 성전 22, 174
세겜 45, 58~61, 71, 102~118, 149~156, 163, 167, 171, 172, 178, 185, 195
세비트쿠 197
세송크 107~110
셰익스피어(Shakespeare, W.) 27, 28
소돔과 고모라 39
솔로몬 22, 23, 27, 85~112, 117~120, 124, 130, 137, 144~147, 153, 161, 163, 167, 168, 172, 174, 178, 179, 183, 185, 190, 191, 197, 212
　솔로몬의 폭정 85
수면의식 125, 127, 146, 150, 173~183
순례절(기) 198, 206
스레다 209
시돈 94, 198
시드기야 199
시므온 45, 67, 68, 117, 135~155
시온 153
시칠리아 95
시편 25, 97, 130, 175, 180, 183, 185
시프하 50
신명기역사(가) 19, 25, 42, 107, 157, 164, 174, 191~194, 208, 209
실로 43, 110, 134, 137, 166
실리벨 199
십계명 189, 193

【ㅇ】

아나돗 87
아나트 151
아도니야 86, 87
아도람 89, 90, 93, 94, 109, 120
아라비아(어) 96, 104, 196

아랏 91, 198
아론 111, 123, 203, 207
　아론계 제사장 111, 137
아리스토텔레스 213
아마('ama) 32, 50
아마르나 102, 103
아말렉 203, 204, 208
아모스 37, 42
　아모스서 155
아브람(아브라함) 34, 35, 39~41, 44, 47, 49~53, 57, 70, 72, 75, 115, 117, 133~136, 145, 148, 150, 155, 169, 172~178, 186, 202, 203, 208
아비멜렉 39, 44, 49~52, 123, 125, 133~136, 143~147, 174, 178, 186, 202
아비아달 86, 87, 110
아비야 123, 132
아비후 123
아사리아 92, 93
아세라 151
아스글론 199
아스돗 196, 197, 201
아스두딤무 196
아스타르 151
아스타르트 151
아주리 196, 197
아카트 124
아하스 195, 198
아합 131, 185, 212
아히도벨 87
아히마아스 94
아히살 93
아히야 110, 132, 134, 145, 166, 209
악고(Acco, Akko) 94, 198
안전(성) 91, 133, 159, 163, 206

알론바굿(곡하는 상수리나무) 59, 158
암몬 96, 197
압살롬 87, 166, 182, 184
앗수르 24, 42, 112, 194~202, 208, 209
앗수르바니팔 195
야곱(이스라엘) 32, 35, 36, 40, 44~46, 53~62,
　　66~75, 101, 115, 136~141, 144, 148~158,
　　163, 165, 168, 176~178, 181, 186, 191
야훼 27, 31~35, 39, 40, 46, 49, 53, 55, 57, 62,
　　74~80, 83, 84, 90~97, 111, 117, 120, 123,
　　130, 135, 154, 157~163, 168, 174~182,
　　188, 195, 198, 202~209
에그론 199, 201
에돔 95, 96, 100, 108, 138, 197
에브라임 42~45, 66, 70, 71, 106, 107, 119,
　　139, 144, 148, 209
에살하돈 195
에서 35, 53, 57, 58, 138
엘(엘 신) 69, 111, 120, 125, 126, 129, 131,
　　134, 161~166, 171, 172, 177, 178, 203
엘랏 202
엘로힘 31, 32, 34, 43, 53, 83, 120, 159, 163
엘리 176
엘리암 86, 87
엘리야와 엘리사 25, 42, 131, 154, 155, 164
여리고(성) 89, 170
여행가(Pausanias) 156
여호수아 104, 149, 203~209
예루살렘 22~26, 33, 86~95, 99, 102, 103,
　　106, 108, 109, 111, 112, 116, 118, 130,
　　153, 154, 171, 173, 184, 194, 198~202,
　　204, 208, 209
　예루살렘 궁정 작가 174
　예루살렘 서기관 25, 99
　예루살렘 성전 22, 174

예루살렘 성전 국가 209
예루살렘 제사장 111, 210
예언자
　☞ 웰리(Wely)를 보라
오므리 131, 185
　오므리 왕 137
　오므리 왕조 43, 112, 131, 191
요나단 132
요셉 27, 32~36, 44~46, 55, 58~72, 77,
　　117~120, 135~149, 155, 158, 166, 174,
　　179, 181, 186
　요셉 지역 106
　요셉 지파 145, 148
요시야 105, 191, 194, 208, 209
요압 86~88, 100
욥바 199
우가릿 124~127, 134, 165, 166, 169, 176
우리야 86, 87
원신명기 역사
　☞ 신명기 역사 참조
웰리(wely) 9, 42, 104, 149, 209
위험에 빠진 아들들 122, 150 173
유다 22, 24, 30, 33, 42, 45, 60~62, 67, 68, 85,
　　88, 91~95, 98, 102~105, 108, 111,
　　115~119, 137~139, 146, 158, 164, 184,
　　185, 195~202, 208, 210
　유다 지파 102
　유다와 이스라엘의 차이 102, 185~188
율법(들) 23~26, 37, 38, 42~47, 62, 78, 80,
　　120, 133, 136, 144, 150, 154, 160, 164,
　　168, 178~191
　설형문자법과 비교되는 율법 187~189
　☞ 채무면제; 사법권과 제의도 참조
이드로 32, 46, 74~79, 160, 168
이사야 131, 198

이삭　34, 41, 44, 49~53, 57, 69, 70, 72, 75,
　　　115, 130, 133~136, 148~150, 169, 172, 178
이새　182
이스마엘　39, 44, 51, 61, 62, 133
이스바알　132
일겐(Ilgen, K. D.)　31
잇사갈　55, 101
　　잇사갈 지파　112

【ㅈ】

자녀희생(제사)　132, 164, 168~172, 209
제가 여기 있습니다　53, 75, 176
제의
　　☞ 율법; 성소 항목 참조
　　☞ 사법권과 제의도 참조
제퍼슨(Jefferson, T.)　213
젠크스(Jenks, A. W.)　39
젬메(Jemmeh, T.)　89
지역 영웅
　　☞ 웰리(Wely) 참조

【ㅊ】

채무면제　180~191

【ㅋ】

카르타고　170, 171
컴퓨터 연구　29
코르사밧　197
크레타　95
크로노스　171
크로스(Cross, F. M.)　41, 162
키르타　127~130, 173, 176, 183

키프로스　95, 96, 196

【ㅌ】

텔 바이트 미르심　89

【ㅍ】

파디　199
플라톤　213
피(P)　21, 22, 24, 26, 29, 31~36, 42, 193, 208,
　　　210

【ㅎ】

하갈　39, 51, 135
하닷　100
하닷에셀　100
하솔　89, 94, 195
하티　96
해밀턴(Hamilton, A.)　213
호렙(산)　27, 32, 44, 46, 47, 73, 74, 115, 133,
　　　136, 144, 146, 150, 153~156, 158, 160,
　　　168, 172, 176~178
호론　151
호세아　37, 42, 164
홉스(Hobbes, T.)　213
후새　94
훕펠트(Hupfeld, H.)　31
희생/희생제사/제사　115, 132, 136, 159,
　　　166~172, 178, 209
히람　95
히브리(인)　37, 63, 64, 73, 74, 80, 142, 191
히브리 민중　37
히스기야　22, 28, 111, 191~204, 208, 209
히자스　196

지은이

로버트 B. 쿠트 Robert B. Coote

1966년 하버드 대학교의 학부를 졸업하고 1972년 동 대학원에서 Ph.D 학위를 받았으며, 1975년부터 샌프란시스코 신학대학원(San Francisco Theological Seminary)과 버클리의 신학대학원연합(Graduate Theological Union; GTU)의 구약학 교수를 역임하다가 은퇴하였다. 성서와 고대 중동 분야에서 국제적으로 명성이 높은 학자로서, 주로 이스라엘의 초기역사 및 성서의 형성사를 연구하였다.

주요 저서로는 *The Bible's First History: From Eden to the Court of David with the Yahwist*(데이빗 오르드와 공저), *In Defense of Revolution: The Elohist Hsitory, In the Beginning: Creation and the Priestly History*(데이빗 오르드와 공저), *The Deuteronomistic History, Is the Bible True: Understanding the Bible Today*(데이빗 오르드와 공저), *The Emergence of Early Israel in Historical Perspective*(키스 화이틀럼과 공저), *Early Israel: A New Horizon, Power, Politics, and the Making of the Bible: An Introduction*(메리 쿠트와 공저), *Amos Among the Prophets: Composition and Theology* 등이 있다.

옮긴이

우택주

한양대학교와 서울신학대학교 대학원을 졸업하고, 연세대학교 연합신학대학원에서 신학석사 학위를 받았다. 그 후 뉴욕의 유니온신학원(Union Theological Seminary)에서 신학석사, 쿠트 교수가 재직하던 버클리의 신학대학원연합(GTU)에서 Ph.D 학위를 받았다. 1993년부터 1998년까지 쿠트 교수에게서 사사하였으며, 현재 침례신학대학교 구약학 교수로 재직하고 있다. 쿠트 교수의 저서 중 『아모스서의 형성과 신학』 및 『성서 이해의 지평』을 번역하였다.

미국성서학회(Society of Bible Literature) 정회원이고, 한국구약학회의 정회원으로서 부회장을 역임하였으며, 동 학회에서 발행하는 『구약논단』의 편집위원과 Canon & Culture의 편집위원을 역임하였다.

주요 저서로는 『8세기 예언서 이해의 새 지평』, 『새로운 예언서 개론』, 『요나서의 숨결』, 『모두 예언자가 되었으면』, 『구약성서와 오늘1』, 『구약성서와 오늘2』, 『최근 구약성서개론』(공저)이 있고, 역서로 『농경사회 시각으로 바라본 성서 이스라엘』(공역), 『아모스서의 형성과 신학』, 『성서 이해의 지평』이 있다.

임상국

감리교신학대학교와 동 대학원을 졸업하였으며(신학석사), 일본 도쿄의 릿쿄(立敎)대학교에서 신학석사와 철학박사(Ph.D) 학위를 받았다. 구약성서의 히브리 예언사상을 전공하였으며, 기원전 8세기 북왕국의 지배체제와 예언자의 사회비판으로 박사학위를 받았다. 1999년 여름 이후 이스라엘 고고학 발굴작업(엔 게브와 텔 레헤쉬)에 참여하여 이집트의 아마르나 문서와 고대 가나안 도시국가 간의 외교 관련의 고대사를 실증적으로 연구하는 국제학술조사단에 한국 대표로 수년간 참여하였다. 1999년 가을학기 임용 이후 현재 감리교신학대학교의 구약학 교수로 재직 중이다. 한국구약학회의 정회원이며, 교환교수로 2004년과 2010년의 안식년을 샌프란시스코 신학대학원에서 보내면서 쿠트 교수와 깊은 친분을 쌓았다.

주요 저서로는 The Ruling System of Northen Kingdom and Social Critique of Prophets —With Focus on Elijah and Amos (영문 제목명, Ph.D.Diss. The Rikkyo Graduate School in Tokyo), 『古代イスラエル預言者の思想的世界』(東京: 新敎出版社)(공저), 『히브리 예언자의 사회사상』(서울: 한우리)가 있고 주요 논문으로 "Excavations at Tel Rekhesh,"[Author(s): Paz, Yitzhak; Hasegawa, Shuichi; Onozuka, Takuzo; Okita, Masa'aki; Lim, Sang-Kook; Tatsumi, Yoshinobu; Tsukimoto, Akio; Sugimoto, David T.; Yamafugi, Masatoshi. Source: Israel Exploration Journal 60(2010) no.1.]가 있다.

한울아카데미 2054

여로보암과 혁명의 역사

지은이 로버트 쿠트
옮긴이 우택주·임상국
펴낸이 김종수
펴낸곳 한울엠플러스(주)
편 집 김용진

초판 1쇄 인쇄 2018년 2월 10일
초판 1쇄 발행 2018년 2월 20일

주소 10881 경기도 파주시 광인사길 153 한울시소빌딩 3층
전화 031-955-0655
팩스 031-955-0656
홈페이지 www.hanulmplus.kr
등록번호 제406-2015-000143호

Printed in Korea
ISBN 978-89-460-7054-7 93230(양장)
ISBN 978-89-460-6429-4 93230(반양장)

* 책값은 겉표지에 표시되어 있습니다.
* 이 도서는 강의를 위한 학생판 교재를 따로 준비했습니다.
* 강의 교재로 사용하실 때는 본사로 연락해주십시오.